UM PACTO
NA ESCURIDÃO

O Protegido do Guardião das Sete Cruzes

ROSANA PAIVA
Inspirada pelos Mestres da Luz

UM PACTO NA ESCURIDÃO

O Protegido do Guardião das Sete Cruzes

© 2017, Madras Editora Ltda.

Editor:
Wagner Veneziani Costa

Produção e Capa:
Equipe Técnica Madras

Revisão:
Ana Paula Lucisano
Jaci Albuquerque de Paula
Arlete Genari

Dados Internacionais de Catalogação na Publicação (CIP)
(Câmara Brasileira do Livro, SP, Brasil)

Paiva, Rosana
Um pacto na escuridão: o protegido do guardião das sete cruzes/Rosana Paiva; (inspirada pelos mestres da luz). – São Paulo: Madras, 2017.

ISBN: 978-85-370-1095-2

1. Mediunidade 2. Romance brasileiro 3. Umbanda (Culto) I. Título.

17-07484   CDD-299.672

Índices para catálogo sistemático:
1. Romance mediúnico: Umbanda 299.672

É proibida a reprodução total ou parcial desta obra, de qualquer forma ou por qualquer meio eletrônico, mecânico, inclusive por meio de processos xerográficos, incluindo ainda o uso da internet, sem a permissão expressa da Madras Editora, na pessoa de seu editor (Lei nº 9.610, de 19/2/1998).

Todos os direitos desta edição reservados pela

MADRAS EDITORA LTDA.
Rua Paulo Gonçalves, 88 – Santana
CEP: 02403-020 – São Paulo/SP
Caixa Postal: 12183 – CEP: 02013-970
Tel.: (11) 2281-5555 – Fax: (11) 2959-3090
www.madras.com.br

Índice

Prefácio 7
Início 10
O Nascimento de Gustavo 13
A Marca do Guardião 20
O Início dos Problemas 22
Em Busca de Orientações com o Cigano Ramires 29
A Mediunidade de Gustavo 39
O Convite para o Auxílio Espiritual 44
Vivenciando em Espírito a Perseguição de seus Inimigos 61
A Chegada de Tainá na Vida de Gustavo 80
Início dos Preparativos para a Mudança de Gustavo 87
A Chegada à Cidade de São Paulo 93
Visita à Casa de Dona Matilde 100
O Retorno de Jonas ao Mundo Espiritual 104
Gustavo Visita a Casa de Caridade Portal da Luz 116
O Auxílio Espiritual sempre Presente 139
O Segredo Deixado pelo Velho Cigano 142
Gustavo Conta a Tainá o Segredo do seu Passado 148
A Busca de Tainá por Notícias de seus Pais 163
A Formatura de Gustavo, Agora um Novo Oficial 177
Tainá Acessa Acontecimentos Até Então Desconhecidos 182
Daniela Ganha um Lugar no Coração de Gustavo 189
Gustavo se Afasta do seu Passado 195

A Chegada do Dia mais Esperado por Daniela 199
As Verdades São Expostas em cada Sentimento 201
Acertos Sendo Cumpridos em Novas Encarnações 203
Tainá Vivencia seu Grande Amor 212
Revelações São Dadas a Gustavo por meio de seus Sonhos 224

Prefácio

*Que a lei atue, mas que o mais puro amor seja sempre
o bálsamo que irá manter o espírito
em condições plenas de ser agraciado pelo Pai Maior.*

Por que suspeita do espelho que lhe mostra incansavelmente os reflexos de uma vida já há muito esvaída em desejos e motivações? Espera que a cada segundo sempre lhe mostrem a iniquidade daquilo que exalta dentro de seu coração? Não apreende a dádiva divina da compreensão e do amor? Por que então se guia por caminhos que terminarão por não levá-lo a lugar nenhum?

Digo sempre que tudo nos conforta dentro do que mais temos de ínfimo em nossos corações, o pouco sempre se engrandece mediante a necessidade de estar sempre voltados a um viver muito melhor. Dignifique então esse seu espírito sempre tão atuante em passagens obscuras e densas.

Que um dia, irmão, quando voltar e sentir a dificuldade que é estar consciente de não ter tirado proveito das oportunidades que recebeu, de certa maneira verá que poderia ter usado seu livre-arbítrio em prol de si mesmo, e não ter voltado os olhos somente aos que muito o ofertavam em termos materiais e ilusórios.

Que um dia, quando retornar a este plano espiritual, tenha muito mais oportunidades do que eu tive, embora já depois de muito e muito sofrimento me bastasse apenas a oportunidade de abrir os olhos de outros irmãos para que não caíssem na mesma armadilha em que eu caí.

Quantas vezes procurei enxergar tudo em minha volta? Não da maneira como deveria, simplesmente por não estar ligado a sentimentalismos que muito nos desvencilham das obras assistenciais, da caridade ao próximo e do auxílio a muitos necessitados que partilhavam a meu lado também a dificuldade que é poder conviver paralelamente com a pobreza, a doença e a miséria.

Um dia chegará a partilhar com seus outros irmãos até mesmo a sua dor, pois certamente será uma das únicas coisas que ainda terá para partilhar dentro do plano espiritual. Hoje, já mais entrosado com tudo, chego a pensar no motivo pelo qual minha missão foi inútil e desperdiçada. Vejo, porém, sem margens de dúvidas, a quantia de espíritos de luz que tentaram por várias vezes me auxiliar e eu continuei como sempre: fechando os olhos para tudo e para todos.

Bem, queridos irmãos, hoje posso dizer que não deixem que seu crescimento espiritual escape por suas mãos como grãos de areia por entre seus dedos. Vão devagar, mas sigam plenos e seguros. Não desistam do que no plano espiritual escolheram passar para melhora de seus espíritos e também para obterem a condição de poder usufruir a parte bela de tudo o que o Senhor tem para oferecer aos que tiverem realmente merecimento. Não desanimem, pois sei e percebo a todo instante que Ele nunca se esquece de nenhum filho seu, embora mesmo sendo Ele um sofredor.

Sofredor... Pelo que entendo, vivemos em um mundo do qual pouco percebemos a grandiosidade, pois aqui também temos milhares de irmãos que sofrem muito mais do que eu. Noto que por vezes tenho de me dar por feliz de já estar tendo condições para passar estas palavras com muito pouco ensinamento, mas de grande valor, como um depoimento, vindas de um sofredor que pouco importa o nome, mas dirigidas para todos aqueles que, ainda encarnados, têm a oportunidade da escolha. Portanto, meus irmãos, não se acomodem mais uma vez perante tudo, usem o tempo precioso, o que muito desperdicei, para trabalhar sua disciplina e sua conduta.

Que o amor seja uma constante em todos os seus corações. Espero que, um dia, vocês que escolheram o caminho certo, possam iluminar este nosso grande, mas opressor, mundo que nos sucumbe perante as condições às quais um espírito se expõe para poder um dia ser visto ou lembrado por alguns poucos espíritos amigos e conseguir trilhar uma nova direção que nos levaria, bem gradativamente, aos planos melhores, mesmo que fossem para trabalhos duros e avassaladores.

Tudo seria melhor do que aqui continuar. Mas, enfim, ainda tenho que aqui permanecer. Por isso e muito mais me despeço, pedindo para que não se esqueçam sempre de orar por todos nós, parte esquecida por um grande número de pessoas na Terra.

Muitos em vez de orarem para quem realmente precisa de luz, oram sempre por alguns espíritos amigos que já partiram, muitos deles já em seu caminho até mesmo iluminados, enquanto nós aqui ficamos sendo a podridão de tudo que representa a maldade, a perversidade e a compulsão sexual. Nosso sofrimento se faz necessário, sim, mas seria melhor passá-lo se muitos de vocês pudessem lembrar apenas por um segundo de cada um de nós, mesmo sem um nome, mas que se recordassem de todos aqueles espíritos que não tiveram a sorte de saberem escolher seu livre-arbítrio.

Início

Em uma noite fria do mês de junho, todos aguardavam ansiosamente a chegada de mais uma criança naquela casa, que traria um pouco de alegria àquele lar já cansado de tantas tristezas e decepções. Era dessa maneira que Jonas e Cláudia passaram os últimos meses aguardando por uma luz no fim do túnel. Quem sabe o nascimento desse filho, já há muito esperado, dentro de uma casa onde se acolhiam mais quatro meninas, trouxesse muito orgulho aos seus pais.

Cláudia, desde o início de sua gravidez, não passava muito bem. Mas como sempre teve cada uma de suas gestações diferente uma da outra, não se preocupava muito com isso; na verdade, estava tão radiante de felicidade que passava por vezes muito mal e nunca, mas nunca mesmo, nem por um segundo, reclamou ou disse alguma coisa que pudesse vir a se arrepender.

Ficou sabendo logo no quinto mês de gestação que o sonho, tanto seu quanto de seu marido, de ter um menino seria realizado. Não via a hora de aquela criança chegar.

Cláudia era uma pessoa católica e sempre que podia procurava ir às missas aos domingos. Sentia-se muito bem, era como se por detrás das portas daquela igreja ficasse uma grande parte de seus problemas e de suas preocupações.

Suas filhas, Débora, Carla, Ana Rosa e Carolina, tinham por costume acompanhá-la, pois Cláudia sempre se preocupou muito com a parte da religiosidade de suas filhas; sabia que, se as meninas tivessem uma boa educação e também uma ótima orientação religiosa, teriam menos chance de um dia cair na vida. Esperava sempre que a sorte e a melhora de seu futuro viessem por Aquele que um dia morreu na cruz para nos salvar.

Jonas já não via as coisas dessa maneira, pois sempre que podia não deixava de estar presente em todas as reuniões que seus amigos usavam como desculpas para jogar e beber. Mesmo nunca tendo passado dos limites, Cláudia percebia e ficava preocupada, pois sabia que mais dia menos dia ele poderia ser mandado embora de seu emprego. Dormindo sempre muito tarde da noite e tendo de se levantar muito cedo, nem sempre encontrava disposição e motivação, terminando algumas vezes a chegar atrasado em seus compromissos no local onde trabalhava.

O chefe da família não era uma pessoa ruim de se lidar, pelo contrário, era bastante carinhoso, tanto com a esposa quanto com suas filhas. Por esse motivo sua esposa evitava tocar no assunto, que por vezes lhe desassossegava. Mantinha em sua mente a esperança de que, assim que nascesse o tão esperado filho homem, tudo iria melhorar. Cláudia morava em uma cidade do interior de São Paulo, mais precisamente Dracena; sua casa era simples, não tinha como ostentar luxos, mesmo porque isso não parecia fazer parte de seus gostos e costumes.

Sua casa, apesar de não ser grande, sempre fora aconchegante, por isso Cláudia se preocupava muito com uma possível falta de rendimentos em sua família. Se perdessem aquele local, onde tanto lutaram para conseguir se estabilizar, não teriam para onde ir.

Sua filha mais velha, Carolina, procurava sempre ajudá-la nos afazeres diários, pois sabia que se deixasse pela mãe, esta nunca pediria ajuda, mesmo que precisasse; portanto sempre se propunha a fazer os trabalhos de arrumação e limpeza da casa sem que sua mãe necessitasse mandar.

Entre todas as filhas de Cláudia, Carolina, que tinha quase dez anos de idade, era a mais carinhosa e dedicada, enquanto Ana Rosa, que já chegava à casa dos oito anos, procurava sempre uma boa desculpa nos estudos para se afastar dos afazeres domésticos. Carla, com apenas cinco anos, gostava mesmo de ajudar no atendimento de Débora, que com seus dois aninhos ainda se atrapalhava ao caminhar.

Jonas não recebia muito onde trabalhava; dois anos após ter entrado como auxiliar em um supermercado na cidade onde morava, foi passado para o caixa, o que exigia dele muita honestidade e concentração. Por sorte, em três anos que passou a exercer essa função, nunca teve problemas em relação a dinheiro, pois procurava sempre separar os encontros com seus amigos da obrigação no trabalho, que lhe fornecia todos os meses o suficiente para manter sua casa com o necessário.

Cláudia, que já estava no sétimo mês de gravidez, de uma hora para outra começou a ter dores em sua barriga, o que estranhava, pois nas outras gravidezes isso não havia acontecido. Às vezes pensava no porquê daquilo, sabia que não estava excedendo de maneira alguma em seus trabalhos domésticos, pois contava com muita ajuda de Carolina e também, depois do sexto mês, passou até a caminhar menos, por isso temia estar com algum problema mais sério.

O Nascimento de Gustavo

Naquela noite Jonas não demorou a chegar, já era quase madrugada quando Cláudia acordou com dores fortes na barriga; apreensivo, o marido pediu para que a filha mais velha, Carolina, arrumasse algumas coisas para que ele levasse Cláudia até o hospital. Não sabendo na verdade qual era o problema, preferiu colocá-la nas mãos de um médico.

Chegaram ao hospital por volta das 3 horas da manhã. Cláudia estava meio febril, suas dores na barriga pareciam estar aumentando. Logo foi recebida pela enfermeira, que pediu para que aguardasse na sala de observação, enquanto chamava um médico ginecologista. Não demorou muito, dr. Antero chegou rapidamente, solicitando que Jonas saísse da sala e aguardasse por ele com mais calma na sala de espera.

Jonas parecia estar fora de si. Não podia nem pensar em perder justo o filho que ele mais esperava; rezou muito e aguardou, pois não poderia fazer mais pela esposa, a não ser entregar tudo nas mãos de Deus e também do médico responsável por aquele parto.

Apenas uma hora havia se passado e parecia uma eternidade; teve tempo suficiente para lembrar-se do cigano Ramires, que costumava frequentar o mercado e que semanas antes o havia alertado do perigo que Cláudia estava para passar em sua gravidez.

Jonas, cético, não acreditava muito em quase nada, portanto não considerou as palavras daquele cigano. Agora, já com o problema à sua frente, pouco a pouco sentia suas mãos gelarem e suas pernas estremecerem, esperando a qualquer momento o parecer do médico.

Já havia se passado mais de uma hora quando dr. Antero saiu do centro médico chamando Jonas para conversar. Meio travado, ele mal conseguia levantar; tinha muito medo do que iria ouvir, tinha em sua mente a voz do cigano e à sua frente a do médico, que lhe dizia:

– Sua esposa passará esta noite no hospital, precisamos cuidar de sua internação.

Jonas, sem entender nada, perguntou:

– Mas qual é o problema dela, doutor? Estava tudo tão bem.

Dr. Antero, sentindo o estado de Jonas, procurou esclarecer melhor a situação:

– Seu filho talvez não chegue até os nove meses para nascer, era esperado em agosto, mas parece que teremos de antecipar o parto, correndo até mesmo o risco de perder a criança.

Jonas ficou desesperado, não queria perder seu filho de maneira nenhuma.

Sem que percebesse a agressão usada em suas palavras, disse:

– Mas como pode ser isto, doutor? Não podem fazer uma cesariana e tirar a criança, para que não corra perigo?

Dr. Antero sabia que tudo que dissesse iria preocupar Jonas ainda mais, mas por outro lado nada podia fazer. Voltando-se para ele, respondeu:

– Estamos tentando fazer com que sua pressão abaixe, mas não estamos conseguindo. Fizemos um eletro, que de início até nos surpreendeu no resultado, caso não consigamos fazer com que a pressão arterial dela abaixe, não poderemos operá-la. Teremos então de tirar a criança a fórceps, procedimento não tão usual nos dias de hoje.

Indignado, Jonas não sabia mais o que fazer; pediu então para que o médico fizesse o que achasse melhor. Passou aquela noite toda no hospital, e ainda pela manhã o quadro clínico de Cláudia não havia mudado.

Jonas sentiu dentro de seu coração que uma força irresistível o direcionava ao encontro do cigano Ramires. Saiu rapidamente e procurou saber pela cidade onde era o local em que morava o cigano, e não demorou muito para saber que não somente ele, mas também todo seu grupo estavam próximos à saída da cidade.

Pegou seu carro e em poucos minutos estava lá. Surpreendeu-se quando, ao chegar, viu Ramires, que já o esperava quase na saída do local onde estavam agrupados os outros ciganos.

Jonas, assim que o viu, quase em desespero perguntou:

– O que mais sabe de minha mulher, cigano?

Ramires, com tranquilidade, o convidou para se sentar próximo a uma frondosa árvore, para conversarem um pouco mais.

Não sabendo na verdade se deveria ou não falar o que tinha em sua intuição, parou e pensou... Mas nada podia fazer, esconder tudo iria contra os princípios ciganos. Foi assim que pouco a pouco Ramires iniciou sua conversa com Jonas.

– Talvez não devesse ter alertado você naquele dia, mas foi muito forte, não poderia deixar passar. Mas agora vejo que se encontra perdido, sem saber o rumo que terão os acontecimentos. Vou falar um pouco mais, espero que você saiba entender e também saiba escolher o que realmente será melhor, tanto para você quanto ao seu menino. Esse espírito que já está quase por nascer foi um dos escolhidos para que aqui, na Terra, tenha à frente um grande guardião como seu protetor.

Jonas, sem entender nada, perguntou:

– Como assim? Não estou entendendo.

Ramires, com muita calma, procurou explicar a Jonas de uma maneira que alguém que nunca ouvira falar nada sobre espiritualidade pudesse entender.

– Quer acredite em mim ou não, tenho de lhe dizer que o filho que tanto espera ainda tem a possibilidade de não vingar. Seu filho tem como seu protegido um grande guardião, que sempre procurou ajudá-lo espiritualmente para não mais vê-lo entre aqueles que se submetem aos grandes sofrimentos, como pagamento de carma ou práticas efetuadas, sem antes serem analisadas.

Já, há algumas encarnações, esse espírito não consegue evoluir, pois todas as suas tentativas foram desperdiçadas; todas as oportunidades de amenizar seus débitos perante nosso Ser Maior foram simplesmente esquecidas. Como esse espírito tem a proteção do Guardião das Sete Cruzes, outros espíritos não evoluídos, e mesmo outros Exus que não agiam a favor da Lei, lutavam incansavelmente para destruí-lo, na tentativa de tirar dele a oportunidade há tanto tempo esperada. Não aceitam que essa ajuda seja oferecida a ele por meio de uma nova reencarnação. Por que apenas ele e os outros ainda não? Entende, Jonas?

Jonas estava pálido como cera; francamente, pouco estava conseguindo entender tudo o que o cigano Ramires falava, mas procurava não o deter para, quem sabe, tirar alguma coisa que pudesse fazer para ajudar seu filho. Disse apenas para que o cigano continuasse... Que tudo estava bem. Ramires continuou então seu relato:

– Este então é o motivo pelo qual sua esposa, que nunca teve problemas durante o parto de todas as suas filhas, ter agora. Em verdade digo, todos os espíritos que estão à sua volta lutam de maneira cruel e desleal para que o menino não consiga nascer.

Jonas estava perdido, sem saber o que dizer, parou um pouco e, procurando se acalmar, disse a Ramires:

– O que devo fazer então?

– Fortificá-lo! – respondeu o cigano.

– Como assim? O que devo fazer para ajudar tanto a ele como a minha esposa?

Ramires saiu por alguns segundos de perto de Jonas, pediu para que ele o esperasse no mesmo local onde estava; sabia o que dizer, mas queria ter certeza do que iria lhe passar. Ele sabia muito bem como é o desespero de um pai ao saber que vai perder seu filho querido.

Por alguns segundos a tristeza tomou conta do coração do cigano, e pareceu mesmo perder o equilíbrio que havia mantendo até então. Não se deixando abater pelas lembranças dos acontecimentos, procurou ajuda em seu oráculo cigano e também em seus cristais, pois Ramires trabalhava muito com eles, que sempre lhe serviam como portal dentro do intercâmbio com o Plano Espiritual.

Foi apenas para confirmar aquilo que já havia sido passado para ele, mas preferiu que as coisas fossem realmente dessa maneira. Ramires retornou após ter tido a confirmação do que queria falar com Jonas, que não via a hora de saber mais sobre tudo. Para ele tudo parecia ser, de início, fruto da imaginação daquele cigano. Assim que Ramires chegou, sentou-se ao lado de Jonas e disse:

– Para fortificá-lo precisará fazê-lo nos dois polos, preenchendo assim a dualidade existente no Universo. Primeiro deverá fazer o pedido ao seu Deus, que certamente tudo fará para auxiliá-lo nesta hora de tamanha importância em sua vida. Poderá fazê-lo em uma igreja, se assim o desejar, pode ser a mesma que sua família constantemente frequenta. Deverá também entregar este novo espírito, que está para vir, nas mãos do Guardião das Sete Cruzes, pois ele, somente ele, tomará sua frente e lutará por seu filho, incansavelmente, todos os segundos, até que então complete sua maioridade.

Jonas, com muitas dúvidas passando pela sua cabeça, perguntou ao cigano:

– Mas pelo que estou entendendo um pouco, como vou entregar meu filho para as coisas do mal?

Ramires sorriu, pois já estava esperando uma pergunta dessa e respondeu:

– Ele é apenas um Guardião, ou seja, um Exu Guardião dos Mistérios das Sete Cruzes e teve, por intermédio de pedidos no astral, permissão para ajudar esse espírito nesta encarnação. Esse espírito já não via mais esperanças de retornar à Terra, pois em outras encarnações, tendo sempre a proteção de muitos outros Orixás, nunca conseguiu cumprir à altura o que havia sido determinado, afundando cada vez mais naquilo que seria mais ocioso e mais infundado. Essa ajuda a seu filho, por meio desse Guardião, foi em razão de uma de suas encarnações em que viveram juntos como grandes amigos, e que aprenderam a se amar e a se respeitar mutuamente, mesmo ambos seguindo caminhos obscuros e densos.

Havia entre eles dignidade e palavra, mesmo porque tinham feito um juramento nessa encarnação em que ficaram juntos, com o próprio sangue de cada um. Por praticarem coisas erradas, perdiam-se cada dia mais entre roubos, assassinatos e infortúnios. Sabiam por isso e muito mais que não teriam um bom lugar assim que desencarnassem; esse foi o motivo para que então prestassem o seguinte juramento: o que estivesse em uma situação melhor não esqueceria daquele que estivesse ainda em sofrimento; um viria, mesmo que isso muito lhe custasse, ao auxílio do outro.

Dizendo isso, Ramires passou para Jonas como deveria agir para efetuar essa entrega (que agora não viria ao caso explicá-la). Jonas, agradecido pelas palavras do cigano, mesmo ainda não confiando muito, saiu de volta para o hospital. Assim que chegou, a enfermeira correu ao seu encontro para dizer que o quadro da esposa se complicara e que a vida dela também corria risco.

Jonas não ficou ali nem mais um segundo; saiu correndo, foi à igreja e fez o que o cigano havia pedido, nem sabia ao certo se deveria fazê-lo ou não, mas não tinha mais tempo; era pegar ou largar, e na dúvida, resolveu abraçar com suas mãos a presença da querida esposa e também de seu filho.

Em seguida, seguiu para dar continuidade a todo o restante. Era como se ele estivesse sendo direcionado enquanto fazia tudo o que o cigano havia lhe ensinado para fortalecer os laços de seu futuro filho com o Guardião das Sete Cruzes. Assim que terminou, pediu aos céus para que o perdoasse, pois não sabia na verdade se estava fazendo a coisa certa ou não. Foi tudo tão rápido que ele, sem nenhum conhecimento a respeito de espiritualidade, se resguardava com seu Deus dentro do desespero da perda de duas pessoas de tamanha importância em sua vida.

Voltou ao hospital depois de algumas horas; lá chegando, soube que sua esposa estava reagindo melhor, que o sangramento havia parado, portanto agora era só esperar que a pressão sanguínea normalizasse para poderem retirar seu filho com vida.

Dr. Antero sabia que não deveria esperar nem mais um dia; assim que estivesse tudo nos conformes, faria uma cesariana para a retirada do neném. Melhor agora, com certeza, do que esperar mais, pois poderia ser tarde demais.

Já eram 11 horas da noite quando a enfermeira chamou Jonas e o avisou que sua esposa estava indo para a sala de parto. Jonas, em um misto de alegria e medo, não se conteve, terminou chorando, tentando lavar sua alma de todos os últimos acontecimentos. Lembrou-se então de que havia deixado suas filhas sozinhas, deveriam estar preocupadas por não saberem o que estava acontecendo no hospital. Mais intranquilo ainda, sabia que naquele momento não poderia sair dali para nada, então entregou nas mãos de Deus a proteção da vida de suas filhas e por lá mesmo continuou.

Era exatamente meia-noite quando Jonas ouviu o choro contínuo de seu filho que acabava de nascer. Era tanta felicidade que seu coração parecia sair pela boca; em seguida, a enfermeira trouxe até seus braços a criancinha: um menino ainda com vestígios do nascimento, mas que para ele certamente era o mais belo garoto do mundo.

Perguntou sobre o estado de saúde de sua esposa e foi informado de que com ela tudo corria muito bem, que em breve estaria no quarto e que, em pouco tempo, poderia receber visita. Jonas, lembrando-se das filhas, perguntou:

– Quanto tempo ainda para que possa vê-la?

– Mais ou menos uns 40 minutos – respondeu a enfermeira.

Era tempo o suficiente para que Jonas desse uma corrida em sua casa e colocasse as filhas a par de tudo que havia acontecido; jurou para si mesmo que tudo o que ouvira do cigano Ramires e tudo o que fizera jamais seriam ditos em hipótese alguma para ninguém, nem mesmo para sua mulher. Carregaria esse segredo até o dia em que seus olhos se fechassem para sempre.

Chegando à sua casa, viu que as filhas menores estavam dormindo, apenas Carolina e Ana Rosa ainda estavam acordadas esperando por alguma notícia. Jonas explicou que agora tudo estava bem com Cláudia, que em breve sua mãe traria para aquela casa o mais novo membro da família, seu irmãozinho Gustavo. Tomou um banho, comeu alguma coisa, pediu para que as duas trancassem bem as portas e fossem dormir, pois ele ainda iria voltar para o hospital para ver Cláudia e o menino, mas que não demoraria muito para voltar.

Quando chegou ao hospital, Cláudia já se encontrava em seu quarto, sentia-se muito bem. Bastante consciente, perguntou ao marido se já havia visto o garoto. Jonas, apertando as mãos de sua mulher, falou com muito carinho da bela criança e agradeceu junto a ela pela vida de ambos.

Gustavo nasceu como foi reportado no início: em uma noite de junho muito fria, exatamente à meia-noite do dia 7, o que encheu de alegria o coração daquela mãe, pois se lembrou de seu querido pai, que também aniversariava no mesmo dia.

A Marca do Guardião

Alguns dias se passaram e logo Cláudia e Gustavo retornavam para sua casa; suas filhas receberam o irmãozinho com muita alegria e satisfação. De início era Carolina quem ajudava a mãe com Gustavo naquilo que podia, por causa de sua idade, é claro; as outras irmãs só se aproximavam dele para brincar ou distraí-lo um pouco. Gustavo dormia bem à noite, apenas durante o dia chorava.

Logo na primeira semana, Cláudia notou que o menino tinha uma marca de nascença sobre seu pé esquerdo; era fácil de identificar, pois Gustavo tinha uma cruz quase perfeita sobre um de seus pés. Como não era muito grande, também pouco notória, não se preocuparam muito, pois deveria ser alguma coisa que Cláudia ficou com vontade de comer e não o fez. Algumas vezes a mãe se perguntava: "mas uma cruz, que estranho?". Mas os pensamentos eram somente dela e a dúvida dos porquês apenas existiam em sua cabeça, nunca deixando nada nem ninguém desconfiar do que se passava em seus pensamentos.

Carolina já havia se acostumado com a ajuda que oferecia à sua mãe, tanto que, conforme os dias se passavam, cada vez mais ela sentia dentro de seu coração uma alegria ao cuidar de seu irmãozinho. Mesmo depois do restabelecimento de sua mãe, ela por livre e espontânea vontade assumiu de vez o cuidado diário daquela criança.

Nos próximos seis anos que se seguiram tudo correu normalmente, tanto Gustavo como todas as outras pessoas da família não tiveram nenhum problema atenuante. Algumas vezes, durante a noite, o menino acordava chorando e assustado, mas logo Cláudia o pegava no colo e o acalentava aos poucos; era o suficiente para que o bebê voltasse a dormir tranquilamente.

A jovem Carolina estava com 16 anos; já era, por conseguinte, uma mocinha, portadora de muita beleza: loira de olhos azuis, magra e de uma personalidade incrível. Mesmo já estando mais perto da idade de namorar, ainda assim não deixava o serviço da casa por conta de sua mãe; às vezes entrava em atrito com Ana Rosa, por achar que a irmã era muito folgada no que se referia às suas próprias responsabilidades e também por fugir sempre dos serviços cotidianos da casa.

Carolina sentia que a irmã não havia nascido para tomar conta de uma casa, ainda bem que com seus estudos nunca seus pais tiveram problemas, pois sempre trouxe para sua casa notas excelentes; pelo menos isso para dar um pouco de alegria e tranquilidade para eles. Carolina se preocupava por saber que faltava apenas mais um ano para ela se formar no colegial. Caso resolvesse continuar seus estudos, seguir aquilo que realmente sempre gostou, teria de trabalhar para ajudar a pagar sua faculdade. Sabia que apenas seu pai trabalhando não conseguiria nunca se formar; por isso de vez em quando tinha algumas conversas com Ana Rosa e tentava, dessa maneira, mostrar-lhe que ainda teria muitos anos antes de fazer algum curso superior e que poderia, pelo menos um pouco, ajudar sua mãe nos afazeres domésticos. Mas parecia que enquanto Carolina conversava, Ana Rosa estava com seus pensamentos distantes demais, apenas sorria e nada dizia.

O Início dos Problemas

    Gustavo, perto de completar sete anos, começou a trazer preocupações para seus pais no que se referia à sua saúde. Não andava se alimentando da maneira correta, por mais que Carolina ou Cláudia insistissem para que assim ele o fizesse. Gustavo vivia um pouco apático em alguns momentos; algumas vezes o encontravam em um canto da casa, trêmulo e assustado. Não dizia nada a ninguém, seu olhar era de tanto espanto que seus olhos ficavam parados e arregalados.
    Cláudia, estranhando o comportamento do filho, que em seguida sempre chorava até se cansar, levou-o a um clínico geral. Depois de passá-lo por uma consulta e ter feito uma avaliação, o médico resolveu encaminhá-lo a um neurologista. Não se entendia o motivo pelo qual uma criança tão pequena, de uma hora para outra, precisasse passar em consulta com um neurologista. Mas se essa era uma maneira de devolver a saúde e a tranquilidade para Gustavo, seria melhor aceitar.
    No dia da consulta de Gustavo, Jonas e Cláudia foram juntos dele; assim que chegaram, logo o dr. Nilo, o médico que atenderia Gustavo, pediu para que seus pais ficassem do lado de fora, pois gostaria primeiramente de conversar a sós com o garoto. Ficou com o menino por quase uma hora, em seguida pediu para que ele saísse e para que seus pais entrassem.
    Cláudia e Jonas entraram. Dr. Nilo notou que se tratavam de pessoas simples, mas de boa aparência; procurou fazer várias perguntas tanto a Cláudia como a Jonas e, em seguida, disse:
– Depois de ter conversado com seu filho Gustavo e agora ter falado também com vocês, devo dizer que acredito que ele não deva ter nada que chegue a ser sério. Parece que ele tem mania de

perseguição, acha que sempre estão o seguindo, até mesmo dentro da casa. Isso é um pouco preocupante, pois nessa idade já não é uma coisa muito comum; ele chega até o ponto de descrever várias figuras e pessoas que provavelmente sejam frutos de sua imaginação. Contou-me que nada diz em sua casa com medo de que vocês batam nele, por não acreditar em suas palavras e achar que ele possa estar louco.

Cláudia ouvia tudo o que o médico tentava lhe passar; por uns instantes percebia o drama do menino... Quem sabe se ele tivesse comentado alguma coisa com ela, será que não poderia ajudá-lo de alguma maneira?

Dr. Nilo passou então para as mãos de Jonas um pedido de um eletroencefalograma, para ser feito no hospital mais próximo de sua casa. Solicitou que fosse marcado o mais breve possível, pois demoraria um pouco para conseguir agendá-lo. O médico salientou também que não mudassem a maneira de tratá-lo dentro de casa, pois Gustavo não poderia saber de forma alguma que o que tinha contado ao médico, secretamente, havia sido revelado aos seus pais. Isso levaria Gustavo a perder totalmente a confiança nele, coisa que apenas iria atrapalhar em seu tratamento.

Quando saíram dali já era um pouco tarde para passar no centro médico e agendar o exame; acharam melhor ir embora e, no dia seguinte, Jonas voltaria sozinho e cuidaria de tudo. Chegando em casa, tudo correu normalmente; suas irmãs perguntaram aos pais sobre Gustavo, e Cláudia, antecipando uma resposta, disse que o médico havia pedido um exame e que apenas após o resultado poderiam esclarecer determinadas coisas.

Na manhã seguinte, Jonas conseguiu marcar o exame de seu filho, mas só para o fim do mês; enfim conseguiria resolver esse problema a tempo de poder fazer a festa de sétimo aniversário de Gustavo. No dia marcado, logo cedo, Gustavo seguiu os preparativos solicitados e dirigiu-se para o local onde deveria fazer o tal exame; de início assustou-se, pois não entendia por que tinham de ligar todos aqueles fios em sua cabeça e, mais ainda, por perceber que uma das enfermeiras raspava pequenos locais em sua cabeça. Depois de raspado, colocava alguma coisa que ele não conseguia identificar e naquilo grudava todos aqueles fios.

Com toda sua experiência, o médico assistente entrou na sala e percebeu que Gustavo não estava à vontade, aos poucos fez com que o menino conseguisse relaxar um pouco mais falando sobre algumas coisas que pessoas da idade dele costumavam gostar. Aos poucos, com o efeito da medicação, terminou adormecendo.

Terminado o exame, o médico assistente abraçou Gustavo e disse que já poderia ir para sua casa, que na portaria entregariam aos pais dele uma documentação, com a data específica para a retirada do resultado daquele exame. Um pouco sonolento, Gustavo saiu ao encontro de seus pais, que esperavam por ele logo em frente à porta.

Ainda iria demorar alguns dias para que tivessem o resultado daquele exame. Mas o primeiro passo já havia sido dado. Até chegar em casa, o garoto já havia esquecido de tudo o que havia passado naquele dia, pois seu pai, durante o caminho de volta, comprou para ele aquele carrinho especial que tanto queria, e isso o deixou muito feliz.

Demorou alguns dias para que o exame estivesse nas mãos de Cláudia que, em seguida, levou-o para avaliação do médico. Após ver o resultado do exame, dr. Nilo falou:

– O exame de Gustavo não apresenta nenhum problema pelo qual devemos nos preocupar. Apenas uma pequena irritabilidade no lado esquerdo do cérebro, quase imperceptível, e nada mais. Seu problema deve ser mais psicológico do que médico. Acredito que talvez necessite de mais atenção e carinho.

Cláudia saiu do consultório mais tranquila, pois se esse era o motivo de Gustavo agir daquela maneira, seria fácil ajudá-lo. Amor sempre foi um sentimento que ela agregou em seu coração, ainda mais por Gustavo, seu único filho homem.

Alguns meses se passaram. Aos poucos Jonas e sua esposa não perceberam mudanças no menino, por mais carinho e atenção que lhe dedicassem. Suas crises eram cada vez mais frequentes, ninguém entendia o motivo que o levava a ficar durante muito tempo encostado em um canto de sua casa, tremendo e suando frio, com seus olhinhos estatelados para o nada.

Carolina, em uma dessas crises, chegou perto do menino; tentando fazer com que ele voltasse a si, falou:

– Gustavo, meu irmão, o que você está vendo? Pode me contar?

A boca do menino parecia travada e ele mal conseguia respirar. Tentando acariciar o irmão, sentiu um arrepio estranho que percorreu todo seu corpo, deixando-a também com uma sensação muito ruim. Afastou-se, foi em direção ao seu quarto e, ajoelhando-se, rezou e pediu a proteção de Deus para seu querido irmão; sentia que seu problema poderia ser espiritual.

Aos 12 anos de idade Carolina conheceu Cristine na escola. Entendiam-se muito bem; eram sempre uma a sombra da outra, pois onde uma estava a outra estava também. Certa tarde, Cristine pediu a Carolina que a acompanhasse até sua casa, para poderem terminar um trabalho de escola que deveria ser entregue no dia seguinte. Carolina avisou a seus pais e acompanhou a amiga até a casa dela; lá chegando, foi logo apresentada à mãe de Cristine, Dona Matilde, que depressa apertou as mãos de Carolina e, olhando diretamente em seus olhos, disse:

– Que Deus a ilumine cada vez mais, minha filha, sua aura é muito iluminada, veio certamente cumprir alguma grande missão na Terra. Sinto, cada vez que tento me aprofundar em seu espírito, um belo caminho de flores, e de seu interior se expande uma imensa energia de amor e paz.

Carolina assustou-se com as palavras daquela senhora que nunca havia visto e que falava como se pudesse vê-la interiormente. Cristine, ao entrar no quarto com Carolina, explicou à amiga que sua mãe costumava trabalhar na espiritualidade, fazendo uso sempre de seus dons, que desde muito jovem se manifestaram: a visão e a intuição. Disse também para que não se preocupasse com as palavras dela, que ficasse tranquila, pois apesar de não as ter entendido, significavam que Carolina era uma pessoa maravilhosa, principalmente em seus sentimentos.

Por ali a conversa terminou, em seguida se dedicaram exclusivamente ao término do trabalho, não poderiam perder tempo. Carolina naquele dia tinha de chegar a sua casa a tempo de auxiliar sua mãe no jantar.

Mesmo sem entender o porquê, Carolina sentia que, se existia mesmo a espiritualidade, quem sabe por meio dela seu irmão não poderia ser ajudado. Depois de orar por ele, desceu para jantar. Ela estava dispersa, mas poucos notaram, pois como sempre, mostrava-se mais calada que as outras meninas, e o fato passou despercebido por todos.

Após o jantar não permitiu que a mãe lavasse a louça, procurou deixar tudo em ordem para que Cláudia não tivesse trabalho e pudesse descansar. Terminou já eram mais de 8 horas da noite e depois foi para seu quarto. Ana Rosa já estava deitada lendo uma revista. Em silêncio, procurou se trocar e ir direto para sua cama.

Logo que se deitou, orou e tentou dormir; por mais que tentasse evitar, seus pensamentos se voltavam à casa de Dona Matilde, mãe de Cristine. Demorou quase uma hora para conseguir adormecer, sentiu enquanto estava próxima daquela senhora uma sensação estranha que nunca havia sentido antes. Aos poucos, seus olhos começaram a pesar.

Na manhã seguinte, depois de terem entregado seus trabalhos escolares, no caminho de volta para casa, Carolina perguntava à Cristine muitas coisas sobre sua mãe. Esta sem saber ao certo o que dizer, convidou-a para ir qualquer dia à tarde em sua casa. Carolina de início ia dizer que não, mas algo maior dentro dela a direcionava a aceitar. Foi assim que Carolina avisou Cristine que qualquer tarde iria fazer uma visita a dona Matilde.

Algumas semanas se passaram. Carolina, não conseguindo tirar algumas dúvidas de dentro de sua cabeça, resolveu visitar a mãe de sua amiga.

Chegou à casa de dona Matilde logo depois do almoço; a senhora a recebeu com carinho, convidou-a para entrar e pediu que esperasse um momento, pois iria fazer um chá bem gostoso para que ambas se sentassem e conversassem um pouco mais.

Dona Matilde, desde mocinha, era espiritualista; cresceu em família espírita e dirigia próximo de onde morava uma casa de caridade. Já há muitos anos auxiliava os mais necessitados; contou aos poucos sua história para Carolina, que cada vez mais sentia por aquela senhora uma estranha sensação de conforto e confiança. Ficaram conversando por mais de três horas. Carolina nem viu que o tempo passou rapidamente; quando olhou para o relógio, já eram quase 6 horas da tarde. Abraçou a meiga senhora, agradeceu por tudo e disse que qualquer dia iria à tarde assistir aos seus trabalhos espirituais.

Para Carolina não havia diferença entre Espiritismo e Umbanda, pois de nenhuma das duas religiões ela tinha o mínimo conhecimento. Voltou para casa radiante, sabia em seu íntimo que existia um mundo diferente deste em que vivíamos; nunca imaginou que pudesse estar tão próximo.

Daquele dia em diante, Carolina esperou impacientemente a chegada da terça-feira, dia em que Dona Matilde faria o trabalho em seu Centro Espírita Vovó Cambinda. Pediu para que Cristine a acompanhasse. Assim que terminou de lavar a louça do almoço, tomou banho, vestiu-se com roupas claras como Dona Matilde havia pedido e lá foi para aumentar seus conhecimentos sobre a espiritualidade.

Quando chegaram, faltavam apenas dez minutos para que os trabalhos espirituais se iniciassem. Assustou-se ao perceber que ali tinham alguns santos que ela não conhecia, mas era um lugar que trazia muita paz e muito amor para seu coração.

A casa de Vovó Cambinda não era muito grande, mas acomodava sem luxos todos que até lá iam para buscar auxílio espiritual. Não era somente a mãe de Cristine que trabalhava naquele local, havia também várias pessoas que vestiam roupas brancas. Os homens usavam calça e camisa brancas e um avental branco com um símbolo e algumas coisas escritas. As mulheres eram diferentes, usavam grandes saias rodadas brancas rendadas, com blusas brancas, e tinham um pano todo branco que cobria a cabeça como se fosse um turbante, deixando-as todas de uma maneira que, olhando rapidamente, pareciam iguais.

Logo deram início aos trabalhos. Cristine beliscou Carolina bem devagarzinho e pediu, por favor, que não ficasse com medo, pois se isso acontecesse, ela não saberia o que fazer com a amiga. Dona Matilde tinha por costume manter seus horários com bastante rigor; exatamente às 3 horas da tarde as portas se fechavam e, enquanto não terminasse o trabalho, ninguém da assistência poderia ir embora. Caso alguém tivesse algum motivo especial para a saída antes do fechamento do trabalho, teria de solicitar permissão do guia chefe para então sair.

Carolina ficou encantada com tudo; durante todo o trabalho, seus pensamentos se distanciavam a locais não conhecidos por ela, por vezes parecia até que sua mente viajava em outro tempo e espaço. Foi maravilhoso, uma tarde realmente inesquecível.

Apesar de se sentir muito bem, como era a sua primeira visita naquele local, não teve coragem de entrar para falar com a Preta-Velha protetora da casa. Não sabia se deveria ir ou não. Como não tinha por costume forçar seus sentimentos ou atitudes, achou melhor esperar pela próxima vez. Enfim, agora de vez em quando poderia ir até lá; quem sabe nas próximas visitas teria coragem de sentar e conversar com algum dos mentores daquela casa. Chegou à sua casa aquela tarde mais alegre e descontraída, até sua irmã, que não costumava perceber certas reações, terminou notando.

Com o passar do tempo, já assistia e acompanhava os trabalhos; mesmo não falando nada a seus pais, temendo a reação deles, continuou frequentando aquele local. Sempre que podia, ia à casa de Cristine conversar com a mãe dela, pois a senhora sempre a orientava na sua missão dentro da espiritualidade, à qual veio destinada a cumprir.

Esse foi o motivo pelo qual no dia em que Carolina falou com o seu irmão sentiu seu corpo todo arrepiar. Naquela noite, após orar por seu irmão, adormeceu.

Logo cedo, ao se levantar, decidiu que iria até a casa de Dona Matilde para contar sobre o que havia acontecido. Lá chegando, foi logo contando para ela o que se passava com seu irmão; quando terminou de falar, Dona Matilde lhe disse:

– Minha filha, gostaria muito de poder explicar a você o que está acontecendo, mas meus guias espirituais pedem para que eu não diga nada a respeito disso. Apenas que ainda muitas coisas acontecerão, mas você, Carolina, não deverá se preocupar, pois no momento certo tudo se resolverá. O que deve fazer sempre é orar."Orar e vigiar", esta é a sua lição de casa.

Em Busca de Orientações com o Cigano Ramires

Com o passar do tempo, Jonas notou que seu filho, já com quase 14 anos, em nada tinha mudado; ao contrário, não conseguia mais dormir direito à noite; por isso, durante o dia, ficava meio largado no sofá da sala com um humor terrível. Nesses momentos suas irmãs procuravam se distanciar dele, pois nenhuma delas aceitava o comportamento do rapaz, apenas Carolina via tudo isso com muita tristeza.

Jonas lembrou-se do cigano, que há muitos anos havia contado tudo aquilo para ele. Resolveu então verificar se Ramires ainda estava no mesmo lugar. Sabia que de vez em quando os ciganos mudavam seu acampamento, por vezes até saíam da cidade, mas não demoravam muito a voltar. Gostavam muito daquela cidade, pois seus grupos sempre ficavam perto das margens do rio.

Como não gostavam muito de visitas, Jonas ficou alerta para ver se conseguia ver Ramires no acampamento antes que algum outro cigano o visse primeiro. Queria muito falar com ele. Logo que chegou ficou escondido e lá esperou por quase meia hora; quando já estava para voltar para casa, uma cigana passou por lá. Sabia que teria de arriscar; pela sua idade, talvez ela, tão linda jovem, conseguisse ajudá-lo.

Assim que Luana passou, Jonas a chamou com um breve assovio. Ela se voltou rapidamente; de início se assustou, mas assim que viu Jonas percebeu intuitivamente que aquele senhor precisava de alguma informação e foi então falar com ele. Tão logo Jonas explicou-lhe o motivo de sua presença, Luana pediu para que ele ali permanecesse e foi à procura de Ramires; sem que ninguém percebesse, ela o avisou. O cigano acompanhou-a até o local onde Jonas estava e, assim que chegou, Luana saiu deixando-os a sós para que pudessem conversar com maior tranquilidade.

Quase não se sentia o tempo passar enquanto Jonas contou ao cigano tudo o que havia acontecido desde o momento em que ele havia saído daquele acampamento anos atrás. Ramires a tudo ouvia em silêncio, aguardava apenas o momento de poder informar para Jonas algumas coisas que lhe estavam, naquele instante, sendo passadas pelo plano espiritual. Olhando profundamente nos olhos de Jonas, disse:

– Está chegando o momento em que tudo se iniciará, basta esperar um pouco mais. Seria muito bom se você o levasse para algum lugar onde pudesse desenvolver o lado espiritual, antes que ele novamente caia vibratoriamente e não cumpra a contento sua missão pela Terra. Seu filho já está há algum tempo sendo espreitado por espíritos que não aceitam sua reencarnação. Já em encarnações anteriores, o espírito de Gustavo nunca conseguia se equilibrar, contrariando as expectativas, deixava-se levar por sentimentos errôneos e negativismo que o afundavam mais e mais, levando seu espírito fatalmente a uma queda evolutiva.

Se não fosse a proteção de seu Orixá de frente e do Guardião das Sete Cruzes, não estaria mais aqui entre nós. Os outros, os quais ele sempre enganou, matou, iludiu, robou, não conseguem seguir em paz enquanto não conseguirem se vingar dele.

Antes desta encarnação, o espírito que hoje você conhece como seu filho Gustavo sofreu incansavelmente, passou por horrores e tormentos que você nem sonha imaginar – disse Ramires.

Jonas, olhando para aquele cigano, não entendia como poderia saber dessas coisas tão escusas e estranhas. Em sua falta de conhecimento no que se referia à espiritualidade, não entendia que o cigano Ramires já havia cedido há muito seu corpo para que um Exu a mando do Guardião das Sete Cruzes, dentro de seu próprio mistério, viesse auxiliá-lo e orientá-lo desde o primeiro dia em que se falaram.

Jonas nunca poderia imaginar que pudesse estar falando com um Exu, que se assentava à esquerda do Guardião que tomara Gustavo por seu protegido. Esse Exu, dentro do possível e respeitando o livre-arbítrio daquele espírito, procurava ajudá-lo para que nesta encarnação conseguisse, após seu novo desencarne, regressar ao mundo espiritual pelo menos mais liberto de tanto ódio e tantas perseguições. Como Jonas não tinha um entendimento que pudesse fazer com que aquele Exu se apresentasse, este apenas cumpria sua parte, passando por meio de Ramires tudo o que lhe era devido saber.

– Em breve saberá de um local onde deverá levar Gustavo para semanalmente receber energias de paz e amor, apenas isso fortalecerá o espírito de seu filho e o afastará mentalmente de seus próprios inimigos. Por outro lado, também fará com que ele aprenda pouco a pouco a sair da energia daqueles que o espreitam durante o dia e também à noite. Você deve fazer com que Gustavo pelo menos consiga se aproximar desse local, o resto nós mesmos direcionaremos.

Jonas assustou-se, pois entendia, pelos argumentos daquele cigano, que ele não usava as palavras de uma maneira como se apenas os dois tivessem conversando. Algumas vezes chegava a pensar que estava conversando com outra pessoa por meio dele. Estremeceu, achou melhor parar a conversa por ali. Já ia sair quando o Exu a serviço do Guardião das Sete Cruzes pediu para que colocasse naquele espírito, o de seu filho, a fé em primeiro lugar. Apenas isso o livraria de um dia, quando desencarnasse, voltar a conviver com seus próprios tormentos.

Em seguida Ramires voltou a si, mas tão sutilmente que Jonas nada percebeu. Jonas agradeceu por ele e por seu filho. Ramires despediu-se dele pedindo para que, se precisasse ou tivesse alguma dúvida, voltasse a procurá-lo. Os ciganos haviam terminado de armar o acampamento naquele local, certamente ali ficariam ainda por um bom tempo. Disse também para Jonas que não tivesse medo de entrar em seu acampamento, pois ali todos tinham por aqueles que não eram ciganos respeito e educação. Que se um dia voltasse ali, era só pedir para que alguém o chamasse e poderia aguardar mais tranquilamente até sua chegada.

Voltando para casa, Jonas resolveu parar em um bar e tomar uns aperitivos, pois estava tenso e assustado; ele não sabia que na verdade o que sentia de estranho era parte da energia captada por ele por intermédio daquele cigano, enquanto este cedia seu corpo para que aquele Exu transmitisse as orientações necessárias.

Chegou a entrar, mas assim que ia pedir uma dose de pinga, sentiu um arrepio tomar conta de seu corpo; sem perceber, saiu, nem esperou pelo que havia pedido.

Chegando a sua casa, todos o aguardavam para o jantar, que naquela noite foi mais silencioso. Como sentiram que o pai estava quieto demais, preferiram também manter silêncio.

Naquela noite Jonas não conseguiu dormir com facilidade, tudo o que o cigano lhe disse ecoava em seus ouvidos de uma determinada forma que tirava dele a paz e a tranquilidade, com as quais certamente dormiria muito bem.

Já eram por volta de 3 horas da madrugada quando todos ouviram gritos. Levantando-se, Jonas e Cláudia perceberam que vinham do quarto do rapaz; rapidamente foram até lá. Ao entrarem viram que Gustavo estava sentado na cama, com o cobertor sobre sua cabeça, como se estivesse se escondendo de alguma coisa que muito o assustava.

Cláudia sentou-se ao lado do menino e abraçou-o; de seu corpo, para quem tivesse olhos para ver, poderia perceber as energias sendo transferidas para seu filho, que saíam de dentro de seu chacra cardíaco e ligavam-se diretamente ao chacra cardíaco de Gustavo, fazendo que em poucos minutos ele se tranquilizasse e se equilibrasse emocionalmente.

Cláudia perguntou o que tinha acontecido e ele respondeu:

– Mãe, fui acordado por uma coisa horrível, um homem todo ensanguentado; parecia até que tinha levado uma bala na cabeça, nem queira saber o quanto eu tive medo. Parecia que ele queria me matar, pois suas mãos estavam tão próximas ao meu pescoço que resolvi gritar para que alguém viesse me ajudar. Graças a Deus, mãe, vocês vieram.

Cláudia, sem saber o que dizer ao menino, pediu para que se tranquilizasse e ficasse em paz, pois ela ficaria ao seu lado durante aquela noite para que nada, nem ninguém, voltasse a perturbá-lo durante seus sonhos. Fez muitas preces enquanto o filho tentava novamente dormir, para evitar que tudo acontecesse novamente.

Jonas nada disse, lembrou-se das palavras do cigano que dizia: "tudo está para começar".

Saiu do quarto do menino e desceu na cozinha para tomar um copo com água antes de voltar ao seu quarto. Ficou surpreso quando, ao chegar, viu Carolina sentada tomando um copo de chá. Ela o convidou para sentar e conversar um pouco, até que o sono chegasse para cada um.

Jonas pegou uma caneca, colocou o chá de hortelã que Carolina havia feito, sentou-se a seu lado e disse:

– O que podemos fazer para ajudar Gustavo?

Carolina há muito tempo queria passar para o pai tudo o que havia aprendido na casa de Dona Matilde, mas temia que ele ficasse bravo, por isso procurou silenciar a esse respeito. Naquela noite nem sabe como criou coragem e disse:

– Papai, será que Gustavo não está com problemas espirituais?

Jonas até engasgou com o que a filha havia falado, em seguida disse:

– Do que está falando, Carolina? Até parece que entende alguma coisa sobre isso.

Carolina havia pedido aos guias e entidades daquela casa que estava frequentando para que, no momento certo, dessem-lhe força e equilíbrio para poder contar a verdade para sua família. Sentia que seu irmão precisava muito de sua ajuda; então respondeu:

– Bem, meu pai, eu preciso falar ao senhor sobre algumas coisas; espero que saiba entender e não brigue comigo de maneira alguma.

Aos poucos, mantendo muita calma e tranquilidade, Carolina contou a seu pai toda a história desde o início sobre a amiga, sua mãe e aquele centro. Depois de seu pai não ter gostado de ela haver escondido dele tudo aquilo, abaixou a cabeça e ficou pensativo por alguns minutos.

Enquanto seu pai pensava, Deus sabe o quanto Carolina aguardava quieta por alguma palavra sua. Aos poucos, Jonas disse:

– Onde é este lugar? – lembrando-se novamente do cigano, que lhe disse que seria mostrado um local para levar Gustavo.

Carolina, já mais solta, explicou para seu pai onde era aquele lugar; disse que, se quisesse, poderia levá-lo à casa de dona Matilde, para que ele pudesse conversar com ela antes de ir lá, seria melhor.

Jonas pediu para que Carolina não comentasse nada a respeito daquilo com as outras pessoas na casa, isso ficaria somente entre os dois. Solicitou então que a filha conversasse com a tal senhora e marcasse um dia e um horário para que fossem até lá para conversar.

Nesse período, Gustavo passou a ver alguns espíritos que sempre estavam ao seu redor, coisa que o assustava muito, pois nenhum deles tinha a aparência normal de um ser humano; eram criaturas bestificadas, amoldadas em um circuito de vingança e ódio que as deixavam com uma aparência horripilante.

Aos poucos e com a força de seu protetor, a qual nem ele mesmo conhecia, Gustavo passou a encarar os acontecimentos com muito mais naturalidade. Começou até a não falar mais aos outros as coisas que lhe aconteciam, teve medo de acharem que ele estava louco e, quem sabe, até fosse internado em alguma clínica psiquiátrica; portanto, era melhor que ninguém ficasse sabendo de nada.

Vinham até ele, falavam de coisas estranhas, que ele desconhecia, os ouvia como se conseguisse falar com seus próprios pensamentos. A cada pergunta sua, uma resposta bestial, chocante e estranha; diziam sobre acontecimentos dos quais ele havia participado. Gustavo sempre se perguntava: como ele sendo apenas um rapaz poderia ter participado de tudo o que eles falavam? Por que não se lembrava de nada? Pensava então que aquelas coisas de outro mundo que apareciam para ele tivessem confundido-o com outra pessoa.

Às vezes também se revoltava; sabia, pelo que se mostrava, que coisas boas não eram. Deveriam ser almas penadas de algum cemitério. Várias vezes também ele lhes dirigia pensamentos com muito ódio, mas depois, quando se lembrava, se entristecia. Era em verdade um misto de sentimentos e emoções incompreensíveis ainda para um rapaz daquela idade.

Lembrava-se da vez em que perguntou à mãe de seu amigo se fazia mal pisar em sepulturas nos cemitérios, e a senhora, sem compreender, respondeu:

– Por que me pergunta isso?

– Eu gostaria que me dissesse a verdade, senhora, pois quando era pequeno sempre brincava dentro do cemitério próximo a minha casa, com bola, com bolinhas de gude, ou mesmo com papagaios.

A senhora percebeu a intenção do menino e disse-lhe:

– Bem, filho, todos nós devemos respeito aos mortos, claro. Mas quando se é criança não se tem maldade dentro do coração, certamente por isso não creio que tenha problema.

Gustavo naquela tarde voltou pensativo para sua casa: quem sabe alguém achou ruim de ele ter subido no túmulo para pegar a bola, ou mesmo quando brincava de esconde-esconde? Mas não era disso que reclamavam, eram coisas muito piores que ele nunca imaginou fazer; pensando nisso tudo, aos poucos adormeceu.

Carolina, depois de haver conversado com Dona Matilde, marcou para o início da semana a reunião entre os três: ela, seu pai e Dona Matilde.

À noite, Jonas chegou do mercado, ansioso pela resposta da filha. Logo após o jantar, enquanto Carolina ajudava na arrumação da cozinha, chegou próximo a ela e perguntou:

– Então, filha, foi até lá? O que marcaram?

Carolina avisou ao pai que no início da semana seguinte, na segunda-feira, por volta das 6 horas da tarde, iria passar no mercado e o acompanharia até lá.

Jonas achava estranho estar tratando daquelas coisas com sua filha, por nunca ser colocado a par dos acontecimentos por ela; não se sentia totalmente à vontade em tratar de determinados assuntos perto de Carolina. Mas, enfim... Não conhecia Dona Matilde nem mesmo saberia como entrar no assunto; seria melhor que a filha estivesse por perto.

No dia marcado, Carolina esperava ansiosamente a chegada do horário, para que junto a seu pai pudessem ver se conseguiriam ajudar Gustavo.

Mesmo frequentando sempre aquele centro, Carolina nunca pediu diretamente pelo seu irmão; algo não deixava que ela assim o fizesse, parecia até que Jonas seria a pessoa indicada pelo plano espiritual para tratar daquele assunto.

Na hora marcada, Jonas e Carolina já estavam em frente da casa daquela senhora. Dona Matilde, assim que percebeu a chegada deles, saiu para esperá-los; não precisou nem que tocassem a campainha para que fosse atendê-los. Entraram e, para deixar a conversa mais agradável, sem muita formalidade, a boa senhora havia feito um cafezinho fresquinho, enquanto terminava de assar um bolo de laranja, para que os três tomassem um café antes que começassem a conversar diretamente sobre o problema.

Sentaram-se na sala. Dona Matilde pediu para que eles aguardassem um pouco, pois estava terminando de colocar a mesa. Jonas estava meio desconcertado, pois nunca havia entrado naquela casa e, por mais que a ideia de tomar um gostoso café da tarde o agradasse, ficou envergonhado. Carolina aproveitou para entrar no assunto sobre a espiritualidade, tentando passar ao pai tudo o que aprendeu durante todo o tempo em que frequentou aquele local.

Logo Dona Matilde entrava na sala e os convidava para que fossem até a cozinha; desculpando-se por alguma coisa, foi logo cortando aquele bolo e colocando no prato para que os dois se servissem. Jonas, daquele momento em diante, sentiu-se bem mais à vontade perto daquela tão gentil senhora e, agradecendo tamanha amabilidade, até repetiu o café naquela tarde.

Em seguida, foram até a sala onde Dona Matilde aos poucos fez com que a conversa chegasse ao ponto que Jonas esperava. No início ele pediu para que a filha os deixasse a sós, para que ele pudesse passar à anfitriã todos os acontecimentos. Carolina já ia se levantando para sair, quando a senhora disse:

– O senhor deveria deixá-la aqui conosco, pois embora não saiba, Carolina nesta vida veio também para ajudar e amparar esse espírito ao qual tentaremos auxiliar.

Jonas já não estranhava mais nada nesta vida, por isso mesmo olhou para Carolina, dando-lhe permissão para que pudesse participar daquela conversa.

Carolina estava com quase 24 anos, portanto não era mais uma criança; já estava mais do que na hora de assumir as responsabilidades e também a sua missão que lhe fora destinada para esta vida.

Todos ficaram em silêncio enquanto se ouvia a voz de Jonas, cabisbaixo, contando os acontecimentos que até então decidira guardar somente para si; era difícil dividir aquele conhecimento, que mais lhe parecia um peso em sua cabeça. Enquanto Carolina olhava e ouvia surpresa as palavras do pai, Dona Matilde, com maior aprendizado e conhecimento, tentava raciocinar e mentalizar seu protetor para saber se e em que poderia ajudar aquele pai.

Dona Matilde perguntou a Jonas se alguma vez em sua vida havia frequentado um centro espírita, ele mais que depressa respondeu que não, nunca havia participado de nada disso. Sorridente, ela ainda perguntou:

– Então, nunca viu uma incorporação espiritual em sua vida?

Jonas, tímido por não saber nada sobre aquele assunto, por vezes até se sentindo envergonhado, respondeu que não.

Dona Matilde pediu a Jonas que esperasse mais alguns dias, assim que pudesse ela o chamaria para conversar. Ele já estava quase na porta de saída quando Dona Matilde lhe perguntou:

– Se for preciso, seu Jonas, iria com Carolina ao centro?

Sem saber o que responder, suspirou e disse:

– Creio que sim, parece que terei de obter um melhor conhecimento a respeito disso se quiser ajudar meu filho.

Dona Matilde então falou:

– É assim que se fala, seu Jonas, sempre existe alguma coisa que nos faz lembrar novamente, ou seja, trazer de novo à nossa consciência o motivo pelo qual aqui estamos.

Despediram-se, e pai e filha se dirigiram de volta para casa. Quando chegaram lá, já eram mais de 9 horas da noite. Cláudia se surpreendeu, pois desde o nascimento de Gustavo, Jonas nunca mais ficara em nenhum bar para jogar ou beber. Percebeu que Carolina chegou junto dele e então perguntou:

– Onde estavam vocês dois?

Carolina rapidamente respondeu:

– Como hoje não tive aulas, saí do serviço e pedi para que papai fosse comigo até a casa de uma amiga. Chegando, fomos convidados para tomar um café; achando de mau gosto recusar, ficamos por lá, nem vimos muito as horas passarem.

Cláudia estranhou, pois Jonas não tinha o costume de sair com as filhas, nem mesmo com Gustavo ele saía, mas enfim... Deixou para lá.

Naquela noite, estavam todos reunidos na sala de estar, quando Gustavo deu um pulo do sofá e começou a tremer e a ficar gelado; no mesmo instante, Carolina sentiu um mal-estar que não conseguia identificar.

Ana Rosa saiu da sala com a outra irmã, foram para o quarto; sempre que podiam, evitavam que as meninas mais novas presenciassem tudo aquilo; tinham receio de elas terminarem colocando alguma coisa na cabeça e depois tudo piorar.

Cláudia, chegando perto do filho, perguntou;

– O que está acontecendo, meu filho, por que está dessa maneira?

Gustavo, não resistindo, terminou falando; disse que um espírito que parecia ter morrido com facadas por todo peito estava próximo a ele e disse que sufocaria Carolina, pois ela estava se intrometendo demais em tudo.

Falou ainda que, em seguida, ele se aproximou da moça e tentava apertar seu pescoço para matá-la, mas estranho é que do corpo de Carolina saía uma intensa luz violeta clara, cobrindo todo seu corpo, protegendo-a das mãos daquele homem.

Estava contando para seus pais o acontecido quando disse:

– Esperem um pouco...

Todos se calaram diante daquele pedido. Depois de alguns minutos, Gustavo disse que um homem todo de negro, com capuz na cabeça – parecia ser uma caveira, não conseguia ver direito –, entrava em sua casa através do nada e, apenas com um gesto de suas mãos, fazia com que o outro que tentava matar sua irmã ficasse quase totalmente em chamas, e era como se ele fosse consumido por elas.

Todos ficaram sem saber o que falar, até mesmo Jonas parecia pálido e trêmulo; Carolina, percebendo melhor o que estava acontecendo, disse-lhes:

– É melhor a gente ir dormir, vamos esquecer o acontecido; não devemos comentar nada a respeito disso com as meninas, certo?

Sua mãe, no momento em que ele descrevia aquelas criaturas, parecia fugir daquela realidade e viajar pelos caminhos que em encarnações anteriores havia passado. Mesmo sem se lembrar, sabia que já tinha visto algumas cenas parecidas com aquelas que o rapaz havia descrito. Pouco a pouco, bem devagar, sua mente voltou ao normal; nada disse a ninguém, preferiu se recolher. Naquela noite, quase ninguém conseguiu dormir naquela casa.

A Mediunidade de Gustavo

Uma semana depois, Carolina falava a seu pai do recado que Dona Matilde havia mandado; pedia que tanto ele quanto sua mãe fossem ao centro naquela noite para passar pelas entidades daquela casa. A senhora havia pedido também que nesse momento não levassem Gustavo, que não se preocupassem por ficar em casa, pois no dia do trabalho pediria ao plano espiritual que lhe desse todo apoio para que nada viesse a acontecer.

No dia marcado foram todos os três para o centro; lá chegando, ficaram receosos de tudo, mas procuravam se tranquilizar, pois sabiam que Carolina já conhecia e participava daquele local há muito tempo. Sentaram-se na assistência; não entendiam muito, algumas imagens lhes eram conhecidas e outras não; estranhavam os atabaques, perguntaram para a filha se ali alguém dançava.

Carolina sorriu e respondeu que os atabaques não deixavam de ser um grande fortalecimento na ligação e no intercâmbio das pessoas que recebem os guias (médiuns) com as entidades espirituais. Explicou também que por meio deles costumam ser cultuados todos os Orixás. Conforme o trabalho foi acontecendo, Carolina, baixinho, procurava explicar aos pais algumas coisas; assim, gradativamente, eles foram ficando um pouco mais soltos e confiantes.

De início, fez-se a prece de abertura, depois foi feita a saudação ao Pai Oxalá; em seguida cantou-se para todas as Sete Linhas de Umbanda com uma linda saudação.

Até então havia apenas cânticos e algumas danças, sem incorporação, tudo estava indo bem. Foi quando cantaram para o Orixá

Ogum, que todos os médiuns que lá estavam em trabalho espiritual tiveram sua primeira incorporação. Jonas e Cláudia voltaram a ficar tensos, mas procuraram se controlar, mesmo porque eles tinham total consciência de que a ajuda para seu filho poderia vir dali. Cantaram ainda naquela noite para Iansã e Oxum. Já depois de quase uma hora de trabalho, chamaram a linha dos Baianos para dar atendimento.

Cláudia e Jonas já começavam a achar que as coisas não eram tão assustadoras da maneira como haviam pensado, sentiam-se bem naquele local; era como se sentissem suas energias renovadas a cada passagem daqueles Orixás.

Foi quando os Baianos chegaram à Terra que o cambone começou a distribuir uma ficha para a assistência, para que cada um passasse pelas entidades. Quando chegou a vez da família de Cláudia, foram dadas as três fichas para passar com a entidade de Dona Matilde, pois todos que iam pela primeira vez naquele terreiro de Umbanda deveriam primeiramente passar com a entidade dirigente da casa; depois, quando voltassem outras vezes, poderiam passar pelas outras.

Já havia se passado mais de uma hora e meia quando os Baianos chegaram. Dona Matilde costumava trabalhar com Zé Pelintra, tanto na linha da direita quanto na linha de esquerda; portanto, assim que chegou à Terra, depois de terem cantado seu ponto de chegada, ele fez suas firmezas e aguardou os consulentes que deveriam passar pelas suas mãos.

Naquela noite, a energia que fluía naquele terreiro era imensa, muitos nada percebiam, mas um ou outro com uma visão mais aguçada poderia enxergar a postura e a beleza que aquelas entidades possuíam. Muitos não eram na realidade Baianos, mas para trabalhar no auxílio da caridade vinham também dentro daquela linha, com força e energia igual a deles.

Logo após Seu Zé Pelintra ter se colocado para o atendimento, seu cambone chamou Jonas, que era o primeiro naquele dia a passar com ele. Jonas não estava nem um pouco incrédulo; depois de tudo que viu dentro de sua casa com seu filho, aprendeu a respeitar de tudo um pouco, mesmo daquilo que não dominava o conhecimento ele não duvidava.

Quando Jonas se colocou à sua frente, Seu Zé foi logo lhe dizendo:
– Boa noite, moço, parece que está perdido nesta sua caminhada?

Jonas sentiu que seu rosto realmente não escondia o que seu íntimo sentia, ficou um pouco tenso, mas em seguida respondeu:

– Bem, o senhor sabe com certeza o motivo pelo qual estou aqui; gostaria de saber se poderia me ajudar, nem tanto a mim, mas a meu filho que apresenta sérios problemas.

Seu Zé, com toda a calma que lhe é peculiar, pegou seu cigarro de palha e sua batida de coco; em seguida disse:

– O que veio à procura aqui, seu moço, são perguntas que nem todas eu poderei responder; naquilo que puder, tentarei ajudar. Seu filho, moço, teve antes de encarnar a proteção de um grande Guardião, que o sustenta e o equilibra até os dias de hoje. Teve também na Terra muitas outras oportunidades para poder amenizar um pouco mais o peso de tudo que em outras encarnações havia feito.

Você foi avisado desde o início de tudo, conforme lhe era dada permissão para isso; apenas agora veio parar aqui, pois será aqui que seu filho conseguirá amenizar as energias daqueles espíritos que se aproximam constantemente dele. Sabe bem que ainda muitos problemas e complicações irão acompanhá-lo. Mas fique sabendo, moço, que dependendo do uso do livre-arbítrio que seu filho fará, tudo se normalizará e ele conseguirá de fato não sucumbir diante de tudo que o espreita – concluiu.

Naquele momento, Jonas havia entendido que muita coisa dependeria de seu filho; por mais que ele tentasse ajudar, muito pouco poderia fazer.

Sem saber como auxiliá-lo para que as coisas não terminassem de maneira tão ruim, perguntou à entidade:

– O que devo fazer para ajudar meu filho? Tudo foi estranho desde seu nascimento, mesmo porque às vezes sinto que as coisas irão se complicar ainda mais. Ele sofre muito por não saber lidar com tudo o que está acontecendo.

Seu Zé Pelintra, colocando sua mão esquerda no ombro de Jonas, disse:

– Traga-o aqui, meu filho; se ele aceitar, vamos lhe dar a oportunidade de entrar neste mundo, onde o intercâmbio com os espíritos auxilia todos os que vieram com alguma missão árdua para cumprir. É como dizem por aqui, não é mesmo? "Quem não vem pelo amor, vem pela dor."

Falando isso Seu Zé pediu para que Jonas fizesse algumas coisas em sua casa, para tentar afastar de lá muitos espíritos que o tempo todo se acercavam de seu filho. Seu Zé disse ainda que, se nada tinham conseguido, foi por ele ter uma retaguarda muito forte por parte de seu protetor espiritual e, também, por ter dentro de sua própria casa uma pessoa de muita luz e muito conhecimento, que nesta encarnação veio com a missão de tentar ajudar um pouco mais esse irmão necessitado.

Jonas ia falar alguma coisa, quando Seu Zé Pelintra pediu para que ele se aquietasse, pois iria receber um passe. Disse também que nada mais poderia adiantar, pois tinha dito tudo o que lhe foi passado e autorizado a falar.

Em seguida, Cláudia foi à sua consulta com aquela mesma entidade; assim que chegou à sua frente, Seu Zé foi logo falando da força que ela teria de ter internamente, para que daquele momento em diante viesse a aceitar com amor e carinho a espiritualidade, aceitar o desconhecido de coração e sem reservas.

Cláudia pediu ajuda para seu filho, pois eles não estavam conseguindo fazer muita coisa para ajudá-lo.

Seu Zé, sorrindo, disse-lhe:

– Está enganada, minha filha; você não se lembra, mas muito já fez para que as coisas chegassem a este ponto. Se não fosse por sua ajuda em aceitar trazer esse espírito novamente, pela reencarnação, tudo estaria perdido. Sabe, filha, fico muito admirado por ver que, mesmo com tudo o que traz junto a você, ainda dedique toda uma encarnação em prol não somente desse irmão, mas também de outros três que muito ganharam por causa desta sua decisão e aceitação. Vai ser certo que nada de mal a afligirá. Algumas vezes, vai pensar que tudo está perdido, mas graças à sua força em querer fazer desse irmão um espírito que possa ser um dia ainda, quem sabe, um iluminado, é que gradativamente muito o ajudará. Bem, dentro daquilo que puder auxiliar esse filho, tenha certeza de que o farei.

Seu Zé ensinou alguns banhos para que Cláudia fizesse no rapaz, também pediu para que assim que possível o trouxesse ali para conversar com ele.

Depois de Cláudia, era a vez de Carolina; mesmo não sendo a primeira vez, havia conseguido permissão para também falar com aquela entidade naquele dia. Chegando à sua frente o cumprimentou, pois já tomara passe com ele algumas vezes, mas nunca havia falado do que se passava dentro de sua casa. Mesmo tendo percebido tudo, Seu Zé Pelintra enquanto dava nela seus passes nada dizia, esperava a hora em que ela falaria de seus problemas para que então os dois pudessem conversar um pouco mais a respeito de tudo. Sempre que ficou à sua frente, Seu Zé lhe perguntava se estava tudo bem, e Carolina respondia que sim; ele por sua vez não a forçava a falar, mas espiritualmente sentia que mais dia menos dia as coisas chegariam a um ponto que ninguém dentro daquela casa conseguiria controlar.

Naquela noite Carolina pediu ao Mestre ajuda para que conseguisse trazer seu irmão para visitar aquela casa, pois não gostava quando o rapaz ficava nervoso; tinha medo de que algo de ruim acontecesse com ele. Seu Zé, sabendo de muitas coisas que até ela mesma desconhecia, ou, digamos assim, coisas que ainda não haviam sido abertas nem em sua mente nem ao seu espírito aqui na Terra, disse:

– Você pode e ainda vai ajudar muito este rapaz, apenas tome muito cuidado para que não termine se machucando com isso. Confie, moça, mas desconfie também em cada piscar de olhos desse rapaz. Saiba que sua missão na Terra é ajudá-lo a se redimir, não somente de seus erros, mas também de muitas outras coisas que o fizeram permanecer durante muito tempo em terrenos fétidos e lamacentos. Ainda hoje ele traz em si um pouco daquela energia a qual subsistia em zonas bem mais baixas de evolução.

Seu Zé dizia isso a Carolina, pois apesar de não ter muita idade, ele sabia que tudo aquilo integraria dentro de seu espírito. Lá em seu íntimo entenderia, pelo menos um pouco, tudo o que aquele que hoje se apresentava como seu irmão já havia passado em outros planos nas encarnações anteriores.

Depois de dar o passe nela, todos os três puderam retornar para casa; ao mesmo tempo em que estavam mais aliviados, sentiam, porém, que as expectativas quanto ao futuro do rapaz continuavam as mesmas. Pelo que aquele Baiano havia dito, era apenas um começo, muito pouco poderiam fazer. Enfim, só lhes restava esperar e orar muito por aquele espírito, que hoje graças ao auxílio do Guardião das Sete Cruzes e também de Cláudia estava tendo a oportunidade de mais uma vez sair de toda aquela negritude e daquela densidão em que se colocou por ter usado de maneira errada seu livre-arbítrio.

O Convite para o Auxílio Espiritual

Algum tempo se passou. Nos meses que se seguiram, Gustavo começou a ter problemas dentro da escola que frequentava. Seu pai foi chamado à diretoria para poder ser colocado a par dos acontecimentos que o jovem estaria vivenciando. Eram muitas reclamações: falta de atenção nas aulas, falta de respeito por seus superiores e até mesmo andava ultimamente mexendo com as garotas dentro da sala de aula.

Jonas saiu de lá bastante aborrecido; sabia que ao chegar a sua casa não poderia ficar quieto, isso não seria o papel de um bom pai. Mesmo sabendo que as coisas poderiam se complicar um pouco mais, resolveu chamar Gustavo e passar tudo o que haviam lhe contado.

Gustavo, abaixando a cabeça, pois sempre respeitou seu pai, nada falou. Somente quando Jonas perguntou o porquê de tudo estar acontecendo daquela maneira foi que ele respondeu:

– Não sei, meu pai; não quero fazer aquelas coisas, mas quando vejo já as fiz, não entendo o porquê.

O que Gustavo não sabia era que espíritos mais experientes tomavam algumas vezes um pouco de seu mental, fazendo com que ele tivesse atitudes ruins. Esses espíritos sabiam que nem sempre conseguiam se esconder da visão de Gustavo, então a melhor maneira era provocá-lo por intermédio de outros que não tinham a mesma força e, então, fazer com que a energia dele baixasse. Daí as coisas ficavam mais fáceis para aqueles que tentavam atormentá-lo constantemente para se vingar.

Enquanto o jovem falava com seu pai, Jonas viu naquele instante a oportunidade que já esperava há algum tempo; convidou Gustavo para fazer uma visita naquele terreiro de Umbanda. O menino algumas vezes conseguia, com a ajuda de mentores e de alguns guias espirituais, se livrar daquele tormento que para ele se tornaram aqueles zombeteiros. Sempre que recebia o auxílio do plano espiritual, seu raciocínio se tornava mais claro e sereno.

Foi em um desses momentos que Gustavo se comprometeu com o pai que na semana seguinte os acompanharia até lá. Mesmo isso o assustando um pouco, sabia que, se era ambiente para seus pais, certamente não teria problema de uma vez ou outra também ir.

Seria sem dúvida uma coisa a mais para conhecer, quem sabe até dava certo; afinal, nunca gostou mesmo de acompanhar sua mãe ao local que ela frequentemente ia. Quem sabe lá não seria melhor?

Alguns dias se passaram, Gustavo percebeu que em seu íntimo alguma coisa não o deixava se esquecer do compromisso assumido com seu pai. No dia marcado, à tarde, depois de seu pai haver pedido licença para sair de seu serviço mais cedo, os dois foram até o serviço de Carolina pegá-la para que juntos seguissem até o centro de Dona Matilde.

Quando chegaram, logo de início Gustavo resolveu não entrar; levou um bom tempo até que Carolina o convencesse do contrário. Já estavam quase fechando as portas quando ambos entraram e sentaram-se, já na última fileira da assistência.

Era normal que sempre meia hora antes do início dos trabalhos a casa já estivesse lotada. Lá era um lugar frequentado por muitas pessoas que moravam tanto por perto como em cidades próximas. Dessa forma, o trabalho teve início, em seguida tudo decorreu como de costume, apenas o atendimento naquela noite não era feito pela linha dos Baianos, mas pela linha dos Caboclos.

Gustavo, desde a hora em que entrou, ficou imóvel, mal conseguia respirar; de seu corpo parecia escorrer suor por todas suas extremidades; os pés e mãos dele estavam tão gelados que Carolina passou a ficar muito preocupada com o irmão. Logo na chegada dos Caboclos, após a chamada e com o tocar dos atabaques, Gustavo melhorou um pouco, mesmo assim ainda tremia muito.

Naquela noite Gustavo passaria com a entidade de Dona Matilde. Como demorou muito do lado de fora, ficou quase por último para ser atendido. Ao chegar sua vez, ele não sentia vontade de ir ter com aquele Caboclo (como todos diziam), mas o chefe da casa, o Caboclo Ubiratan, recebeu-o com muita alegria naquela noite de tamanha importância para aquele espírito.

Chegando à frente do Caboclo, não conseguiu dizer nada. A entidade, percebendo que o moço estava muito assustado, preferiu apenas dar um passe e conversar um pouco para que ele se sentisse mais à vontade naquele lugar. Foi assim que o Caboclo Ubiratan perguntou:

– Como vai você, meu filho?

Gustavo viu que dava para entender o que aquele espírito queria dizer e então, cabisbaixo, respondeu:

– Bem, na medida do possível. Às vezes as coisas se atrapalham de uma maneira que não sei explicar, mas deve ser nervoso de minha parte.

O Caboclo disse para o rapaz:

– Filho, que bom seria se aprendesse de uma vez por todas como lidar com sua espiritualidade, mas sei que isso ainda é difícil para você. Talvez por não ter muito conhecimento de determinadas coisas é que se sente ainda aqui dentro como se estivesse num mundo totalmente separado da realidade em que vive. Apenas o tempo mostrará e dará a você a confiança e a determinação necessárias para que possa cumprir desta vez tudo o que veio passar.

Gustavo, ainda sem erguer a cabeça, perguntou:

– O Senhor sabe de alguma coisa, quer me falar alguma coisa que não sei?

O Caboclo Ubiratan sabia que aquele não era o momento. Ainda demoraria um pouco mais para ajudar, passando àquele rapaz algumas coisas que o fariam entender melhor todos os acontecimentos de sua vida. Respondeu então em seguida:

– Meu filho, que Oxalá o proteja e ilumine sempre. Não devo no momento dizer nada, além de pedir para que você se vigie durante todos os minutos de sua vida. É muito importante que sua conduta nesta vida seja direcionada toda ela em prol de estabelecer dentro de si um pacto de nunca deixar que coisas ruins, negativismos, maus pensamentos e más atitudes o rodeiem tomando conta de seus pensamentos, fazendo, com isso, que a energia que se una à sua seja toda ela densa e não sutil.

Gustavo ouvia, mas não conseguia compreender tudo; apesar de aquele Caboclo ser um espírito muito evoluído, não conseguia adentrar totalmente ao mental daquele rapaz, pelo fato de ele já estar sendo obsediado por espíritos que apenas queriam atrapalhar, atrasando sua evolução espiritual.

O jovem sentia toda a energia que aquela entidade passava por meio de suas mãos; procurando firmar seu olhar um pouco mais na médium, conseguia perceber o campo que envolvia todo o seu corpo com uma imensa luz brilhante meio esverdeada. Uma luz que se emanava dela, diretamente, a determinados locais em seu corpo. Gustavo saiu para dar a vez a mais um consulente, já estava quase chegando à assistência quando novamente o Caboclo pediu para que ele voltasse àquele local outras vezes.

Ele sem responder nada, cabisbaixo, voltou a sentar-se. Ao chegar viu que seu pai ainda estava na frente de outra entidade, e Carolina, que já havia passado, o esperava ansiosa em saber se ele havia gostado ou não.

Gustavo olhou para a irmã e disse:

– Ele falou muitas coisas estranhas para mim, não entendi muito bem, mas em casa vou conversar com você; espero que me explique melhor.

Naquela noite, os três foram para casa com mais amor dentro de seus corações, mais esperanças e também uma maior sede de conhecimento.

Na semana seguinte, Gustavo pediu para que seu pai permitisse que ele saísse à procura de serviço. Jonas ainda com receio de soltar o rapaz, pelo fato de todos aqueles acontecimentos serem recentes, pediu um tempo para pensar; teria de conversar com Cláudia antes de tomar aquela decisão.

Dois dias se passaram. Jonas até havia se esquecido do que o filho havia pedido, mas à noite, durante o jantar, Gustavo lembrou-o do que havia dito e perguntou se já teria uma resposta para ele. Cláudia, que não sabia de nada, surpreendeu-se com o pedido de Gustavo.

Já ia dizer que de maneira nenhuma daria sua permissão, quando Carolina interferiu na conversa e, delicadamente, tentou mostrar a seus pais que já estava mais do que na hora de Gustavo fazer algo em seu próprio benefício, como também de sua família. Tanto Jonas quanto Cláudia perceberam que deveriam sim dar essa oportunidade a Gustavo, foi desse modo que ele teve autorização de ambos e no dia seguinte, logo cedo, saiu à procura de alguma colocação.

Estava no ponto do ônibus, quando percebeu que um estranho com capuz preto chegou logo atrás dele, ficou com receio de falar com um desconhecido, mas depois de pensar um pouco se deveria ou não, voltou-se e surpreso ficou ao perceber que ali não tinha ninguém. Notou quando ele chegou; apesar de não ter visto seu rosto, sentiu claramente sua presença, mas não o tinha visto sair dali. Muito estranho aquilo.

Atrapalhado com os seus pensamentos, nem percebeu que o ônibus que o levaria para o centro da cidade havia encostado. Tinha em suas mãos o endereço de uma agência de emprego e então foi até lá. Assim que chegou, Denise, que trabalhava na recepção daquele local há muito tempo, foi logo pedindo suas documentações e entregando duas fichas para que ele as preenchesse e devolvesse.

Gustavo sabia que não teria muita facilidade para arrumar emprego, pois afinal ia entrar nos seus 16 anos e, em pouco tempo, talvez teria de servir ao Exército, e nenhuma empresa faria muita questão em admiti-lo por esse motivo.

Enquanto sentou no lugar indicado para preencher sua ficha, apesar de manter sua cabeça baixa, não pôde deixar de notar o olhar que a garota dirigia a ele. Ficou envergonhado, pois com todos os seus problemas nunca havia percebido, como agora, que na sua idade namoro e flerte eram coisas normais. Em seguida levantou-se e entregou as fichas preenchidas para Denise, que o lembrou de não ter colocado o telefone. Gustavo desculpou-se e, passando a ela o que havia pedido, saiu agradecendo sua atenção.

Quando descia as escadas entre um andar e outro, foi surpreendido por três garotos, ainda mais novos do que ele, que de início armados com faca e canivetes o fizeram entregar o pouco dinheiro que ainda tinha no bolso.

Como não tinha outra opção, o fez, em seguida sem saber como voltar para casa, para não assustar seus pais, lembrou-se de ligar a cobrar para Carolina que, por sorte, antes de sair de casa o chamou e entregou o número do telefone de seu serviço para qualquer eventualidade. Torceu para que aceitassem ligações a cobrar, pois sabia que dependendo do local muitos não aceitavam.

Saiu correndo à procura de um orelhão e tentou ligar para sua irmã; perda de tempo, pois realmente a empresa onde Carolina trabalhava não aceitava esse tipo de ligação. Desesperado, sentou-se em um banco de jardim na praça e tentou pensar em alguma coisa que o ajudasse a sair daquela situação. Após alguns minutos que havia se sentado ali, uma senhora de idade bem avançada chegava ao ponto do ônibus, pelo visto iria tomar o mesmo ônibus que ele.

Pediu ajuda a Deus e tentou ir conversar com aquela senhora; como estava bem-vestido não deixou de ser bem recebido. Aos poucos foi contando o que aconteceu para a mulher, que rapidamente percebeu não se tratar de mentiras ou trotes. Se o rapaz quisesse roubá-la, poderia pegar tudo o que quisesse e sair correndo pois estava sozinha, cheia de pacotes; ela sabia que nada poderia fazer.

A senhora querendo ajudar o menino, mas de uma forma não comprometedora, disse:

– Para onde está indo, meu rapaz?

Gustavo respondeu rapidamente. A senhora disse então:

– Olha, já estou um pouco velha para levar tantos pacotes, não acha? Que tal poder contar com sua ajuda? Eu poderia até pagar sua condução; morando no mesmo bairro que o seu, terá condições de me ajudar a levar tudo isso com mais facilidade até minha casa.

Gustavo até suspirou aliviado, não queria que o pai soubesse o que havia acontecido, pois se isso acontecesse, sabia que não mais confiaria em ele sair sozinho novamente.

E assim aconteceu, eles entraram no ônibus juntos, desceram no mesmo ponto, Gustavo ajudou a senhora carregando todos os seus pacotes até sua casa; e ela, além de pagar sua condução, deu-lhe dinheiro para que ele tomasse um sorvete quando estivesse de volta ao caminho de sua casa.

Engraçado que Gustavo não se sentiu mal com tudo aquilo, não sentiu vergonha, orgulho, nem mesmo tristeza, muito pelo contrário.

Saiu caminhando feliz e cantarolando sua música preferida. Ao chegar a sua casa, sua mãe já se encontrava a sua espera; mal entrou e Cláudia perguntou:

– Então, acertou ir sozinho? Tudo certo?

Gustavo respondeu que estava tudo muito bem, subindo em seguida para se preparar para o almoço. Enquanto almoçava, seus pensamentos voltavam ao acontecido; achava estranho que justo no primeiro dia em que havia saído sozinho isso tivesse ocorrido. Mas, por outro lado, agradeceu a Deus por ter recebido a ajuda necessária rapidamente.

Nos dias que se seguiram, Gustavo continuou a sair à procura de emprego; apesar de muitas dificuldades terminou recebendo uma proposta para trabalhar como auxiliar geral em um consultório médico. Em sua casa, ficaram apreensivos, mas não podiam passar ao rapaz toda aquela preocupação. Gustavo ficou feliz ao saber da notícia; era uma sexta-feira, faltavam poucos dias para ele começar em seu novo trabalho. Aquele fim de semana para ele parecia interminável.

No dia marcado, Gustavo saiu logo pela manhã, acompanhado por Carolina, que também tomava aquele mesmo ônibus para trabalhar diariamente. Combinaram que nos primeiros dias iriam se encontrar, para que ela mostrasse a ele algum local onde pudesse almoçar que fosse confiável.

Quando chegaram ao ponto de ônibus, por questão de segundos, Gustavo viu o homem de capuz preto; dessa vez procurou firmar seu olhar e não o tirar daquela visão que se apresentava a sua frente. Via bem, era de estatura alta e forte, contudo, por mais que tentasse não conseguia ver seu rosto; via apenas que ele trazia uma espada em sua mão esquerda que parecia ser incandescente, e sua cor era de puro fogo. Gustavo se assustou, mas logo percebeu que aquela era mais uma de suas visões. Sabia que apenas ele via e mais ninguém, mesmo assim perguntou a Carolina se ela via alguma coisa naquele local. Sua irmã, por mais que tentasse, não conseguia ver nada, mas por um segundo seu corpo todo se arrepiou de uma forma que Carolina não duvidou das palavras de seu irmão.

Ambos evitaram prolongar aquele assunto, logo o ônibus encostou e tanto Gustavo como Carolina procuraram se esquecer daquele acontecimento.

Chegando mais cedo do que o previsto em seu serviço no primeiro dia, terminou sem saber muito o que fazer. A recepcionista pediu para que ele aguardasse um pouco na recepção. Não demorou muito para que dra. Regiane chegasse; logo que entrou, cumprimentou Gustavo e pediu para que ele aguardasse sua chamada. Depois de uns 15 minutos, foi chamado para dentro do consultório para conversar diretamente com a médica.

Em pouco tempo ela explicou ao rapaz qual seria seu serviço e o que deveria fazer. Sabia que era seu primeiro emprego, por isso havia pedido para que o antigo funcionário ficasse pelo menos uns 15 dias para auxiliá-lo e também ensiná-lo a ir aos locais onde frequentemente teria de visitar. Foi então que dra. Regiane pediu para que Fábio entrasse e, após a apresentação, ambos saíram para um novo dia de trabalho. Da rua mesmo Gustavo ligou para Carolina, dizendo que não precisava ir ao seu encontro, pois não estava sozinho e que Fábio o tinha convidado para almoçar no local onde almoçava todos os dias.

Dra. Regiane era médica cardiologista, trabalhava em seu consultório sempre três dias na semana, os outros dias eram usados nos hospitais, para as cirurgias que mantinha, sempre agendadas antecipadamente.

No fim do dia, Gustavo, apesar de cansado, estava feliz. Gostava de ser útil e também pouco a pouco estaria conseguindo chegar mais próximo de seu verdadeiro objetivo, que era cursar uma faculdade e seguir a carreira militar, quem sabe assim conseguiria ajudar sua família. Sabia que Carolina sempre que podia dava dinheiro em sua casa, mas a despesa era grande. Seu pai não ganhava tão bem para poder sustentar a contento as vontades de suas outras irmãs. Mesmo que não conseguisse ajudar muito, o pouco que pudesse oferecer seria bem-vindo.

Chegou à sua casa, e Cláudia estava ansiosa para saber como tinha sido seu primeiro dia de trabalho. Gustavo, beijando seu rosto, disse que tudo estava bem; iria tomar seu banho e na hora do jantar contaria não somente a ela, mas também aos outros tudo o que havia acontecido naquele dia, menos é claro a visão que teve logo pela manhã.

Naquela noite o jantar foi mais interessante, até suas outras duas irmãs estavam curiosas para saber o que tinha acontecido. Aos poucos Gustavo contou tudo, mostrando a todos que estava muito grato por ter conseguido aquele trabalho e que não seria difícil aprender tudo o que fosse preciso.

O tempo passou. Gustavo ainda continuava sem entender muito bem suas visões. Por causa disso, quando dra. Regiane chegava ao consultório percebia que ela não entrava sozinha; no começo a olhava de uma maneira estranha. Um dia ela chamou sua atenção e, perguntando o motivo pelo qual agia daquela forma, terminou deixando o rapaz sem graça. Daí para frente, mesmo enxergando que dra. Regiane não vinha sozinha para o consultório, fazia de conta que nada acontecia, abaixava sua cabeça, mas de nada adiantava, eles se mostravam a Gustavo mesmo com seus olhos fechados. Por vezes, sentia vontade de se comunicar mais facilmente com eles, mas não conseguia; apenas os conseguia ver.

Levando esse problema para o seu dia a dia, não demorou muito para que Gustavo resolvesse frequentar a casa de dona Matilde, ou seja, o centro de Vovó Cambinda. Tinha dificuldade por causa do horário de trabalho; não poderia ficar faltando em seu serviço, mas sabia mesmo assim que precisava de auxílio espiritual.

Enquanto esteve com Fábio nada disse a respeito das coisas que lhe aconteciam, mas conseguia ver que Fábio sempre estava acompanhado por um índio imenso, de cocar colorido, que ficava sempre do seu lado direito emanando muita luz sobre a cabeça do rapaz. Apesar disso tudo, Gustavo não sentia com Fábio o que sentia com a médica. Com ela às vezes Gustavo via alguns espíritos com cortes imensos pelo corpo e muitas vezes ensanguentados.

Gustavo sabia que eles o enxergavam, esse era o maior problema. Por várias vezes os espíritos que a acompanhavam se dirigiam a ele, e quando isso acontecia, sem ele saber o porquê, se colocavam à sua frente e em seguida saíam assustados. Gustavo tinha dificuldade de trabalhar aquilo em sua cabeça, como podia ser? Parecia até que eles sentiam o mesmo temor que ele, quando à sua frente. Por que seria? Era isso que ele sempre se perguntava.

O que Gustavo não sabia era que em todos os momentos de sua vida tinha de frente um Exu que trabalhava assentado à esquerda do

Guardião das Sete Cruzes e que o representava dentro do Mistério que ele trazia, protegendo sempre Gustavo de tudo o que pudesse atrapalhá-lo em sua caminhada. Certamente era esse o motivo pelo qual alguns espíritos que ainda se encontravam perdidos, ou seja, que ainda não aceitavam que haviam desencarnado, quando olhavam Gustavo se assustavam ao ver o fogo que se projetava em seu redor. Então achavam melhor sair e até deixavam de perseguir a médica, sabiam que enquanto ficassem com ela teriam de ficar ali; temendo pelo desconhecido, terminavam indo para outro lugar.

Naquela noite, quando chegou a sua casa, Gustavo não via a hora de terminar o jantar para conversar melhor com Carolina. Assim que pôde convidou a irmã para dar uma volta na praça que ficava em frente à sua casa. Já na praça, Gustavo foi diretamente ao assunto dizendo que queria ir mais vezes ao centro com Carolina, mas não podia sair mais cedo de seu serviço.

Perguntou então se a casa não trabalhava aos finais de semana; rapidamente Carolina respondeu que sim, ela não ia aos sábados porque nesse dia sempre se sentia mais voltada para as arrumações de suas coisas, que por causa do seu trabalho e do seu estudo terminavam por serem feitas nos finais de semana. Disse a Gustavo que conversasse com seu pai, pois certamente ele não iria se incomodar de acompanhá-lo até lá. Gustavo perguntou algumas coisas mais, Carolina com calma tentou esclarecer ao rapaz algumas de suas dúvidas. Curiosidade ele tinha, agora já estava bem mais perto de alcançar a ajuda tão esperada por todos.

Após ter combinado com Jonas, no sábado seguinte foram os dois à sessão daquela tarde. Quando chegaram, ainda era cedo. Dona Matilde estava cuidando dos elementos que sempre eram ofertados aos Guardiões da casa; por um segundo apenas, ao passar, Gustavo percebeu o que ela estava fazendo. Mesmo com a porta entreaberta, foi mostrado a ele dentro de sua visão espiritual tudo o que havia dentro daquele quartinho e tudo o que era também oferecido ali. Ele não falou nada para seu pai, mas em seus pensamentos não entendia o motivo de tantos oferecimentos, principalmente no que se tratava de comidas e bebidas. Não entendia por que, sendo eles espíritos, necessitavam daquele tipo de oferendas. Mas apenas pensava, não disse nada a ninguém.

Naquela tarde a arrumação da casa não estava como de costume, pois o altar que normalmente se encontrava aberto, naquele horário ainda estava, fechado e tinha em frente ao conga algumas coisas diferentes das de costume. Tinha um local coberto com uma toalha de cetim, metade vermelha, metade preta. Na parte preta tinha um prato com uma oferenda (a qual não nos reportaremos agora), um charuto, uma garrafa de pinga e também um símbolo em ferro que parecia ser um tridente. Do lado vermelho se via um vaso com rosas vermelhas abertas, um maço de cigarro fino e uma garrafa de champanhe *rosé* aberta; sobre a mesa havia pulseiras e colares dourados e um belo frasco de perfume.

Depois de já estar em seu lugar logo na frente, Gustavo percebeu que, apesar de tudo, se sentia muito bem ali, melhor do que nas outras vezes que ali esteve. Sem saber o porquê, da última vez sentiu um misto de medo e respeito que o deixou atordoado. Dessa vez estava se sentindo mais à vontade, ia falar isso para seu pai quando começaram a chegar as pessoas que assistiriam ao trabalho naquela tarde. Achou melhor nada comentar.

Na hora determinada, Jonas e Gustavo perceberam também que todas as pessoas que ali trabalhavam estavam com roupas escuras, mais precisamente os homens de preto e as mulheres de preto e vermelho. Mais alguns minutos, o trabalho se iniciaria.

Logo de início foi cantado para o Orixá Ogum, em seguida já se saudavam os Exus de Lei, que viriam dar atendimento naquele dia, e as senhoras Pombagiras, com seus referidos pontos. A dirigente, não incorporada, ainda pediu para que todos se voltassem de frente para a rua e, enquanto saudavam, ouvia-se do lado de fora, em frente ao quartinho onde Jonas viu tudo aquilo, um barulho de pólvora que rapidamente esfumaçou uma grande parte daquele ambiente.

Pedia-se a eles, naquele instante, a proteção para os trabalhos daquele dia e a segurança da porta de entrada, para que não entrasse nada que pudesse atrapalhar o bom andamento do trabalho. Em seguida todos voltaram novamente de frente para o altar, sentaram-se e foi então que se deram início aos trabalhos espirituais.

Jonas, que não tinha a mesma energia de Gustavo, estava amedrontado; lembrou-se de sua conversa com aquele cigano e não sabia direito o que ali iria acontecer. Isso o deixava com muito medo, tanto que sentia suas pernas trêmulas, mas aos poucos tudo foi passando.

De início foi saudado o Guardião da casa, momento em que dona Matilde incorporou uma entidade até então nunca vista por Gustavo e por Jonas. Era estranha, não passava a beleza e a energia que as outras costumavam passar. Gustavo sentia dentro de si que era necessário entender melhor tudo aquilo, para poder aceitar com maior naturalidade tudo que se mostrava a ele naquela tarde pela primeira vez. Com a chegada da entidade que tomava conta do trabalho, o Sr. Exu Tranca Rua das Almas, todas as outras foram chamadas.

Aos olhos de Gustavo era como se, gradativamente, voltassem à sua memória acontecimentos e fatos já vivenciados em algum lugar distante, que ele não sabia determinar onde nem quando.

As mulheres se apresentavam todas com um porte muito especial e também sensual, com flores presas aos seus cabelos. Usavam pulseiras douradas e correntes com muitas voltas, dançavam e chegavam até mesmo a sutilmente se insinuar aos que recebiam os outros Exus. Assim que todos incorporaram, dirigiram-se até onde estavam colocadas as coisas as quais foram faladas anteriormente em frente ao conga; lá saudaram e voltaram cada qual ao seu lugar para dar atendimento.

Antes de atenderem aos consulentes, o cambone de dona Matilde chegou à frente da assistência e solicitou que todos ali prestassem atenção ao que iriam pedir para aquelas entidades, pois na casa apenas trabalhavam Exus e Pombagiras de Lei; portanto, deveriam analisar melhor antes de fazer algum tipo de pedido para as entidades. Não deveriam em hipótese alguma pedir coisas ruins para os outros e atrapalhação para a vida alheia, pois isso seria certamente rechaçado por aquelas entidades que estavam a trabalho de muitos Orixás a serviço da luz e da evolução. Sendo esclarecido tudo aos visitantes da noite, o cambone iniciou a chamada dos consulentes.

Como Gustavo havia chegado bem mais cedo, foi chamado em primeiro lugar. Ele foi direcionado para a entidade de dona Matilde que naquela noite trabalhava com o Sr. Tranca Rua das Almas. Assim que chegou à sua frente, ouviu uma enorme gargalhada daquele espírito; era tanta energia que sentiu todos os pelos de seu corpo se arrepiarem. A sensação era de estar em outro local, mundo, energia, sabe-se lá o que, Gustavo não sabia definir ao certo tudo o que sentia.

Ficou quieto como nunca, esperou que o Exu falasse primeiro; teve medo, não sabia na verdade o que poderia ou não falar com ele.

O Sr. Tranca Rua então disse:

– Já esperava sua visita aqui hoje.

Gustavo rapidamente respondeu:

– Mas nem eu sabia que viria.

Seu Tranca Rua, dando uma baforada em seu charuto, disse:

– Foi a gente que o trouxe hoje aqui, precisava conhecer melhor tudo isso. Você sabe tudo que enxerga, não é?

Gustavo sabia que não adiantava mentir, confirmou dizendo:

– Vejo coisas estranhas, corpos ensanguentados e muitas outras coisas.

Seu Tranca Rua respondeu:

– É, moço, quem faz coisas que a Lei Maior não permite, algumas vezes convive, até em encarnações futuras, com espíritos que estão sempre servindo de obstáculos para seu crescimento. Tem sorte de ter a proteção que tem.

Gustavo perguntou:

– Quem é que me protege?

Seu Tranca Rua, tomando um gole da pinga que naquele momento estava lhe sendo oferecida, respondeu:

– Na hora certa saberá. Por enquanto não posso lhe falar muito. O que tenho para dizer é que tem de ser forte se quiser mudar o rumo de seu caminho. Chegará um dia em que seu Guardião pouco poderá fazer para auxiliá-lo, por isso deve sempre agir de maneira correta, se afastar de más companhias e procurar sempre ajudar aos mais necessitados. Aproveite a chance que está lhe sendo oferecida; por mais que você procure imaginar, dificilmente saberá a força que o guia aqui na Terra.

Foi dada a você a visão daquilo que deve aprender a trabalhar, apenas verá aquilo de que necessita; assim será muito mais fácil para você na hora de sua escolha. Aquele que o protege e o acompanha não se mostrará a você, não neste momento, ainda muito tempo terá pela frente; dependendo do uso de seu livre-arbítrio, quem sabe um dia conseguirá – concluiu.

Gustavo não sabia o que era livre-arbítrio, mesmo assim não quis perguntar. Enfim, isso poderia saber perguntando a Carolina. Seu Tranca Rua disse também que aqueles que o assediavam durante seus sonhos já tinham sido afastados; explicou que tudo isso era para que ele tivesse mais facilidade em chegar aonde todos queriam. Fazendo a limpeza de corpo em Gustavo, acrescentou:

– Quem um dia na vida esquece do irmão na carne fragilizado, em vez de ampará-lo, termina por ajudá-lo a cair ainda mais nas profundezas de seu próprio ser. Deve ser grato, em verdade, por ter a possibilidade de novamente na carne se redimir, pelo menos um pouco, dos erros e desesperanças atribuídas cada vez mais dentro de seu próprio espírito.

Apesar da falta de entendimento e de aprendizado de Gustavo, ele até que entendeu aquilo que o Exu dizia. De repente, até por seu mental ter trazido sutilmente à tona lembranças de algumas das encarnações anteriores, fazendo-o relembrar acontecimentos incríveis, vivenciados por ele em um outro mundo, em um outro lugar, Gustavo percebeu que estava sim sendo ajudado, mesmo sem saber por quem, e deveria ser grato por mais essa oportunidade. Entendeu também que tudo ou quase tudo dependeria somente dele. Para encerrar, Seu Tranca Rua pediu para que ele voltasse em outros dias de trabalho para desenvolver-se, pois isso o ajudaria e muito.

Nesse momento o cambone explicou para Gustavo que os desenvolvimentos eram todos os sábados no período da manhã e, se quisesse, poderia vir de branco na semana seguinte, pois estava sendo convidado pela entidade dirigente da casa. Gustavo, agradecendo, disse que faria o possível para vir aos sábados pela manhã. Achava difícil trabalhar como aqueles médiuns, mas daria a si a oportunidade de desenvolver mais a sua espiritualidade.

Naquele dia Gustavo saiu de lá com seus pensamentos tumultuados, sabia que tudo o que tinha ouvido daquela entidade mexia realmente com sua estrutura interior. Sentia como se devesse seguir à risca todos aqueles ensinamentos; sabia que não teria outra oportunidade, por isso deveria aproveitar aquela. Tudo isso se passava em um processo muito mais interior no espírito de Gustavo. Não sabia de nada, mas seu corpo e seus pensamentos recebiam fatalmente o reflexo de tudo o que seu espírito ansiava.

Naquela noite resolveu sair para caminhar um pouco pela cidade, estava entrando em uma sorveteria quando viu Daniela, já fazia quase dois anos que não a via. Sempre foram bons amigos, estudaram durante muito tempo juntos. No ano retrasado, seu pai teve de se mudar para outra cidade, por causa de seu serviço, e foi assim que com muita tristeza ambos se separaram. Nunca tiveram nada mais do que uma grande amizade, mas um sempre foi muito especial para o outro; Daniela era daquelas pessoas que chegam e definitivamente trazem algum recado à nossa vida e permanecem nela, mesmo os dois estando distantes um do outro.

Assim que viu Gustavo, Daniela correu ao seu encontro, estava com mais duas moças que a acompanhavam para um passeio na cidade. Gustavo convidou-a para se sentar junto dele e ali ficaram conversando, nem viram o tempo passar. Logo no início da conversa as duas garotas, percebendo que estavam sobrando, pediram licença e se afastaram. Tinham combinado que, assim que Daniela saísse dali, telefonariam para que pudessem voltar novamente juntas para casa.

Daniela pediu um sorvete, procurou colocar Gustavo a par de tudo o que havia acontecido em sua vida durante todo o tempo que esteve longe dali, mesmo não admitindo para o rapaz o quão importante ele tinha sido em sua vida. Foi para ela mais difícil a separação do amigo do que a saída da cidade onde deixara muitos tios, primos e colegas.

Estava cursando o último ano do colegial, depois estava pensando em fazer algum cursinho para poder ingressar numa faculdade; seu sonho sempre foi se formar em Letras, quem sabe um dia até conseguiria algum lugar para que pudesse lecionar para muitas crianças. Daniela amava todas as crianças, sempre dedicava a elas uma grande parte de seus pensamentos e também de suas horas de lazer. Sabia que não ganharia muito bem dentro do que esperava se formar, mas sentia que devia fazer isso; quem sabe mais tarde conseguiria dar continuidade a seus estudos, mesmo que fosse dentro de alguma área qualquer que a possibilitasse de poder seguir em paralelo com o que sempre gostou.

Sua vida era se imaginar dentro de uma sala de aula, achava que todos os professores deveriam sempre lecionar por amor e não por obrigação. Mas, nos dias de hoje, isso realmente não passava de um grande sonho, pois poucos podiam se dar a este luxo para se realizar.

Gustavo ficou feliz ao saber que Daniela se formaria no mesmo ano que ele, de sua parte sempre foi mais voltado para a área militar, não via a hora de poder servir, quem sabe então daí mesmo já não conseguiria se encaminhar com maior facilidade. Ele não sonhava baixo, pensava em já ingressar um dia quem sabe na polícia, possivelmente em um nível mais alto do que o de costume, tudo faria custasse o que custasse para se formar e tentar entrar como um oficial.

Aquelas horas eram realmente de muita felicidade para ambos. Gustavo perguntou a ela o porquê de nunca mais ter voltado naquela cidade; a amiga explicou que de início tudo estava meio confuso, mudanças, cidade nova, escola diferente e também a saúde de sua mãe. Tudo ajudou para que não tivesse condições, nesses dois anos, de voltar a visitar seus parentes e amigos. Daniela explicou a Gustavo que seu pai ainda ficaria mais dois anos por lá, em seguida retornaria. Seu serviço era muito bom, trazia-lhe certamente segurança financeira, mas o único problema era o de não poder ficar em um só lugar o tempo todo, isto por vezes era muito cansativo para toda família.

Gustavo despediu-se de Daniela com um beijo em seu rosto e cada um trocou endereço e telefone, combinaram que assim que possível trocariam correspondências para saber um do outro.

Naquela noite Gustavo chegou a sua casa mais feliz do que nunca. Carla estava preparando um lanche para uma amiga que a visitava, e Gustavo foi entrando na cozinha sorridente, cantando, coisa que não era de seu costume, e beijou as duas no rosto antes de se dirigir para seu quarto. Quando passou pela sala, todos estavam assistindo à televisão, mesmo assim ninguém deixou de observar a alegria que estava às voltas de Gustavo. Carolina, logo que ele saiu de perto, disse para sua mãe:

– Acho que aí tem um coração prestes a se apaixonar.

Sua mãe, como sempre preocupada com Carolina, aproveitando a deixa respondeu:

– Pode ser. E você, minha filha, falando nisso, quando irá namorar?

Carolina ficou com seu rosto vermelho, pois apesar de mais velha não estava acostumada a falar sobre isso perto de seu pai; então respondeu:

– Na hora certa, mãe, vamos aguardar...

Seu pai, fingindo não escutar a conversa, sorria assistindo a um quadro humorístico na televisão. Interiormente também se preocupava com a filha, sabia que era dedicada, prestimosa, e sempre que podia ajudava sua mãe em seus afazeres, bem como o ajudava também no sustento da casa. Em respeito a ela, achou melhor disfarçar sua preocupação.

Gustavo estava muito feliz por ter encontrado Daniela de novo; naquela noite adormeceu rapidamente.

Vivenciando em Espírito a Perseguição de seus Inimigos

Aquela semana passou mais rápido do que de costume para Gustavo, não via a hora de chegar sábado para iniciar seu desenvolvimento espiritual. Estava tão de bem com a vida que nem se incomodou com o excesso de trabalho que teve naqueles dias. Na quinta-feira, quando voltou do trabalho, aproveitou para pegar no caminho algumas ervas frescas para tomar o banho que pediram a ele no centro. Pediu para sua mãe preparar a água, e fez como o haviam ensinado: após seu banho normal, banhou-se dos ombros para baixo.

Naquela noite, assim que adormeceu, Gustavo sonhou que estava indo para um lugar estranho; eram muitas pessoas, todas elas machucadas, feridas, algumas até com alguns membros amputados. Caminhavam todas no limbo, a caminho do nada, seguiam... Apenas seguiam em direção ao nada.

Naquele lugar não existia Céu nem Terra, era um misto de escuridão e limbosidade, era difícil observar o rosto de cada um. Gustavo apenas via os corpos. Sem entender o motivo de estar ali, procurou chamar por alguém; quanto mais o fazia, menos era notado. Às vezes chegava a pensar que havia morrido, pois ninguém olhava nem falava com ele dentro daquela penumbra fétida.

Apesar disso, Gustavo sabia que lá era o seu lugar, não poderia ir além dali, por mais que quisesse. Sentia o peso de tudo que trazia em seu espírito, de todas as suas más ações, de seus crimes, de seus estupros, de seus roubos... Aos poucos tudo lhe vinha à tona em seus pensamentos. Achava estranho, olhava para si e perguntava: mas como e quando aconteceu isso tudo? Parou e pensou em tudo o que se passava naquele momento. Ele não compreendia o motivo pelo qual todas aquelas lembranças horríveis tomavam conta de seus pensamentos.

Estava refletindo naquilo, quando três vultos escuros chegaram ao seu redor, gargalhando e uivando de maneira horripilante. Gustavo temia dirigir seu olhar para cima, tinha medo do que iria ver, mas como se estivesse sendo forçado a isso, ele o fez. Tamanho foi seu assombro quando percebeu ao olhar naqueles rostos que, mesmo deformados, traziam de volta em sua mente a noite em que tudo havia acontecido. Bruscamente, para conseguir um pouco de dinheiro, esfaqueou dois deles, e o terceiro, com um empurrão, terminou batendo com a cabeça no asfalto, falecendo em seguida.

Que estranho, sabia que isso fazia muito tempo. Mais estranho ainda era que se via cometendo aqueles crimes, sabendo que era ele mesmo, mas se vendo com um rosto diferente do que tinha no momento. Perguntava-se: como posso me lembrar e saber de tudo isso se não me reconheço? Mas algo dentro dele, mais forte do que tudo, carregava o peso e a responsabilidade por tudo aquilo, sim.

Sem saber o que fazer, os três vultos negros começaram a arrastá-lo por todo aquele local. Naquele momento, Gustavo chegou a se arrepender de tudo o que havia feito àquelas pessoas. Agora nada mais podia fazer, a não ser orar e pedir a Deus; quem sabe, se o fizesse de coração, receberia então a ajuda de que precisava naquele momento.

E assim o fez. Seus olhos, já cheios de lágrimas, choravam tanto de remorso quanto de dor, por ver seu corpo sendo todo esfolado nas pedras daquele lugar. Mas pediu de coração que Deus o amparasse e, em seguida, ouviu de trás um grande estrondo; percebeu que os três que o arrastavam saíram correndo e o deixaram entregue às imundícies daquele local.

Um homem de capuz preto, alto e forte carregava em sua mão esquerda uma espada que, ao erguer, parecia ser de um fogo vivo, propagando-se por todos os lados, uma quentura infernal. Aos poucos foi chegando à sua frente, foi então que Gustavo, desolado, ergueu seus olhos e suplicou:

– Quem é, grande homem? Por favor, me tire daqui.

Aos poucos Gustavo ouvia, nem mesmo sabia de onde, uma voz que ecoava em todo aquele local dizendo:

– Muitos o perseguem; o que fez o atormentará até o resto de seus dias; enquanto não conseguir estabelecer um vínculo maior de amor dentro de seu coração, nada mudará. Minha missão no momento é a de não deixar que seu espírito se consuma nas trevas dessa total destruição.

Aqui estão, sob o comando de outro Guardião, todos aqueles que não conseguiram superar o ódio e o sentimento de vingança de dentro de seu coração. Não aceitaram de maneira alguma o que aconteceu com eles, mas não somente eles como também muitos outros, esperam sempre que ao adormecer seu espírito saia, para então aos poucos sugar de você suas energias, o pouco que ainda possui.

Fui designado pelo meu superior, o qual não posso lhe revelar, a ajudá-lo para que pouco a pouco consiga, por você mesmo, superar e também transformar tudo o que já fez. Tenho de dizer que a todos os espíritos é dado o livre-arbítrio, saiba usar o seu para que um dia quem sabe, quando desencarnar, possa estar livre de uma grande parte do contínuo assédio desses espíritos infelizes e cruéis. Dessa vez corri em seu socorro, vou levá-lo de volta até seu corpo e o curarei de todas essas feridas que se formaram em seu corpo espiritual. Devo lhe dizer que não terá mais oportunidades; quanto mais cedo começar a trabalhar sua evolução, melhor será.

Dizendo isso, Gustavo sentiu como uma espiral de fogo que saía do chão e circulava todo seu corpo com uma rapidez incrível. Ao passar pela sua cabeça, por segundos pôde ver o rosto daquele que o tinha ajudado; ele se assustou um pouco. Apesar de não deixar transparecer, era uma caveira; de seus olhos tochas de um fogo incandescente saíam a todo instante.

Nesse minuto em que ele se mostrou para Gustavo, viajou pelo tempo. Ele se sentia parado, mas seu corpo volitava em grande velocidade; ao mesmo tempo acordava em sua casa. Seu corpo estava muito agitado, lembrava-se apenas de algumas coisas, não conseguia ligar nada com nada.

Ainda trêmulo levantou, foi até a cozinha tomar um copo de água. Quando passou pelo quarto de Ana Rosa, percebeu que a porta estava entreaberta. Afastou-a um pouco com as mãos e viu o corpo de sua irmã que, ao dormir, se mostrava com tamanha sensualidade que chegou até a arrepiar. Fechou a porta e saiu novamente em direção da cozinha. Ele refletia:

– Nossa, eu me sinto realmente estranho. Meus pensamentos se embaralham, coisas vêm em meu pensamento e, para falar a verdade, até o belo corpo de minha irmã ainda me faz estremecer na cadeira. – Voltou ao seu quarto, segurando-se para não abrir novamente o quarto dela, ajoelhou e a única maneira que achou para se controlar foi rezando e pedindo a Deus ajuda para conseguir viver em paz.

No dia seguinte durante seu horário de almoço, Gustavo encontrou-se com Fábio, que havia arrumado emprego perto dali. Como eram ainda amigos, continuavam almoçando sempre no mesmo lugar. Conversaram rapidamente, e Fábio terminou convidando-o para a festa de aniversário de sua irmã Priscila que seria no domingo à noite. Gustavo de início pensou em não aceitar, mas pensando um pouco, chegou à conclusão de que deveria ir, pois quem sabe assim não se distrairia um pouco mais.

Sábado logo cedo, depois de ter tomado café, Gustavo se dirigiu ao centro de dona Matilde. Chegando, viu muitas pessoas que já esperavam pelo início da sessão, alguns mais jovens, outros já de meia-idade, mas apesar das diferenças, todos estavam com o mesmo direcionamento. Estava aguardando quando chamaram para o início do trabalho.

Naquele dia, o centro estava preparado de maneira diferente. Alguns médiuns mais antigos da casa incorporavam, estabelecendo assim uma energia mais forte, para auxiliar no desenvolvimento das pessoas.

No primeiro dia Gustavo se sentiu meio atordoado; sentia sua cabeça um pouco pesada, parecia estar em transe, mas não conseguiu incorporar nenhuma entidade. Ele se conformou, pois muitas pessoas também não conseguiram muita coisa além disso. Voltou para sua casa mais leve. Sentia uma alegria que vinha de dentro de seu coração, percebeu que ali era realmente o seu lugar, bastava aguardar que tudo acontecesse da melhor maneira possível. Chegando a sua casa, tomou um banho e procurou colocar em dia algumas coisas de seu estudo, nem viu o tempo passar.

Sua mãe, batendo na porta de seu quarto, avisou que o almoço já seria servido; não demorou muito e todos estavam saboreando uma deliciosa refeição feita por Cláudia. Era um dia especial para Carolina, estavam comemorando a sua entrada na faculdade, todos estavam felizes por ela. Jonas e Cláudia, então, não conseguiam esconder tamanha felicidade.

Carolina se preocupava em algum dia sair de seu serviço, pois se isso acontecesse, não saberia o que fazer para dar continuidade aos seus estudos. Apesar de ter conversado com seu superior na empresa onde trabalhava e ter obtido dele, pelo menos de boca, a segurança de seu emprego, mesmo assim não conseguia ficar despreocupada nesse sentido.

À tarde, enquanto Cláudia cuidava de seus afazeres, Jonas e Gustavo foram aos trabalhos no centro de dona Matilde. Assim que chegaram perceberam que o trabalho já estava sendo iniciado. A ida a essa casa se tornava cada vez mais rotineira para a família de Jonas. Aos poucos Gustavo conseguia se desenvolver, e agora cada vez mais sentia a segurança que tudo aquilo lhe dava em relação à sua vida.

Não tinha do que reclamar, recebeu até uma proposta de emprego muito melhor: trabalharia somente meio período; no restante do tempo a empresa lhe pagaria um curso de informática e digitação, para que ele pudesse, em pouco tempo, ser mais bem aproveitado dentro das qualificações que a empresa exigia. De início seu salário seria um pouco melhor, mas depois de algum tempo a promessa era de que conseguiria triplicar seus rendimentos, dependendo do tempo de que dispusesse e também de seu melhor aprendizado. Não pensou muito; como era deixar um e se colocar em outro, terminou arriscando. Sentia falta das amizades que já havia formado na clínica, mas sabia que seu afastamento não mudaria muito seu relacionamento com aqueles de quem tanto gostava. Naquele ano, tudo parecia estar melhorando para todos naquela casa, principalmente para Gustavo.

Certa tarde, quando saía de seu serviço, sentiu um arrepio percorrer suas costas; não tendo ainda conhecimento para definir o que estaria acontecendo, continuou. Sentiu que estava sendo seguido, mas não se voltou para ver quem era. Sentia-se em perigo; foi quando, ao atravessar a rua, a pessoa que estava ao seu lado sofreu uma queda e terminou se machucando. Era uma bela jovem, tinha os olhos esverdeados como raríssimas esmeraldas, seus cabelos negros caíam suavemente em seus ombros, e os traços da dor que sentia fizeram com que Gustavo parasse e a socorresse.

Estranhou um pouco as roupas da moça, mas era tão linda... Seus olhos pela primeira vez haviam percebido tão rara beleza, abaixando-se, perguntou:

– Posso ajudá-la?

Com um olhar preocupado e temeroso, a moça aceitou. Sabia que correria risco, mas não tinha outra opção; ao cair, uma de suas pernas ficou presa e não estava conseguindo andar normalmente, sentia bastante dor.

Gustavo, em seguida, lhe perguntou:

– Onde mora? Posso acompanhá-la até sua casa?

Tainá mais que depressa aceitou, dizendo para Gustavo:

– Aceito e agradeço. Apenas temo por não aceitar me acompanhar, pois vivo com outros ciganos às margens do rio; é ali que nosso grupo está acampado. Mesmo assim aceitaria me acompanhar?

Gustavo pensou um pouco, sabia que talvez não fosse uma boa ideia, mas nada podia fazer. Como deixar uma moça tão bela e também da maneira que se encontrava sair sozinha? Passou as mãos em sua cabeça e disse que iria sem problema algum.

Já eram quase 3 horas da tarde quando Gustavo chegava com Tainá àquele acampamento cigano; lá chegando, a moça recebeu ajuda de imediato; nisso Gustavo já se voltava para ir embora, quando foi interrompido por Ramires, que lhe perguntou:

– Conhece nosso povo?

Gustavo ainda preocupado, por não saber ao certo onde estava pisando, respondeu:

– Bem, para falar a verdade, não sei nada sobre vocês, ou melhor, o que sei é apenas o que escutamos pela rua.

Ramires movimentou a cabeça e falou ao rapaz:

– Por isso mesmo, gostei de você; se fosse outro rapaz certamente teria medo de vir até aqui, você não teve. Gostaria que entrasse e conhecesse um pouco melhor nossa vida e também nossos costumes.

Gustavo sabia que seria um grande desaforo se recusasse aquele pedido, também certamente nada fariam de mal a alguém que se propôs a ajudar uma cigana do grupo.

Aceitou o convite, e, assim, Ramires passou a acompanhá-lo mostrando e explicando como viviam, suas crenças e seus costumes. Ele se sentia bem à vontade naquele lugar; assim que pôde, perguntou a Ramires sobre Tainá, e sorrindo ele respondeu:

– Nossa bela ciganinha tem 17 anos está conosco desde seu nascimento.

Gustavo, não conseguindo segurar seus pensamentos, terminou não aguentando a curiosidade que cada vez parecia ser maior e perguntou:

– Sua família também é cigana?

Ramires, percebendo aonde Gustavo queria chegar, respondeu:

– Tainá é de família cigana, sim. Por quê?

Gustavo, envergonhado da pergunta, mas encontrando em seu interior uma coragem que até então desconhecia, disse:

– Por um segundo tive a esperança de que não fossem. Não a sinto diferente de mim. É tão bonita.

Ramires sentiu que o encontro havia mexido com Gustavo de tal maneira, que o garoto parecia transtornado. Olhando para o rapaz, perguntou:

– Gostou realmente da bela cigana, não é mesmo?

Gustavo percebeu que não adiantava negar, aquele cigano parecia ver seus sentimentos dentro de seu coração; então respondeu:

– Tem razão, nunca uma garota mexeu tanto com meus sentimentos como ela.

Ramires gostou da sinceridade de Gustavo, sabia que ainda precisaria conversar muito com aquele rapaz. Tinha muitas coisas que precisava lhe falar, porém sentia que aquele não era o momento; achou melhor então se despedir e deixá-lo ir embora. Quem sabe ele ainda voltaria algumas vezes ali.

Ramires olhou Gustavo e, colocando as mãos em seus ombros, disse:

– Gustavo, quando quiser voltar aqui para saber de Tainá será bem-vindo. Será um prazer poder lhe explicar melhor sobre o meu povo.

Gustavo agradeceu pela educação e carinho com que Ramires o recebeu e prometeu voltar no fim de semana para saber da cigana. Enquanto Gustavo se afastava, os olhos de Ramires se encheram de lágrimas; sabia que o Universo havia trabalhado de maneira sábia o encontro daqueles dois. Agora era somente esperar para ver o rumo que os acontecimentos iriam tomar.

Gustavo chegou a sua casa, tomou um banho e aguardou que sua mãe o chamasse para o jantar. Não demorou muito, jantaram e Gustavo nem ficou muito na sala, preferiu recolher-se em seu quarto para trazer de volta às suas lembranças aquela linda cigana.

Gustavo não via a hora de chegar o fim de semana para poder novamente ver Tainá. Não conseguia se esquecer dela um só instante, parecia loucura.

Mesmo não se afastando de seus compromissos, estreitou visivelmente os laços de amizade com Tainá; sabia que não poderia ter muitas esperanças em relação ao futuro dos dois, mas, não se importando, resolveu viver seu presente. A cada dia que passava, tanto Tainá quanto Gustavo se sentiam mais apaixonados; mesmo não tendo se declarado um para o outro nada passava aos olhos dos dois.

Em um dos dias em que Gustavo foi visitar Tainá, ele encontrou Ramires, que o convidou para tomar um vinho e conversar. De início Gustavo ficou apreensivo, sabia muito pouco sobre ciganos, mas pelo pouco que aprendera já havia percebido que eles não aceitavam com bons olhos o casamento das ciganas com homens que não pertencessem ao seu mundo, sua crença e seus costumes.

Sabia que, se conseguia ser visto sempre ali com bons olhos, era pelo fato de ter auxiliado Tainá naquela tarde e também por Ramires gostar muito dele. Até aí tudo bem, mas pensar em outro relacionamento com a garota era ser otimista demais. Enquanto Ramires contava a Gustavo como conheceram aquele lugar e o que os trazia sempre de volta ali, Tainá olhava de longe, temerosa do que poderia estar se passando naquela conversa.

Demorou, mas Ramires conseguiu o que estava esperando há muito tempo; aos poucos fez com que Gustavo contasse para ele sua vida, mesmo sem saber que a ajuda de Ramires havia sido primordial para a vinda dele ao mundo.

Aos poucos, Ramires com todos os ensinamentos que havia conseguido em suas idas e vindas, para lá e para cá, também pelas suas intuições e pela forte espiritualidade que o cercava, começou a trabalhar aquele rapaz, sem que este percebesse.

Naquele dia, quando Gustavo voltou, tinha na cabeça que na próxima oportunidade iria tentar conversar com Ramires sobre Tainá; estava se mostrando cada dia mais seu amigo, já não tinha tanto receio de falar com ele sobre isso. Era só esperar.

Quando saiu do acampamento cigano, passou debaixo de uma bela figueira e, de repente, sem saber o porquê, resolveu sentar um pouco para descansar e pensar no que havia se passado naquele dia. Não tinha muita pressa de voltar, poderia ainda ficar ali mais alguns minutos, seria muito bom para tirar sua ansiedade e refrescar seus pensamentos. Sentou-se então naquela grama verde sob a árvore e sem que percebesse adormeceu.

Eram muitos os que vinham em sua direção, mas quanto mais perto chegavam, pior era o cheiro que pairava no ar. Estavam sujos, ensanguentados, corriam para ele como se fossem dar fim a sua vida; encheu-se de temor, tentando levantar do chão, mas não conseguia; sentia-se preso naquilo que não eram as gramas verdes de momentos atrás. Agora suas roupas já não eram mais as mesmas, olhava-se e não se reconhecia, não entendia por que todos estavam contra ele. Com muito esforço, levantou-se. Sentiu muita dor na perna direita; abaixando-se para ver, percebeu que a ferida pela facada que havia levado tempos atrás ainda estava aberta; recordava-se de que a havia tomado, mas não se lembrava o porquê. Não somente aqueles monstros horríveis, mas também ele estavam perdendo muito sangue naquele momento.

Procurou, sem muita sorte, um pedaço de pano à sua volta para estancar aquele sangue, mas de nada adiantou; estava tão escuro que não enxergava nada. Percebeu então que dos que vinham em sua direção apenas um aproximou-se dele, não entendia como não conseguia enxergar nada que servisse para estancar seu sangue e, ao mesmo tempo, via muito bem todos aqueles que apenas queriam torturar cada vez mais seu espírito.

Gustavo não tinha forças para sair daquele local, pouco a pouco aquele homem chegava cada vez mais perto. Ele nada podia fazer, era só esperar. Assim que se colocou em sua frente aquele homem (se é que poderia chamá-lo daquela maneira) com corpo disforme, pouco se via de seu rosto, somente a fúria que refletia em seu exterior era transmitida pelos seus olhos.

Sem saber o que fazer, sentindo-se fraco perante tudo, lembrou-se daquele Exu que o ajudara da outra vez e, gritando, pediu seu socorro e sua piedade. Mas de nada adiantou. A energia que estava sendo emitida por aquele homem parecia fazer tamanho mal a ele que sua pele ficou enrugada em poucos minutos, e de suas pernas começavam a sair larvas que caíam pouco a pouco naquele lamaçal imundo.

Sentindo que seu corpo apodrecia pouco a pouco, pediu para que Deus então o amparasse e que permitisse que alguém viesse em seu auxílio. Foi então que na frente de Gustavo o chão parecia se repartir, abrindo-se nele uma imensa cratera que engolia não somente quem estava em sua frente, mas também todos os que estavam lá de uma só vez.

Eram gritos horríveis que ecoavam naquele lugar. Gustavo sentiu-se em choque, não sabia o que acontecia debaixo de seus olhos, não conseguia identificar aquela pessoa. Não foi como da outra vez, abaixou sua cabeça, colocou-se de joelhos em preces naquele mesmo lugar e agradeceu a Deus pela ajuda que lhe tinha sido enviada.

Enquanto orava, de trás de si ouvia palavras que aos poucos ele conseguia entender.

Virou-se e, para sua surpresa, lá estava o mesmo Guardião que o protegera da vez anterior.

Pediu para que o rapaz levantasse. Após fazer a limpeza em seu corpo espiritual, em sua perna, fechando quase imediatamente sua ferida e fazendo o sangue estancar, disse:

– Não se esqueças, sempre que puder virei em teu socorro, mas não chame por mim, peça, sim, para que Ele, o Ser Supremo, permita que assim eu possa fazê-lo.

Gostaria de dizer a você que em apenas uma coisa nunca poderei ajudá-lo, seria impossível interferir. Portanto, sinto não ter a permissão para alertá-lo mais a respeito disso.

A melhor maneira que tem para não se arriscar é procurar sempre em seu dia a dia viver em paz, não faça nada de mal que possa prejudicar alguém, não se esqueça também de que a reencarnação é mais uma oportunidade que todos os espíritos encontram para poder trabalhar melhor a sua evolução espiritual. O perigo se iniciará em breve, fique alerta, digo novamente, nada poderei fazer se for contra o mistério que trago em mim. Temo por você, por isto digo: suporte tudo o que lhe for direcionado, serão sempre estas provas que o sustentarão, abrindo novas fronteiras ao caminho da reabilitação.

Já tirou a vida de muitas pessoas, quando em passagem pela Terra; portanto, pense nisso e não se esqueça do que eu disse agora a você, com permissão Daquele que tudo governa. Quando acordar, sua mente aos poucos se lembrará do que lhe está sendo passado – disse o guardião.

Gustavo sentia dificuldade em abrir seus olhos, estavam muito pesados, estranhou de ter dormido daquela maneira; caminhando de volta à sua casa, lembrou-se pouco a pouco das palavras que lhe foram passadas. Percebia que algo estava errado com ele, pois primeiro foram todos aqueles espíritos que o atormentavam em seus sonhos; depois sua visão daqueles espíritos, mesmo dentro de sua casa; agora tinha a nítida impressão de que adormeceu apenas para poder ser trabalhado em espírito naquele local. Assustou-se, mas não podia parar, não poderia deixar de lado todas as palavras que serviam para orientá-lo melhor.

Na semana seguinte, Gustavo voltou ao acampamento cigano, disposto a falar com Ramires sobre Tainá. Assim que chegou, Tainá correu ao seu encontro. Logo Ramires chegou, a garota meio sem graça voltou para perto de sua mãe.

Gustavo então contou àquele cigano tudo o que estava sentindo por Tainá, perguntando também das chances que teria nesse relacionamento.

Ramires percebeu que o jovem realmente se apaixonara e, pior ainda, Tainá também se mostrava cada dia mais sedenta de desejo por aquele rapaz. O cigano pediu a Gustavo que aguardasse alguns dias, pois falaria diretamente com os pais de Tainá e faria o possível para que tudo desse certo. Disse a Gustavo que sempre o achou um rapaz especial e que apenas temia que ele fizesse sua ciganinha sofrer, mas em nada disso poderia interferir.

Ramires disse a Gustavo que entre os ciganos não se aceitava traição; portanto, deveria saber muito bem o que queria, pois depois encontraria problemas se não quisesse mais manter aquele relacionamento. Disse também a Gustavo que antes de falar sobre seus sentimentos com Tainá consultasse também os pais dele, pois poucas pessoas aceitavam ter ciganos em sua família. Alguns preferiam a morte a se submeter a isso; então sabia que os jovens enfrentariam problemas de ambos os lados.

Gustavo não havia pensado nisso, preocupou-se tanto em falar com Ramires que se esqueceu de falar de Tainá com seus pais. Mas quem sabe tivesse mais sorte e seus pais poderiam aceitar. Voltando para sua casa, foi logo dizendo a seus pais que após o jantar teriam de conversar. Jantaram aquela noite em silêncio, nunca imaginavam o que Gustavo queria lhes dizer. Tinham medo de que quisesse sair de casa para morar sozinho. Como muitos de seus amigos já faziam isso, seus pais ficaram temerosos.

Depois do jantar, foram até a sala para conversar. Seguro de seus sentimentos pela cigana, Gustavo contou devagar aos pais tudo o que estava acontecendo desde a queda de Tainá. Eles ficaram surpresos. Não tinham a mínima ideia do que poderiam ou deveriam dizer. Era uma situação por demais delicada e tinham de ir devagar. Ainda mais agora que Gustavo parecia estar tão bem.

Como lhe negar a alegria do primeiro amor? Mas por outro lado se entristeciam, sabiam que talvez seu filho sofresse bastante até conseguir seu objetivo de namorar a bela cigana. Jonas calou-se. Cláudia por sua vez, com mais tranquilidade, tentou com carinho mostrar ao filho as coisas como realmente poderiam ser. Desde criança sempre ouvira falar em ciganos e sempre, é claro, não pelo lado real, bom, e sim todas aquelas coisas que rolam de boca em boca, mas que quase sempre não se tem verdade alguma.

Não tinha nada contra os ciganos, mas seu filho era um rapaz problemático; agora que estava se saindo bem dentro de sua espiritualidade, tudo parecia embaralhar em sua cabeça. Sabia que não deveria, logo na primeira vez que foi consultada, ir contra o filho de imediato.

Sem saber o que fazer no momento, Jonas e Cláudia pediram um tempo para Gustavo; no dia seguinte voltariam a conversar sobre aquilo. Jonas, depois de tanto tempo, lembrou-se de Ramires; abaixando a cabeça indagou a seus próprios pensamentos: "Por que ele? Novamente sendo peça-chave em nossas vidas. Coisa estranha".

Cláudia em seu quarto conversou com o marido a respeito do que poderiam fazer para resolver aquela situação. Sabiam e temiam pelo sofrimento de Gustavo. Sempre ouviram falar que nas comunidades ciganas eles acreditam que só poderiam ser felizes junto a outros ciganos. Sabiam que os ciganos tinham um amplo sentido de liberdade, não tinham por costume se apegar a lugar nenhum especialmente.

Ouviam também que ciganos não costumavam deixar raízes para que não pudessem ser arrancadas quando a vontade de ganhar a estrada chegasse.

Cláudia via esse acontecimento como uma desgraça em sua família, mas sabia que seria melhor trabalhar isso tudo junto a Gustavo do que proibi-lo de ir àquele acampamento.

Na noite seguinte, Jonas e Cláudia resolveram que não iriam interferir na escolha de seu filho, por mais que isso doesse em seus corações. E foi assim a decisão que tomaram e passaram a Gustavo naquela noite.

Carolina, dentro de tudo que aprendera, sabia que nada acontece por acaso; se Gustavo estava passando por essas escolhas, de certa forma tão significantes, era porque precisaria disto para trabalhar mais seu espiritual. Suas outras irmãs apenas ouviam caladas, estranhavam o irmão ter uma namorada cigana; não se via isso todos os dias em sua cidade.

Gustavo esperava ansiosamente a chegada da semana seguinte para assim poder rever sua amada e contar a Ramires que sua luta estava próxima da vitória. Seus pais aceitando, para ele já contava pontos importantíssimos. Sempre teve por seus pais respeito e admiração. Era, sim, muito grato por tudo o que haviam feito por ele e por tudo que sabia que ainda iriam fazer.

Enquanto isso Jonas, mesmo tendo tomado aquela resolução, resolveu conversar novamente com o cigano; quem sabe ele poderia explicar algumas coisas a respeito de tudo aquilo. Jonas temia realmente pelo futuro de seu único filho; por vezes se perguntava o motivo pelo qual tudo parecia ser tão difícil para se resolver na vida dele.

Lembrando-se de tudo que já passou, sentia que de repente isso não tinha tanta importância.

Na semana seguinte, procurou dona Matilde para conversar antes de ir ter com Ramires. Dessa vez não obteve muitas explicações, pois com ciência de todos os acontecimentos do passado, a médium achou que um novo diálogo com Ramires traria a Jonas os esclarecimentos de que ele precisava para poder chegar melhor a alguma conclusão.

No dia seguinte, à tarde, Jonas saiu ao encontro daquele cigano. Lá chegando foi logo enumerando em sua mente todas as perguntas para que não se esquecesse de nenhuma; aproveitaria ao máximo os conhecimentos de Ramires.

Assim que Ramires soube da chegada de Jonas em seu acampamento, foi imediatamente ao seu encontro. Dessa vez o cigano parecia estar mais feliz e até mais falante.

Assim que viu Jonas, foi logo dizendo que sua presença já era esperada. Jonas, para não perder o fio da meada, falou:

– Boa tarde, cigano Ramires. Sei que sabe o motivo pelo qual vim visitá-lo; pensei muito e, como não obtive respostas, percebi que poderia obter a ajuda necessária se dividisse com você minhas dúvidas em relação a esse problema.

Nesse instante Ramires o interrompeu e, como já soubesse de muito mais coisas, disse:

– Bem, caro amigo, sua preocupação até certo ponto se faz necessária; na realidade, todos aqui do acampamento estão apreensivos com o rumo que o destino dará aos acontecimentos. Devo lhe dizer que, por mais que me tenham sido dadas algumas metas sobre a vida e o destino de seu filho, nem tudo me foi passado. Quando o alertei quanto ao seu nascimento, foi até certo ponto natural, pois inúmeras foram as vezes que isso aconteceu comigo, já nem estranho mais. É como se de repente tudo viesse em meus pensamentos muito claramente, as palavras, tudo o que tenho de dizer, e por vezes eu mesmo me surpreendo.

Nesse instante Jonas perguntou:

– Mas pelo pouco que sei o povo cigano não pratica nem cultua o espiritualismo, estou certo?

Apenas em um movimento de sua cabeça, Ramires confirmou o que Jonas havia dito.

Continuando o que estava explicando, Ramires falou:

– Há muitos anos, quando ainda era jovem, passei pelo mesmo problema de agora; tive um irmão mais novo que se apaixonou perdidamente por uma bela índia. Ainda nessa época esse romance era visto por todos do acampamento como algo condenável. Não obteve ajuda de ninguém que fazia parte de nosso acampamento, queriam expulsá-lo de nosso grupo, o que seria ainda mais doloroso para todos nós.

Nossos pais, por mais que sofressem, não podiam aceitar tudo o que acontecia entre Rômulo e Tainá, a bela índia pela qual meu irmão dedicou toda sua vida e seu amor.

Conseguiram ficar juntos, por mais de dois anos, mas escondidos de tudo e de todos, pois da mesma forma pela qual os ciganos não a aceitavam por ela ser uma índia, seus pais, dentro da cultura e dos costumes indígenas, também não aceitavam meu irmão.

Por sorte, o irmão de Tainá a amava muito. Sendo pajé de sua tribo terminou por ajudá-la. Acompanhava-a sempre, para que assim pudesse ir ter com seu amado cigano. Tinha em seus pensamentos que Tainá não conseguiria juntar forças para lutar contra aquele amor; temendo pelo pior, resolveu arriscar-se ao máximo em ajudá-los em seus encontros.

Foi então que, em um desses encontros, conheci o pajé, irmão de Tainá; Poty, esse era seu nome. Ainda era jovem, não sei com certeza, mas naquela época ele deveria ter mais ou menos uns 28 anos de idade. De certa maneira, mesmo com costumes e crenças diferentes, estreitamos um laço de amizade que, enquanto vida eu tiver, levarei dentro de meu coração. Com ele aprendi muitas coisas, sobre suas vidas e seus costumes e, por que não, também muito sobre suas crenças.

Não demorou muito tempo para que Poty percebesse meus dotes espirituais, fazendo assim com que eu aprendesse também a lidar com eles e a usá-los direcionando-os para o bem e para o amor. Para mim tudo aquilo era surpreendente; cada palavra vinda dele era como se apenas eu me relembrasse de outra vida, que pouco a pouco se clareava em minha mente e se prendia em meu coração. Sim, como poder negar o óbvio, nenhuma palavra me faria descrer de tudo o que sentia em meu espírito.

Como meu povo ainda não aceitava bem tudo aquilo, me silenciei e passei a desenvolver tudo o que trazia em mim por algumas encarnações passadas, procurando sempre direcionar tudo em favor de pessoas mais necessitadas. Meu povo sentia-me diferente, mas me aceitava mesmo assim. Como nunca demonstrei nada que pudesse fazer os demais perceberem claramente meus dotes espirituais, achavam que pelo fato de ser muito devoto a Santa Sara, fosse um privilegiado – disse o cigano.

Depois disso, Ramires salientou:

– Bem, mas vamos voltar ao assunto que no momento mais nos interessa. Depois de algum tempo Rômulo engravidou Tainá, fato que não poderia ter acontecido nem teria como esconder das duas famílias. Quando soubemos, tanto eu como Poty não sabíamos de momento o que fazer para poder ajudá-los, não era um problema comum, que o próprio tempo se encarrega de transformar. Era uma nova vida que já se iniciava dentro da barriga de Tainá e não sabíamos o que fazer.

Jonas ouvia tudo atentamente e seu silêncio demonstrava muito respeito por aquele cigano que mal conhecia e que, no entanto, passava a ele segredos os quais nem ele mesmo se sentia qualificado em guardá-los. Ramires aquietou-se por alguns instantes, sem que nada nem ninguém quebrasse tão absoluto silêncio. Não demorou muito, continuou:

– Sabíamos que talvez apenas uma chance eles teriam, se fugissem para sempre. Mas ao mesmo tempo, quando Tainá avisou a Rômulo que estava esperando um filho dele, já estava quase com cinco meses de gravidez. Preferiu nada dizer anteriormente por achar que suas vidas corriam perigo. Seu irmão Poty, mesmo sendo pajé da tribo, pouco poderia fazer. Mas por fim chegamos à conclusão de que a única chance que os dois teriam seria a de fugirem para bem longe dali.

Rômulo, preocupado com o estado de Tainá, achou melhor procurar um local distante do acampamento, para que ela se escondesse e tivesse primeiro seu filho, depois era esperar por sua melhora e fugirem os três. O jovem Poty tinha tudo em mente; como em sua tribo ainda ninguém sabia do amor dela por aquele cigano, seria mais fácil. Eu por minha vez aceitei de pronto, certamente por perto de nosso acampamento ninguém de sua tribo iria procurar.

Foi aí que Jonas, já curioso em saber o final da história, perguntou:

– Mas e quando dessem pela falta da jovem índia e passassem a procurá-la sem encontrá-la, o que fariam? Como ficaria então?

Ramires respondeu a Jonas em poucas palavras:

– Seu irmão iria dizer que Tainá banhou-se no rio e sentiu-se mal; quando percebeu o que estava acontecendo pouco pôde fazer, a correnteza já havia levado seu corpo. Deixaria apenas por isso, não poderia afirmar que Tainá havia morrido, pois tudo poderia acontecer e tudo seria um peso para ele carregar durante o resto de seus dias.

O jovem pajé Poty sabia que a busca pela jovem seria intensa naquele rio, mas por outro lado também tinha conhecimento de que se um dia alguém de sua tribo encontrasse por acaso com sua irmã, ela afirmaria tudo o que ele havia dito – disse o cigano.

Jonas concordou em um simples aceno com a cabeça; em seguida silenciou para ouvir o restante dos acontecimentos.

E foi assim que aconteceu. Tainá havia sido dada como morta após muitos dias de busca pelas águas do rio, sem nada encontrarem. Enquanto isso Ramires levou Tainá para um local seguro, que ele conhecia já há bastante tempo; tinha passado por lá com seus companheiros tempos atrás.

Passaram então a acompanhar os últimos dois meses de gestação da jovem índia Tainá, apenas um de cada vez para não dar muito na cara e terminasse, por assim dizer, alguém desconfiando do acontecido.

Rômulo, dizendo que viajaria para conseguir coisas para o acampamento, ficava dias e dias ao lado de Tainá, quando não ia, sabia que podia contar com o apoio do irmão dela, que também o auxiliava acompanhando o andamento da gravidez da irmã. De vez em quando Ramires ia até lá levar mantimentos e coisas que certamente mais dias menos dias Tainá iria precisar.

Assim foi até o dia do nascimento da criança; no dia em que Tainá deu à luz foi seu irmão que estava ao seu lado. A jovem índia, talvez por causa do nervoso que passara nos últimos tempos, não teve um parto muito feliz. Poty logo percebeu que com sua irmã tudo estava bem, mas com a menina que acabara de nascer, não. Teve problemas de respiração, chorava muito, por vezes parecia até se sufocar deixando todos apreensivos. Era notório que a criança não aguentaria uma fuga nos próximos dias, mesmo porque pouco aceitava o leite materno que sua mãe oferecia.

Tanto Poty como Tainá sabiam que corriam risco de serem encontrados se permanecessem mais tempo naquele local. Seu jovem irmão Poty por duas vezes percebeu que estava sendo seguido, por isso terminava por mudar o rumo de seu destino, para que ninguém descobrisse nada.

Só havia uma maneira, e foi assim que Ramires sugeriu que a criança recém-nascida fosse criada em seu acampamento, para que Rômulo e Tainá pudessem fugir para bem longe enquanto ainda era tempo. De início esta ideia parecia ser loucura, mas aos poucos ela tomava forma na mente da mãe. Tendo ela a certeza de que sua filha seria bem tratada por seu tio, preferiu ir embora para sempre com seu amado cigano.

Antes de sair, Tainá despediu-se de sua pequena filha, chamou seu cunhado e pediu para que ele desse o seu nome para a menina; ficaria muito feliz em saber que a menina iria se chamar Tainá.

Ramires sabia da dificuldade de ter em seu acampamento uma criança com o nome de características indígenas, mas para alegrar um pouco aquele coração amargurado, prometeu que sua vontade seria respeitada.

Ele sentia que aquele tio também sofreria com aquela separação, pois sabia que os ciganos não tinham por costume ficar muito tempo no mesmo lugar. Corria ele também o risco de perder a querida sobrinha de sua vista; portanto se entristecia duplamente, pela separação de sua irmã e por saber que mais dia menos dia iria terminar se distanciando da pequenina. Mesmo assim, abraçou Ramires e pediu para que ele cuidasse daquela criança como se fosse sua filha.

Poty, o jovem Pajé, durante o pouco tempo que conviveu com o cigano Ramires, percebeu que ele era portador de uma personalidade notável e também de um coração maravilhoso. Sabia enfim dos dotes espirituais daquele cigano, sentia que poderia confiar. Certamente tudo daria certo.

Ramires chegou a seu acampamento já tarde da noite; por ser muito respeitado naquele local onde morava, não teve dificuldade em conseguir permissão para que aquela recém-nascida passasse a morar junto aos ciganos. Como costume dos ciganos, a criança recebeu, logo que foi aceita por uma das mulheres casadas do acampamento, um nome cigano, apenas conhecido por ambas.

Ramires contou com a ajuda de Samira, que aceitou cuidar da pequenina mesmo sabendo que a responsabilidade dela seria de Ramires, que apenas não a assumia totalmente por ser um homem. O único pedido feito por Ramires à cigana Samira foi que desde pequena chamassem a menina por Tainá. Ele terminou alegando que quando encontrou a menina nas matas próximas ao acampamento, ao lado da criança, encontrou um pedido escrito para que quem fosse criar aquela menina a chamasse de Tainá, pois era esse o nome que a mãe havia lhe dado. E foi exatamente assim que aconteceu.

Jonas se maravilhava cada vez mais ao saber daquela bela história; sentiu a importância daquela conversa. Em seus pensamentos uma pergunta não se calava: por que Ramires havia lhe dedicado tamanha confiança?

Pensava exatamente nisso quando Ramires falou:

– Entendeu agora, depois de ouvir toda a história, o que eu quis dizer?

Ao falar isso, Tainá passou perto deles e foi, sem que a moça percebesse, que Ramires a mostrou a Jonas, que vendo a rara beleza de Tainá, entendeu o motivo pelo qual Gustavo se apaixonara pela garota; tinha cabelos negros, lisos, e também seus olhos verdes se destacavam de sua pele morena cor de jambo. Andava suavemente, era delicada e suas roupas de um colorido perfeito enfeitavam ainda mais a beleza daquela jovem.

Jonas, até então quieto, disse a Ramires:

– Cada vez mais aprendo nesta vida que nada pode ser feito contra a força do destino. Bem, de minha parte não estarei contra o romance dos dois; gostaria de saber, portanto, se a jovem sabe de tudo o que me falou.

Ramires mais que depressa respondeu:

– Nem ela nem ninguém deste acampamento; talvez um dia, quando estiver próxima de se casar, lhe contarei a verdade sobre seu passado. Por enquanto apenas sabe que não é minha filha verdadeira e que foi encontrada por mim nas matas. Espero, é claro, contar com o seu silêncio, apenas contei a você toda essa história para que perceba que a não aceitação do namoro traria em pouco tempo problemas de porte muito maior. Seria de bom grado que não sentissem interferência de nossa parte, dessa maneira o destino se encarregaria do resto.

Jonas admirava cada vez mais a personalidade daquele cigano, despediu-se e voltou para sua casa. Lá chegando tomou seu banho e jantou, em seguida preferiu se recolher em seu quarto, pois naquela noite ainda teria muita coisa em que pensar.

A Chegada de Tainá na Vida de Gustavo

Algum tempo se passou, Gustavo passou a frequentar o centro de Vovó Cambinda, já tinha se desenvolvido e auxiliava também na ajuda dos mais necessitados. Já há certo tempo ele havia sido convidado por dona Matilde para ingressar em seu corpo mediúnico. Apesar de se encontrar de vez em quando com Tainá, nada disse a ela a respeito de sua espiritualidade; temendo que isso pudesse afastá-los, preferiu omitir.

Dona Matilde ficava sempre alerta, procurava sempre acompanhar bem de perto os trabalhos feitos por Gustavo. Sabendo quase tudo sobre a vida dele, procurava então dedicar muita atenção em seus trabalhos, não deixando de lado, é claro, algumas cobranças que sempre serviam para aumentar sua espiritualidade.

Naquela noite Gustavo decidiu não ir à escola para participar da sessão mediúnica. Seu dia não havia sido nada fácil; discutiu com seu encarregado por muito pouco, pois estava irritado. Nem ao menos pediu ajuda às suas entidades, sentia-se fraco, parecia não ter forças o suficiente para afastar de si as energias negativas que o cercavam. Quando chegou ao centro, tudo corria como de costume, apenas continuava se sentindo atordoado e com muito peso nas costas, nem mesmo a defumação conseguiu ajudá-lo.

Era dia de trabalho dos Baianos; assim que cantaram para a chegada deles, Gustavo mal conseguia parar em pé de tanto tremor e mal-estar geral. Seu Zé Pelintra, percebendo o problema que cercava aquele filho da casa, chamou-o e pediu para que outro médium se aproximasse dele para fazer um transporte do que tanto estava atrapalhando Gustavo naquele dia.

Em poucos minutos, o médium recebia o espírito sem nenhuma luz que dizia:

– Eu quero e vou acabar com a vida deste desgraçado.

Seu Zé Pelintra poderia ter resolvido aquele problema rapidamente, mas achou por melhor ouvir o que aquele espírito queria. Foi então que disse:

– Por que quer acabar com a vida dele? Se quiser dizer alguma coisa, fale agora, pois não terá nova chance para isso.

Aquele espírito, demonstrando traços de crueldade e vingança por todos os fluidos que vinham do médium, disse:

– Perdi minha filha por culpa dele. Depois de tê-la enganado e engravidado, sumiu deixando-a no desespero, a ponto de tirar tanto a vida dela como a da criança. Jurei que até o fim de meus dias iria procurá-lo e com muito prazer matá-lo, pois somente assim me sentiria vingado pela desgraça que atingiu minha família. Foi em vão; enquanto vida eu tinha, mesmo tendo muito procurando não o encontrei. Após alguns anos carregando em meu peito sentimentos de ódio e vingança, terminei com uma depressão imensa, o que me levou a dar cabo de minha vida também.

Como no plano astral os iguais se cruzam, não demorou muito para encontrá-lo, mas não conseguia nunca chegar até ele, sempre era impedido por forças que até então eu desconhecia. Naquele local horroroso, onde apenas existiam sentimentos negativos, era difícil entender por que o protegiam. Não entendia que também por meio da reencarnação, era dada até mesmo àqueles espíritos imperfeitos a oportunidade de acertar uma grande parte de seus débitos. Apenas quero vingança; agora há pouco tempo consegui encontrá-lo, então não sossegarei enquanto não conseguir acabar com sua vida da mesma forma como ele conseguiu acabar com a minha.

Seu Zé Pelintra ouvia tudo calado, em seguida falou:

– Se pelo Plano Espiritual foi concedida a este filho a oportunidade de reparar seus erros, não será você quem irá atrapalhar. Por que não procura, em vez disso, usar seu tempo no astral para aprendizados? Saiba que ninguém na face da Terra passa impune a atitudes indignas que prejudicam sobremaneira outros irmãos. O que acontece é que a ele foi dada essa nova oportunidade, e você também poderia mudar, para fazer jus a tudo o que ainda poderá receber. Veja bem, ainda não conseguiu encontrar sua filha, não é mesmo?

O espírito, por intermédio do médium, abaixando a cabeça disse:

– É verdade; tenho tentado, mas de nada adianta minha constante procura.

Seu Zé Pelintra então falou:

– Pois é, procure tirar todos esses sentimentos pesados de dentro de seu coração e verá que certamente receberá mais ajuda no que vier a precisar.

Dizendo isso, Seu Zé Pelintra o encaminhou para ser ajudado em uma casa de socorro dentro do Plano Espiritual. Sabia que já havia plantado a semente do bem dentro daquele espírito. Agora bastava apenas tirá-lo do lugar onde estava e levá-lo a um local onde espíritos de luz lutam incansavelmente a favor de que espíritos perdidos e revoltados consigam sentir novamente como é bela a energia do amor.

Enquanto isso Gustavo, sem margens de dúvidas, sentia-se muito melhor. Seu Zé Pelintra achou melhor que seu filho Gustavo naquela noite não trabalhasse no atendimento, cuidou dele e pediu que ficasse a seu lado apenas camboneando.

Naquele mesmo fim de semana, Gustavo encontrou-se com Tainá e, como sempre, cada vez mais apaixonado, não sabia o que fazer para agradar não somente à jovem, mas também a todos do acampamento.

Os problemas noturnos que atrapalhavam Gustavo aos poucos pareciam se resolver.

Era muito difícil para ele, mesmo depois de ter se desenvolvido, continuar em seus sonhos a ser perseguido por outros espíritos. De certa forma não ficava assim tão feliz, pois percebia, com o passar do tempo, que o problema apenas se transformava, ou seja, não sentia a perseguição em seus sonhos, mas em compensação havia dias como o que foi relatado, que conseguiam, por mais que Gustavo se cuidasse, em algum vacilo dele, por menor que fosse, se acercar de seu espírito, tornando por assim dizer seu dia interminável.

Alguns dias se passaram, Gustavo procurou dona Matilde para conversar. Sempre teve muito carinho e respeito por ela, tinha aquela senhora como protetora aqui na Terra; sempre que conversava com ela se sentia melhor. Suas dúvidas, sempre que possível, eram esclarecidas.

Assim que chegou à casa de dona Matilde não levou muito tempo para tocar no assunto que o levará até lá, perguntou então:

– O que poderia fazer para não ter mais esses problemas que sempre me perseguem?

A senhora, mostrando-se sábia, respondeu:

– Nosso espírito é como um espelho que reflete dia a dia o peso de nosso viver. Todas e quaisquer transformações nos sãos mostradas a todo instante que procuramos saber.

Bem, Gustavo, o que acontece com você neste momento nada mais é que consequência dos desvios tomados frente a tudo que deveria realizar anteriormente. É necessário muito tempo ainda para que você possa se desvencilhar de tudo isso, mesmo porque qualquer ação se segue de uma reação. Se boa, muito bem. Se má, apenas interromperá gradativamente a meta que deveria atingir.

Entenda, meu filho, cada qual é o único responsável por seu destino, pois sempre foi assim, colherá aqui mesmo tudo o que plantou. Já há alguns dias estou sendo intuída para passar a você um trabalho; estava apenas esperando o momento certo e me parece ser agora. Seu Exu guardião está pedindo para que você faça uma oferenda a ele em seu campo de força – disse dona Matilde.

Aos poucos, com tranquilidade, a senhora passou ao rapaz tudo o que deveria ser feito. Dona Matilde disse que dessa maneira Gustavo fortaleceria ainda mais suas ligações com o Exu que lhe dava cobertura dentro do Mistério das Sete Cruzes. Gustavo pensou um pouco e, em seguida, disse:

– Pois bem, se assim tem de ser, assim será. Farei essa oferenda assim que possível.

O jovem pediu para que dona Matilde o acompanhasse na entrega, e ela mais que depressa respondeu:

– Não sendo nos dias de meus trabalhos no centro, pode contar comigo, irei sim.

Marcaram então para fazer a oferenda na semana seguinte, e Gustavo sabia dentro de seu coração que isso o auxiliaria em muito a passar por tudo o que certamente ainda tinha em seu caminho.

No dia marcado Gustavo passou na casa de dona Matilde e, juntos, seguiram para fazer a oferenda. Havia sido passado a ela que poderiam depositar a oferenda em alguma encruzilhada macho, que não fosse movimentada, de preferência que as ruas fossem de terra. Lá foram então em busca de um lugar o mais parecido possível com o que havia sido pedido.

Quando encontraram o local, dona Matilde parou; possuía dons especiais, sempre que era permitido conseguia ouvir os espíritos; era portadora também de uma visão muito aberta. Falou para que Gustavo depositasse ali a sua oferenda, mas lhe orientou também para que antes pedisse licença ao Orixá Ogum e também ao Guardião daquele local para poder realizar sua entrega e fazer seu pedido.

Dona Matilde afastou-se um pouco de Gustavo, mas mesmo um pouco longe, não deixou de observar a beleza que se mostrava diante de seus olhos. Enquanto Gustavo abaixava para fazer sua oferenda, já se percebia a chegada de seu Exu Guardião que vinha para recebê-la. Tinha seu rosto coberto por um capuz preto, de seus olhos saía uma luz vermelha ardente como fogo, suas vestes destacavam-se da escuridão da noite por intensa luz cor de fogo que circundava em todo aquele espírito. Via-se em seu peito um sinal de uma cruz, tão viva e tão intensa que se irradiava por uma boa parte da escuridão.

Enquanto Gustavo fazia seu pedido, ao seu redor todo um campo se fechava de uma intensa luz; era um brilho meio azul-escuro e meio avermelhado que se misturava durante todo o tempo em que o rapaz ficou abaixado. Levantou-se e em seguida perguntou à senhora o que tinha achado, e ela mais que depressa respondeu:

– Fique tranquilo, sua oferenda foi muito bem aceita.

Dona Matilde não tinha por costume mostrar o que via com vaidade ou orgulho, por isso mesmo achou melhor nada dizer, para não despertar naquele rapaz qualquer sentimento que o levasse a se orgulhar por tão bela recepção.

Os dias se passaram e Gustavo não via a hora de estar com Tainá, procurou-a no acampamento. Felizes, caminhavam perto do rio, quando uma das ciganas que ele mesmo nunca vira aproximou-se dos dois e pediu para ler a mão de Gustavo.

Sem saber o que responder, o jovem olhou para Tainá, que falou:
– Se ela pediu para ver sua sorte, deixe. Quem sabe não terá alguma surpresa boa vindo por aí?

A cigana aproximou-se ainda mais de Gustavo e, pegando em sua mão, disse:

– Está sendo ajudado a todo instante por forças ocultas. Sente necessidade de compreender todos os acontecimentos pelos quais já passou. Sua procura se torna cada dia mais uma constante. A bela jovem dona de seu coração se entristecerá. Sua felicidade está em saber tomar a decisão certa no momento certo. Em breve perderá alguém de sua família, mas o tempo se encarregará de trazer a você o conforto pela perda. Encontrará novamente uma mulher que interferirá muito em seu caminho, saiba agir e tenha tranquilidade, descuide de sua vigilância e estará perdido.

Imediatamente, Gustavo puxou a mão, temeroso pelo que tinha ouvido daquela cigana e, disfarçando, disse que teria de ir embora naquele momento. Tainá, percebendo a fuga de Gustavo, mesmo que disfarçando bem, abraçou-o e sorrindo como sempre, com sua graça natural, fez com que Gustavo esquecesse tudo. Quando estavam juntos sentiam uma imensa alegria, era como se os dois apenas se bastassem para a vida. Nada esperavam, nada precisavam, ninguém faltava para completar tamanha felicidade.

Tainá tinha uma voz suave, seu belo corpo gracioso e perfeito fazia com que Gustavo viajasse para o paraíso todas as vezes que ela dançava para ele. Desde criança, a bela cigana ocupava grande parte de seu tempo aprendendo com as outras ciganas a arte de uma bela dança. Seus olhos verdes, herança de seu pai, eram de um brilho intenso; quando dançava, então, seus olhos pareciam irradiar tanta felicidade e alegria que seu rosto já belo tornava-se único e especial.

Gustavo queria que Cláudia e Carolina conhecessem Tainá, por isso pediu a Ramires autorização para que qualquer dia pudesse sair do acampamento com a garota e levá-la até sua casa. Ramires alertou ao rapaz que na rua certamente não seriam vistos com bons olhos, pois como os dois já sabiam, ali no acampamento estariam protegidos de curiosos e estranhos, mas lá fora o mundo os esperava. Deveriam estar preparados para o julgamento que muitos, de pouco entendimento, fariam dos dois.

Mesmo assim Tainá insistiu junto a seu tio para que deixasse, pois de certa maneira um dia, mais cedo ou mais tarde, teriam mesmo de enfrentar tudo isso. Melhor que sentissem logo na pele, quem sabe criariam o antídoto para aceitar, e não agregar, toda a energia negativa dirigida a eles. Gustavo despediu-se de Tainá, deixando certo de que na próxima semana a levaria até sua casa para conhecer sua família.

De volta para casa, Gustavo lembrava-se de cada palavra dita por aquela cigana. Não conseguia entender bem muitas coisas que ela havia dito, mas se lembrou mais uma vez do que já ouvira outras vezes: vigie, não se descuide, pois isso o iria levar sem margens de dúvidas ao declínio de seu espírito. Achava difícil trabalhar com incógnitas, sabia também que isso tudo fazia com que ele tivesse de se vigiar constantemente.

Chegando a sua casa, contou a Carolina sobre o convite feito a Tainá, e a irmã ficou feliz em saber que em breve conheceria a namorada de seu querido irmão. Sua mãe, de início, preocupou-se, talvez por todos os motivos que ambos já conheciam. Mas em seguida tranquilizou-se e, sorrindo, respondeu a Gustavo:

– Traga-a quando quiser, teremos muito prazer em recebê-la em nossa casa.

Gustavo foi dormir mais cedo naquela noite, pensativo. Seus pensamentos pouco a pouco vagavam para um futuro próximo de esperanças, mas também de incertezas.

Quando se formou, mesmo assim ainda dedicava grande parte de seu tempo aos estudos; sempre que podia, procurava obter informações de como conseguiria ingressar na área militar. Seu futuro lhe sorria, era somente uma questão de tempo para que ele realizasse seu grande sonho.

Início dos Preparativos para a Mudança de Gustavo

Cada dia que se passava, trazia mais e mais expectativas sobre o futuro do rapaz. Já fazia alguns anos que Tainá e Gustavo namoravam e o amor dos dois parecia ser o alicerce necessário e preciso para segurar o peso de tudo o que ainda estaria para acontecer na vida de ambos.

Tanto Cláudia como suas filhas receberam a jovem cigana com fraternidade e respeito em sua casa. Sem estreitar, é claro, os laços com a família da jovem.

Tainá por vezes passava horas contando de seus costumes e crenças, matando assim a curiosidade das irmãs de Gustavo que queriam também aprender a ler a sorte, principalmente as menores.

Gustavo, depois de alguns anos, com muito empenho e sacrifício, conseguiu ingressar na Escola de Oficiais da Polícia Militar, o que sobremaneira o deixou muito feliz. Quando ficou sabendo que havia sido convocado, correu a sua casa para dar em primeira mão a notícia para sua família. Cláudia sentia-se feliz, mas seus olhos não conseguiam esconder a preocupação com o fato de o filho ir morar sozinho em uma cidade grande.

Gustavo sempre falava que, se um dia conseguisse ingressar na carreira militar, deveria se mudar para São Paulo; poderia tanto vir a morar sozinho, como também optar em morar no próprio quartel e pegar folga apenas nos fins de semana.

Como Gustavo vinha de uma família simples, tendo de parar de trabalhar para se dedicar totalmente a seus estudos, mesmo que viesse a receber um salário enquanto estudava, não daria certamente para custear todas as despesas que viriam. Deveria se apresentar dentro de 90 dias, isso o tranquilizava um pouco mais; teria certamente um tempo a mais para reorganizar sua vida.

Quando Tainá ficou sabendo, a tristeza em seu rosto e as lágrimas em seus olhos denotavam a incerteza do futuro já há muito esperado pelos dois. Sabia que amava verdadeiramente Gustavo, por isso deveria aceitar o que o destino estava oferecendo a ele.

Poderia até mesmo pedir ou tentar tirar da cabeça dele essa ideia, mas dentro de seu coração jamais teria a certeza de que um dia futuramente ele não jogasse em sua cara algumas palavras sobre, quem sabe, ter feito a escolha errada. A jovem cigana preferiu confiar, mesmo sofrendo apoiou tudo o que seu amado pretendia fazer.

Naquela semana Gustavo foi com Jonas e Carolina à Casa de Vovó Cambinda, à noite; Gustavo não tinha ido ao centro para trabalhar, mas para falar com a entidade que dona Matilde receberia naquele dia. Era um dia de trabalho de Exus e Pombagiras de Lei. O trabalho teve início normalmente, e mesmo Gustavo não tendo comentado com dona Matilde sobre seus novos planos de vida, assim que o Sr. Tranca Rua das Almas chegou à Terra como encarregado daquele trabalho fez o que deveria fazer e, em seguida, chamou Gustavo para conversar.

O rapaz ficou surpreso, pois tinha chegado atrasado e não seria o primeiro a ser atendido. Enfim, como foi chamado, entrou saudando a entrada e também o conga; em seguida se dirigiu à frente daquela entidade. O Senhor Tranca Rua das Almas naquela noite conversou bastante com Gustavo.

– Boa noite, moço.

– Boa noite, Senhor.

– Você está receoso de tomar caminhos desconhecidos?

– Não totalmente, é que deixo aqui uma grande parte de minha vida e também as pessoas que amo.

– Mas está chegando a hora de usar seu livre-arbítrio da maneira correta. Seu destino não se tardará, não se esqueça. Em breve deverá tomar decisões importantes para toda uma vida.

– É, grande Senhor, eu sei.

– Deverá agir com cautela e não se precipitar; tudo que a você foi aferido não pode ter sido em vão. Espero que saiba escolher o melhor, não apenas para você, mas também para todos. Quando chegar a hora de se cumprir seu destino, se surpreenderá com algumas coisas que poderão vir a entristecê-lo, baixando por assim dizer sua energia. Não se descuide, proteja-se. Não se esqueça de que todos nós estaremos a seu lado para ajudá-lo; é só nos procurar e nos encontrará.

– Nossa, Senhor, está me deixando preocupado.

– Não, filho, não tema; apenas mais tarde compreenderá o significado de minhas palavras. Estamos sempre com você, podemos e devemos ajudá-lo, mas passar por você o que lhe foi designado é impossível.

– Gostaria de perguntar uma coisa, posso?

– Claro que sim.

– O que devo fazer com meu lado espiritual?

– Bem, meu filho, de início será difícil, muito tempo passará até que tudo chegue ao seu lugar. Sabe que na verdade muito pouco tempo terá livre dentro do que vai fazer, mas creia, sempre estaremos em qualquer lugar em que seu pensamento e seu coração nos chamarem.

– Bem, Senhor, o que devo levar para minha proteção? Sabe como é, são pessoas estranhas, lugares desconhecidos...

Nesse instante o Senhor Tranca Rua das Almas não deixou ele terminar seu raciocínio e disse:

– Filho, hoje tenho autorização de passar para você o que ainda desconhece. Você é afilhado de um grande Guardião, que desde seu nascimento o acompanha e o ampara em sua vida. Se hoje tem novamente a oportunidade desta nova encarnação, saiba que foi por causa de um pedido feito por ele ao grande Pai e também à grande Senhora. Portanto, se assim não fosse, certamente sua chance de crescimento e aprendizado seria quase nenhuma. O Guardião que o sustenta desde o seu nascimento chama-se Guardião das Sete Cruzes, que dentro de seu mistério procura cumprir o que em outras encarnações ambos haviam estabelecido.

Nesse instante, Gustavo sentiu um arrepio muito forte percorrer todo o seu corpo, que, em seguida, parecia ferver de tanto calor; em seu peito sentia pela primeira vez como se estivessem colocando nele uma cruz incandescente. Sentiu a proximidade de seu protetor e nesse momento jurou, em voz alta, que jamais em sua vida faria algo que pudesse ir contra o seu mistério. Foi com esse pensamento e promessa que Gustavo aquela noite saiu do centro, na esperança de dias melhores.

Alguns dias se passaram. A proximidade da viagem de Gustavo chegava; apesar de confiante em um futuro melhor, sentia-se preocupado em deixar todos aqueles que sempre amara. Mesmo sabendo que não seria por longo tempo, era difícil para ele assimilar tal pensamento. A distância seria para ele como uma faca de dois gumes, ao mesmo tempo em que o levava ao encontro de seu desejo, por outro lado poderia distanciá-lo mais e mais de Tainá. Apesar de confiar muito na bela cigana, sua beleza era o motivo pelo qual seu coração temeroso reagia daquela maneira.

Quando faltavam alguns dias para sua viagem, sentiu que a saúde de seu pai se agravara; estava com o coração enfraquecido, por mais que estivesse em tratamento há tempos, parecia não melhorar. Gustavo deveria viajar para se apresentar em São Paulo no próximo domingo, pois na segunda-feira logo cedo deveria já estar no quartel. Aproveitando os últimos dias com sua amada, passou a tarde toda junto a Tainá que, por mais que tentasse, não conseguia esconder a preocupação com a distância do jovem amado.

Conversaram muito, Gustavo havia lhe pedido que durante o tempo em que ele ficasse fora, ela continuasse a frequentar sua casa, pois assim não iria se sentir tão sozinha; enquanto que ele ficaria mais despreocupado. Tainá aceitou o pedido do rapaz; já eram quase 6 horas da tarde do sábado, quando Gustavo deixou a namorada e foi para casa para ficar um pouco mais com seus pais.

Naquela noite todos se reuniram em volta da mesa para aquele jantar. Suas irmãs Carolina, Débora, Ana Rosa e Carla, apesar do afastamento do único irmão homem, pareciam felizes. Sua mãe já não demonstrava tamanha alegria; preocupava-se com Gustavo, sabendo de sua dificuldade de realmente se manter equilibrado. Temia que sozinho, em virtude da insegurança, saudade e tristeza, ficasse pior. Também seu pai tentava ao máximo mostrar-se bem ao lado de Gustavo naquela noite; mesmo sabendo dentro de seu coração que poderia estar vendo seu filho pela última vez, tentava o máximo que podia não deixar isso transparecer.

O jantar decorreu tranquilamente, conversaram ainda por algum tempo e foram dormir. Na manhã seguinte, Gustavo levantou-se cedo para tomar seu café da manhã que sua mãe havia preparado. Sentou-se e, aproveitando que sua mãe estava sozinha, disse:

– Bem, mãe, sabe que para mim está sendo muito difícil me afastar de todos vocês. Gostaria mesmo que pudessem também morar mais próximo de mim em São Paulo.

Sei que isso é quase impossível, pois uma grande parte de suas vidas foram formadas aqui neste local, até mesmo raízes de muita importância deixaram fixadas aqui nesse nosso lar.

Sabe mãe, não sei exatamente se conseguirei o que estou esperando da vida, mas tenho de tentar; não vejo outra maneira de poder me firmar melhor, a não ser tentando fazer aquilo de que sempre gostei e que sonho desde meus tempos de menino. Não foi em vão todo meu esforço e dedicação durante todos estes anos. Acredito também que, se não fosse para se abrir para mim esse caminho, nada disso estaria acontecendo, não acha?

Cláudia com uma pressão muito forte dentro do peito, angustiada em saber da separação do filho, respondeu:

– Claro, meu filho, não cai uma folha de uma árvore sem que nosso Pai Jesus permita.

– Bem, mãe, continue cuidando de todos aqui como sempre fez; apenas atenção redobrada para o papai que me parece, por mais que tente esconder, não estar muito bem de saúde. Assim que chegar e me estabelecer em São Paulo, escrevo dizendo o endereço de onde estou, para que assim possa ter pelo menos alguma maneira para se comunicar comigo.

Sua mãe, de cabeça baixa, respondeu:

– Filho, vá em paz, que Jesus o abençoe. Não se disperse diante da vida, cuidado com o círculo de amigos que certamente fará; saiba analisar e conhecer muito bem o outro, antes de estreitar qualquer laço de amizade. Quando a dúvida pairar dentro de seu coração, peça para que seus mentores e entidades espirituais o auxiliem e abram seu coração e sua mente, para poder enxergar melhor o que o espera.

Nisso Carolina chegava à cozinha, ao mesmo tempo em que seu pai também já vinha para o café da manhã. Carolina, com aperto no coração por saber que ficaria mais tempo longe do irmão, disse:

– Gustavo, não se esqueça de nos escrever; caso necessite de alguma coisa não se preocupe em nos dizer. Se for algo em que possamos ajudar, pode contar conosco.

Sentando-se junto ao irmão, Carolina pegou a mão dele e, afagando-a, lembrou a Gustavo de como foi bom ter aprendido, mesmo que não com perfeição, a lavar suas roupas:

– Agora certamente não terá de se preocupar, pelo menos enquanto não encontrar alguém que o faça para você.

Gustavo, rindo, disse à irmã:

– É, bem que poderiam também ter me ensinado a cozinhar; agora até que me ajudaria muito.

Carolina suavemente passou as mãos em seus cabelos e disse:

– Não tema por nada, tudo estará em suas mãos; confie e receberá. Não deixe, meu irmão, que o medo se aproxime de seu coração. Todos nós temos um dia na vida de aprender a caminhar com nossas próprias pernas, principalmente você, que já é um homem; pois bem, chegou sua vez. O que importa é que tenha uma boa saúde e disposição suficiente para encarar tudo isso, não é mesmo?

Com essa pergunta Carolina terminou fazendo com que todos que estavam na mesa rissem. Foi assim que Gustavo naquela manhã de domingo viajou para São Paulo: temeroso, mas até certo ponto confiante no que o destino teria para lhe revelar.

A Chegada à Cidade de São Paulo

À tarde Gustavo chegava a São Paulo; havia trazido pouca bagagem, pois sua vida dali para frente seria uma incógnita, portanto preferiu optar apenas pelo essencial e nada mais. Chegando, mais que depressa, procurou informar-se sobre algum local para que pudesse passar aquela noite e jantar. Por sua sorte, bem mais próximo do que imaginava da rodoviária, conseguiu instalar-se. Deveria estar logo cedo na segunda-feira para apresentar-se, portanto, nem saiu para nada. No hotel tomou seu banho, solicitou seu jantar e preferiu repousar para estar bem mais descansado na manhã seguinte.

Logo cedo já estava na fila de espera para sua apresentação no Quartel Militar. Enquanto aguardava, fez amizade com outro rapaz que também era do interior de São Paulo. Aproveitaram para conversar e também tentar saber um pouco mais a respeito do curso que receberiam na Escola de Oficiais. A verdade era que com certeza ninguém sabia de muita coisa, então eram apenas muitas indagações sem muitas respostas.

Bem, aos poucos tudo realmente chegava ao seu lugar. Gustavo, após alguns meses, já era interno na Escola de Oficiais. Como teria de ficar interno durante a semana inteira, apenas poderia tirar os fins de semana para descontrair-se um pouco mais. Mesmo tendo a possibilidade de todos os fins de semana ir para sua casa, de início preferiu ficar por lá mesmo intensificando seus estudos, pois depois de tudo não poderia deixar que qualquer coisa o afastasse de uma vez por todas de suas pretensões. Mesmo porque o que economizava em dinheiro ficando lá, já o ajudava a iniciar uma reserva financeira que poderia a qualquer momento ser útil, por causa do estado de saúde de seu pai.

Recebia sempre cartas de seus familiares, principalmente de Tainá e de Carolina, que sempre estava em voltas com caneta e papel, passando àquele querido irmão todos os acontecimentos de seu lar.

Gustavo fez realmente muita amizade com Jéferson; pouco a pouco, se entrosava cada vez mais com o rapaz. Jéferson vinha de família de posses, portanto dinheiro não lhe era problema; mesmo assim parecia ser um jovem de boa índole, estudava muito. Responsáveis em tudo o que faziam, não eram poucas às vezes em que a noite Gustavo e Jéferson conversavam sobre suas vidas, o que foi fazendo com que os dois estreitassem cada vez mais sua amizade.

A família de Jéferson era de Ribeirão Preto; seu pai era delegado e seu irmão mais novo da Polícia Civil. Tinha também uma irmã, Karina, que era professora de Educação Física em uma das escolas de sua cidade. Percebendo que Gustavo evitava sair para poder guardar um pouco mais de dinheiro, sem magoar o rapaz, depois de muito tempo, convidou-o para ir conhecer sua casa em Ribeirão Preto e também sua família.

Gustavo ficou feliz por isso, mas pensando melhor, não se sentiria bem, depois de tanto tempo, por sua primeira viagem não ser para rever seu lar; enfim, seu coração já não aguentava mais de saudades de Tainá.

Já haviam se passado mais de seis meses e Tainá, em uma de suas últimas cartas, pedia para que ele não demorasse a vir, pois seu pai não estava nada bem. Assim, Gustavo terminou invertendo tudo; convidou Jéferson para ir com ele até Dracena. Confiava muito no rapaz, sabia que sua mãe iria ficar feliz em saber que ele já havia feito amizade com alguém e não estava mais tão sozinho.

Explicou uma vez mais a Jéferson que sua família era bem simples, que as acomodações certamente não seriam de muito luxo. Sorrindo, disse também que a única coisa que faria ele certamente não se arrepender de ir seria o fato de sua mãe fazer uma comida deliciosa e seria também uma boa oportunidade de conhecer aquele local.

De início Jéferson pensou um pouco, mas enfim, fazia pouco tempo que havia visitado seus familiares, reconhecia o esforço de

Gustavo em não sair para poder economizar dinheiro. Gustavo era realmente um bom amigo. Quem sabe não seria muito boa para ambos aquela viagem juntos? Em seguida, disse a Gustavo:

– Quando está pretendendo ir até lá?

Gustavo pensou um pouco, em seguida respondeu:

– Estou pensando em sair na sexta-feira que vem, à noite; chegaríamos lá de madrugada, assim teríamos o sábado todo e uma boa parte do domingo para aproveitar.

Jéferson disse:

– Está bem, eu vou com você.

Ambos sorriram, em seguida foram dormir.

A vida ali dentro até que não era muito difícil, mas certamente, quem não se entregasse de coração, com muito amor e perseverança, não conseguiria. Era bastante cansativo, entre estudos contínuos e todos os tipos de exercícios, aprendizados mil. O dia passava com muita rapidez, não tinham tempo nem de conversar um com o outro, apenas nos pequenos intervalos.

Finalmente chegou o tão esperado fim de semana; eram quase 10 horas da noite quando embarcaram para Dracena. Foi com muita alegria e ansiedade que Gustavo chegou a sua casa de madrugada.

Como já havia avisado sua irmã de que iria à noite para lá, não se assustaram. Quando chegaram Carolina e Cláudia aguardavam sua chegada. A surpresa foi apenas a de Gustavo, por não ter avisado que levaria um amigo; mas de família simples, apesar de um pouco envergonhadas, ambas receberam Jéferson com muito carinho. Sabiam que os dois estavam cansados da viagem, portanto, deixaram todas as perguntas e curiosidades para o dia seguinte. Gustavo foi tomar um banho, enquanto Carolina mostrava para Jéferson onde ele iria dormir; em seguida Jéferson também se lavou e após lancharem foram repousar.

Na manhã seguinte, as outras irmãs de Gustavo foram logo cedo acordar o irmão com beijos e abraços, nem repararam que na outra cama de solteiro estava outro rapaz.

Depois de fazerem toda festa possível com o irmão, inclusive puxarem sua coberta, foi que perceberam Jéferson. Saíram rapidamente do quarto, envergonhadas. Aproveitando que já não conseguiriam mais pegar no sono, os dois resolveram levantar-se.

Eram 8 horas da manhã, o café estava colocado na mesa. Antes mesmo de tomar o café da manhã, Gustavo perguntou por seu pai e em seguida por Tainá. Cláudia virou e disse:

– Filho, seu pai infelizmente não melhorou muito desde o tempo em que você se foi daqui; acredito até que tenha piorado um pouco mais. Eu o levei ao médico na semana passada e, pelo visto, muito pouco se pode fazer. Está tomando toda a medicação passada pelos médicos, mas piora a cada dia que passa.

Nisso Carolina chegou, o cheiro do bolo estava pairando no ar; sentou-se e, pegando na mão de Gustavo, disse:

– Tainá o espera assim que puder no acampamento; está morrendo de saudades de você.

Gustavo então respondeu:
– Pensei até que ela viesse para cá logo cedo.

Carolina, sorrindo, disse:
– Não é nada boba, sabia que todos nós teríamos muito o que conversar com você, então achou melhor esperar lá, assim o teria somente para ela.

Nisso, Jéferson perguntou:
– Nossa, que romance lindo; quem é esta musa inspiradora desses seus olhos assim tão brilhantes?

Gustavo, que ainda não tinha falado ao amigo sobre Tainá, disse:
– Bem, é minha namorada que tive de deixar para poder realizar uma grande parte de meus sonhos.

Jéferson, curioso a respeito de tudo, disse:
– Mas, Gustavo, Tainá, se não me falha a memória, é um nome indígena, não é verdade?

Gustavo ficou vermelho, mas sentiu que o amigo, desconhecendo tudo a respeito de sua paixão e dos acontecimentos, não havia perguntado por mal. Terminou de engolir o que havia colocado em sua boca e respondeu:

– Sim, é realmente um nome indígena, mas se eu lhe contar irá ficar ainda mais surpreso quando souber mais sobre tudo.

Jéferson, sorrindo, respondeu:
– Sou todo ouvidos; quando quiser, pode começar.

Nisso Jonas chegava à cozinha. Quando Gustavo olhou para ele, seus olhos encheram-se de lágrimas; sem deixar com que seu pai percebesse, secou sua face e disse:

– Que saudades, papai. Quanto tempo a gente não se encontrava!

– É, filho, para quem nunca realmente ficou distante um do outro, pareceu uma eternidade. Mas você, meu filho, pelo visto está muito bem, graças a Deus. Quem é este jovem rapaz que o acompanha?

– Sim, papai, me desculpe, esqueci-me de apresentar; este é Jéferson, está comigo também na Escola de Oficiais em São Paulo.

Nesse instante Jéferson se levantou e cumprimentou Jonas. Gustavo, olhando para seu pai, percebeu que sua saúde estava ainda mais debilitada. Em poucos meses havia emagrecido muito e seus olhos não transmitiam mais a mesma coragem e determinação, apenas cansaço, insegurança.

Jéferson, percebendo a tristeza do amigo, disse:
– Seu Jonas, minha família é de Ribeirão Preto, conhece?
– Não pessoalmente, mas já ouvi falar muito de lá.
– Gostaria que qualquer dia desses vocês fossem até minha casa, terei imenso prazer em recebê-los lá.

Jonas sorriu pela boa vontade mostrada pelo jovem em agradá-lo, mas sabendo que já não aguentaria uma viagem daquelas, respondeu:
– É, quem sabe um dia. Sou grato pelo convite.

Gustavo ficou meio perturbado com sua volta para casa; achava que Tainá estivesse esperando por ele quando chegasse. Agora que ficou sabendo que teria de ir ao acampamento, não sabia o que fazer com Jéferson. Sentia que dificilmente o amigo seria bem-vindo no acampamento, também não conhecia tanto assim Jéferson, portanto não saberia qual seria sua reação ao saber que iria até um acampamento cigano. Tomou seu café, conversou com Carolina pedindo-lhe que levasse Jéferson a um passeio pela cidade, enquanto isso ele iria ter com Tainá no acampamento. Carolina aceitou, não poderia negar ao irmão aquele pedido.

Gustavo pediu à sua mãe que não o esperasse para almoçar, disse que ficaria um pouco mais com Tainá e à tardezinha estaria de volta. Saiu rapidamente, não via a hora de poder estar com a jovem cigana em seus braços; chegou ao acampamento e, ao procurar Tainá, encontrou Ramires. Gustavo gostava dele de verdade, alguma coisa naquele cigano fazia com que de seu coração uma energia de muito amor se irradiasse por todo seu ser. Às vezes se perguntava: será que fui cigano em outras encarnações? Mas não obtinha resposta. Ainda não se encontrava preparado para tal abertura, estava sendo trabalhado em outros sentidos, mas mesmo assim era como se em determinados momentos ele reconhecesse seu encantamento por tudo aquilo. Ramires se mostrou feliz ao ver o rapaz; sabia da vontade dele de encontrar Tainá, por isso lhe indicou o local onde a jovem cigana se encontrava.

Quando Gustavo chegou próximo às margens do rio, percebeu que Tainá dançava magnificamente. Sua beleza era tamanha que parou e ficou observando, para não poder quebrar aquele momento de encanto. Ao virar, Tainá viu Gustavo e, correndo em sua direção, abraçou-o com amor e carinho, e ali mesmo trocaram muitas juras de amor.

Tainá sabia que Gustavo partiria em breve, portanto, não se fazendo de rogada, encheu Gustavo de inúmeras perguntas sobre tudo o que havia acontecido no tempo em que esteve longe dali.

Aos poucos Tainá percebia e entendia a importância que Gustavo dava a tudo aquilo; ele falava e não parava mais. Precisou a cigana tapar-lhe a boca com um grande beijo para que ele mudasse o direcionamento de seus pensamentos.

Gustavo contou a Tainá a respeito do amigo; ela, enciumada, disse:
– Bem, por que não o trouxe aqui para que eu o conhecesse?

Gustavo pensou um pouco, teria de saber responder àquela pergunta para não magoar Tainá, em seguida disse:
– É que Carolina resolveu convidá-lo para sair de manhã, tinham algumas compras a serem feitas e perguntou se eu não me incomodaria em que ele a acompanhasse. Achei até bom, assim posso ficar mais tranquilo com você.

A jovem cigana, nada boba, percebeu algo a mais naquelas palavras. Sabia que Gustavo escondia dela alguma coisa; procurando firmar melhor seu pensamento, percebeu que ele a estava escondendo do rapaz.
– Mas por quê? Seria por ciúmes ou vergonha?

Aos poucos Gustavo acariciava seus cabelos e Tainá facilmente deixou para lá toda sua desconfiança. Aquela tarde foi maravilhosa, Tainá pediu a Gustavo que não ficasse sem vê-la por tanto tempo, foi então que ele contou para a cigana os motivos que o levaram a agir daquela maneira.

Tainá sabia que a saúde do pai de Gustavo realmente se agravava cada dia mais; começou então a ver o problema por outro prisma. Sentiu que, por responsabilidade, o namorado havia se privado de algumas coisas para poder auxiliar melhor a família.

Gustavo ficou com Tainá até o entardecer, depois se despediram e o jovem foi embora.

Já havia dado alguns passos, quando Tainá o chamou novamente e falou:

– Posso almoçar em sua casa amanhã? Gostaria de ficar um pouco mais com você antes que parta.

Gustavo dessa vez não viu outra saída, terminou por aceitar; teria algum tempo para preparar o amigo. Seria melhor mesmo que tudo se resolvesse de uma vez por todas.

Afinal, Jéferson era apenas seu amigo; se gostasse realmente dele e o respeitasse, aceitaria com toda certeza. Chegando a sua casa, Carolina já havia regressado com Jéferson; estavam na sala tomando refrigerante e mostrando para as meninas tudo o que havia sido comprado.

Jéferson, aproveitando a oportunidade de sair às compras, coisa que ele não estava acostumado a fazer, trouxe para cada uma das irmãs de Gustavo um pequeno presente.

Para Carolina, trouxe um livro espírita, psicografado pelo espírito de Lúcios, um romance muito lindo; para Ana Rosa trouxe um belo toucador; para Carla um vidro de perfume, enquanto para Débora, um belo fichário que lhe seria útil em seus estudos.

Tudo era alegria.

Gustavo, parado na porta, via que Jéferson sentia-se muito bem em sua casa, estava feliz e descontraído, terminando por cativar o coração das garotas com todos aqueles mimos escolhidos a dedo por ele. Sentou-se no sofá e disse:

– Percebo que não encontrou dificuldade alguma em conseguir atenção dentro dessa casa, com todos esses presentes; certamente já conquistou uma boa parte do carinho de cada uma delas.

Jéferson, sorrindo, respondeu:

– Bem, como só tenho uma irmã e por ironia do destino, quase nunca temos oportunidade de ficar juntos, optei em agradar suas irmãs; quem sabe assim quando eu voltar novamente aqui, não encontre mais companhia para me mostrar esta bela cidade?

Visita à Casa de Dona Matilde

À noite, era dia de trabalho na casa de Dona Matilde. Gustavo não queria por nada deste mundo perder, mas pouco podia fazer; já não tinha ficado com o rapaz durante o dia, não poderia também deixá-lo sozinho à noite, seria destrato. Pensando isso, levantou-se e foi tomar banho. Aproveitou para se preparar para aquela noite. Sua mãe havia feito um jantar bem caprichado e, enquanto Ana Rosa saía para pegar alguns refrigerantes, Jéferson arrumava sua roupa para também se preparar para o jantar.

Todos se sentaram ao redor da mesa, até Carla que não tinha por costume comer sentada à mesa estava lá. Do assado feito por Cláudia se sentia o aroma a quilômetros, e a macarronada então, o cheiro de seu molho fazia com que Cláudia não precisasse chamar ninguém. Quando colocou a mesa, todos já se encontravam apostos para saborear aquelas delícias feitas com carinho pela mãe de Gustavo.

Depois do jantar, Jonas perguntou a Gustavo se ele não iria até o centro. Ele respondeu que ainda não sabia o que iria fazer para poder assistir aos trabalhos daquela noite.

Surpreendeu-se quando Jéferson entrou na sala e pediu a Jonas se poderia sair com as garotas para dar uma volta pela praça e também para tomarem um delicioso sorvete. Gustavo estranhou a atitude inesperada do amigo, mas enfim terminou assim facilitando ainda mais as coisas para ele naquela noite.

Quando Gustavo ouviu isso, aproveitando o ensejo, disse:

– Bem, então enquanto vocês vão passear um pouco pela cidade, prefiro ficar um pouco mais com Tainá.

Assim que todos saíram para aquele passeio, Gustavo saiu rapidamente para o centro.

Quando chegou lá, o trabalho já havia começado; pediu permissão para poder entrar e sentou-se em uma das cadeiras no fundo da assistência.

Naquela noite, era dia de trabalho de Preto-Velho. Gustavo aguardou até chegar sua vez para falar com Vovó Cambinda. Entrando, foi logo ajoelhar-se aos pés daquela Preta-Velha tão querida por todos daquela casa. Aproveitou para pedir proteção e limpeza naquela noite, sendo atendido prontamente. Após o término dos trabalhos espirituais, esperou para poder dar um abraço em dona Matilde. Logo que a senhora desincorporou e encerrou os trabalhos, foi ter com Gustavo.

Abraçando-o, disse:

– Que alegria, filho, vê-lo novamente aqui. Como está, tudo bem?

Gustavo também sentia muita falta daquela mãe espiritual, tão boa amiga. Mas agora, naquele abraço, ambos matavam pelo menos um pouco a saudade que ficara dentro de seus corações. Conversaram ainda por mais meia hora. Olhando no relógio, lembrou-se de Jéferson, que já deveria estar em casa; então se despediu da amiga e foi embora com o coração bem mais tranquilo. Por ter conseguido novamente ficar perto de tudo aquilo, sentiu em seu coração muita paz.

Chegando a sua casa, encontrou todos sentados na sala assistindo à televisão; sentou-se também e ali ficaram conversando até quase de madrugada. Cláudia pediu para que todos fossem dormir, assim poderiam aproveitar melhor o dia seguinte.

No outro dia, antes das 9 horas da manhã, todos estavam em pé. O aroma do bolo de laranja recendia por toda a casa. Jéferson sentia-se como em sua própria casa, a paz parecia reinar no lar naquela manhã. Em seguida, pediu licença e saiu em direção ao quarto de Gustavo, para arrumar sua mala, momentos antes da chegada de Tainá.

Naquela manhã, a jovem cigana estava mais linda do que nunca. Seus olhos cor de esmeraldas tinham um brilho especial, seus cabelos sedosos e macios caídos em seus ombros mantinham um brilho natural.

Gustavo levantou-se e foi ao seu encontro, abraçou-a e apertou-a de certa maneira que Tainá beliscou-lhe os braços, afastando-se de Gustavo em seguida, correndo rapidamente pela casa.

Quando se dirigiu ao quarto de Gustavo, Jéferson estava saindo e terminou por esbarrar fortemente na jovem cigana, tanto que quase chegou a lhe machucar. Jéferson, que estava com alguns livros em suas mãos, terminou por deixá-los cair no chão; em seguida, ambos se abaixaram quase ao mesmo tempo para pegar os livros e, mais uma vez, se esbarraram um no outro, o que terminou em risadas por todos que estavam atrás e presenciavam aquela cena engraçada.

Gustavo, antes que Jéferson pudesse falar alguma coisa, apresentou Tainá a ele. Percebeu imediatamente o espanto do jovem, que mesmo assim cumprimentou-a, forçando uma naturalidade que não existia. Sua voz parecia sumir de sua garganta, não conseguia dizer mais nada por mais que tentasse. Foi com muito esforço que Jéferson cumprimentou a garota.

Sentaram-se na sala, onde já estavam suas outras irmãs e, por mais que Jéferson tentasse, não conseguia esconder seu espanto, nunca havia lhe passado pela cabeça que a namorada do amigo fosse cigana. Enfim, não era costume tão comum em nossos tempos.

Tainá era linda e faceira. A irmã mais nova de Gustavo não demorou a pedir que Tainá dançasse um pouco para que todos pudessem ver. Débora amava a música; por isso, tempos atrás, pediu à cigana que a ensinasse a música e a dança de seu povo. Gustavo não gostou muito da ideia, mas como não poderia impedir terminou por colocar uma música para que ambas dançassem. Jéferson teve assim a oportunidade de apreciar a beleza de Tainá, seu corpo enquanto dançava era de uma beleza incomparável. Foi então que Gustavo disse:

– Chega, o almoço já está quase pronto, vamos almoçar.

Sem que percebesse, Gustavo sentiu naquele momento um ciúme incontrolável da namorada; sentia que não devia ficar preso a esse tipo de sentimento, mas nada conseguia fazer, por isso achou melhor parar com aquela brincadeira.

Cláudia já havia colocado a mesa quando um a um chegava, tomando cada qual o seu lugar. Naquela tarde a felicidade participava também daquele tão esperado encontro. Era muito bom para Gustavo estar novamente em casa junto aos seus familiares e amigos.

Passaram o resto da tarde juntos; todos puderam desfrutar da companhia de Gustavo um pouco mais. Nem perceberam que o tempo passou e pouco faltava para irem embora.

Tainá e Carolina acompanharam os dois jovens até a rodoviária. Por mais que Jéferson quisesse perguntar a respeito de tudo aquilo a Carolina, não o fez; achou mais sensato agir daquela maneira.

A caminho da rodoviária, Jéferson percebia a felicidade do casal à sua frente; não conseguia imaginar que surpresa o destino teria ainda reservado para Gustavo. Tainá era realmente uma linda jovem, atrairia certamente qualquer rapaz, mas não conseguia entender onde Gustavo, com os planos que tinha para o seu futuro, colocaria aquela jovem cigana. Quando chegaram à rodoviária, pouco tempo tiveram para despedidas; o ônibus que os levaria até São Paulo já estava quase de saída.

Carolina fez amizade com Jéferson, desde o início se deram bem; parecia que os dois jovens se conheciam há muitos e muitos anos. No caminho de volta para São Paulo, Jéferson preferiu não tocar no assunto; percebeu que Gustavo por mais que tentasse, sentia certa dificuldade para trabalhar aquele problema em sua cabeça. Tainá e seu amor por ela eram dois problemas que ainda o acompanhariam por um bom tempo; esperava somente que tudo terminasse da melhor maneira para que assim ele não machucasse seu coração ainda mais. Inclinou seu banco e, aos poucos, entregando-se ao cansaço, terminou adormecendo.

Chegaram a São Paulo ainda de madrugada, preferiram aguardar um pouco mais na rodoviária para irem então diretamente para o Quartel Militar. Talvez por falta de tempo ou realmente vontade para tocar no assunto, Jéferson nada comentou com o amigo.

Em razão do desempenho físico e intelectual que era exigido de todos os alunos, prendiam-se em tentar a própria superação, diante de cobranças e exigências que lhe faziam a todo instante. Gustavo procurou, nos dias que se seguiram, estudar e colocar suas anotações em dia. O amigo, percebendo, se afastou um pouco dele, sabia que Gustavo precisava de um tempo, que aquele não era o momento para conversarem sobre o que o afligia.

O Retorno de Jonas ao Mundo Espiritual

O tempo passou. Alguns meses depois Jéferson convidou Gustavo para ir até sua casa em Ribeirão Preto; para sua surpresa, dessa vez o amigo aceitou o convite. Viajariam na sexta-feira à noite, assim Gustavo conheceria a família de Jéferson.

Naquela noite no alojamento, Gustavo não se sentiu muito bem; suas mãos estavam trêmulas, seus batimentos cardíacos aceleravam-se cada vez mais; sentia um medo profundo, tristeza e tudo mais. Jéferson lhe perguntou se sentia alguma dor localizada. Gustavo disse que não, mas que mesmo assim, não se sentia bem.

Foi então que Jéferson, pedindo para que o amigo se tranquilizasse um pouco mais, colocou sua mão direita sobre seu ombro esquerdo, não demorou muito para perceber o que estava atrapalhando Gustavo. Sentiu a presença de um espírito sofredor, que por causa de uma espiritualidade mal sustentada, havia se encostado em seu espírito. Jéferson ficou sem ação diante do que deveria fazer para encaminhar aquele espírito. Nunca havia dito ao rapaz a respeito de sua espiritualidade, mas sabia que algo deveria fazer senão as consequências certamente seriam piores. Pediu para que Gustavo firmasse seu pensamento em Deus e fizesse a oração que mais gostasse com muita fé.

Enquanto Gustavo orava com fervor, Jéferson sentiu em sua intuição a presença de algumas entidades de Luz que se acercavam do amigo, encaminhando para o lugar de merecimento aquele espírito. Foi em um relance, muito rapidamente mesmo, que Jéferson ainda com uma das mãos sobre o peito de Gustavo sentiu em segundos um calor intenso; abriu rapidamente os olhos e, por uma fração de segundo, uma cruz de fogo incandescente parecia ofuscar-lhe a visão. Afastou-se rapidamente, não sabia o que dizer ao amigo; não sabia de nada sobre a vida de Gustavo e nada havia dito também a respeito de sua vida no que se referia à religiosidade. Aos poucos Gustavo voltava a seu normal; estranhou algumas reações de Jéferson, mas como tudo foi feito silenciosamente, nada disse.

No dia seguinte, não tiveram muito tempo para conversar sobre o acontecido; como tinham de participar das aulas pela manhã, à tarde e à noite, pouco tempo sobrava para iniciarem alguma conversa que, antecipadamente, ambos sabiam que seria mais longa.

Era quinta-feira quando Gustavo recebeu um telegrama avisando-o da morte de seu querido pai. E assim que o leu sentiu a terra afundar, parecia que seus pés vagavam no nada. Jéferson, perto dele, amparou-o e disse:

– O que aconteceu?

– Papai faleceu nesta madrugada.

– Mas e agora, como fará?

– Vou conversar com meu superior, ver se encontro uma possibilidade de poder comparecer ao enterro dele.

– Claro, desculpe-me, gostaria de poder acompanhá-lo, mas sabe que não posso.

– Não faz mal, reze por todos nós, isso já nos ajudará.

Seguiu então para solicitar seu afastamento, o qual conseguiu sem muitas burocracias.

Gustavo teve de sair apressadamente em direção a Dracena. Mesmo sabendo que o enterro seria no outro dia pela manhã, queria estar próximo de sua família, para poder ampará-la um pouco mais.

Antes que Gustavo saísse do quartel, Jéferson correu ao seu encontro e colocou em suas mãos um envelope, pedindo para que o amigo apenas o abrisse durante a sua viagem.

Gustavo saiu meio que às pressas, tomou um táxi e foi em sentido à rodoviária. Lá chegando, por sorte pouco teve de esperar; conseguiu um lugar na desistência de uma pessoa que havia adiado sua viajem.

Assim que o ônibus chegou, sentou-se. Com o pensamento voltado aos acontecimentos de sua casa, demorou a ver o que continha naquele envelope. Lembrando-se, acendeu a luz e pegou o envelope que o amigo havia lhe entregue; abrindo-o, percebeu que tinha algum dinheiro dentro; estranhando, começou a ler o que estava escrito:

Gustavo, desculpe-me por não poder estar a seu lado neste momento em que mais precisava de meu auxílio. Sabia que se fosse perguntar, certamente não aceitaria minha ajuda; portanto resolvi deixar esse dinheiro dessa maneira em suas mãos. Não se preocupe se tiver que usá-lo para alguma eventualidade. Sei que além das despesas de praxe, deve também deixar um pouco de dinheiro com sua família, para qualquer necessidade.

Não se preocupe em devolver, não tenha pressa, um dia mais para frente acertaremos tudo. Dê minhas condolências a todos em sua casa, principalmente a Carolina. Diga também que na semana que vem, caso queira, é claro, iremos até lá para ajudá-las a resolver o restante das coisas. Não se zangue comigo, sei que o momento requer determinação e coragem.

Que Jesus o ilumine, meu irmão.

Os olhos de Gustavo encheram-se de lágrimas; sabia que poderia sempre confiar em Jéferson, mas não esperava que nesse momento ele se mostrasse tão caridoso assim.

Chegando a sua casa, todos o aguardavam ansiosamente. Temiam que Gustavo não fosse liberado para aquela viagem inesperada. Logo que entrou, Carolina o abraçou dizendo que deveria se manter calmo, pois tudo estava sob controle; apenas sua mãe estava inconformada com a morte do marido. A tristeza tomava conta de tudo naquele dia; a despedida de um ente querido sempre abre, em nossos corações, feridas que apenas o tempo irá curar.

Entrando, viu Tainá com Ramires, que o esperavam ansiosamente; daquele momento em diante a bela cigana permaneceu a seu lado, procurando auxiliá-lo com sua companhia naquele instante de tanta tristeza.

Tudo ocorreu como deveria após seu pai ter sido sepultado. Gustavo trouxe sua família para casa. Ao chegar, Ivete, uma amiga da família, colocava na mesa uma sopa aquecida. Após muito insistir, todos jantaram. Logo após o jantar Gustavo chamou Carolina, sua mãe e disse:

— Tenho de voltar para a Escola o mais rápido possível, mas sei que ficarão bem, graças a Deus. Trouxe aqui um pouco de dinheiro, uma reserva que há muito tempo faço para qualquer eventualidade. Quaisquer coisas me escrevam, e no que puder certamente ajudarei. Devo ainda ficar interno na Escola um pouco mais de um ano, até lá fico tranquilo, pois sei que Carolina está empregada e também uma das meninas já deve começar a trabalhar. Por isso a senhora deve apenas ficar na casa, não quero que procure serviços de fora para aumentar a renda da família; deixe isso por nossa conta e confie, não faltará nada a nenhuma de vocês – falando isso, chamou Tainá, que estava com suas irmãs no quarto, e levou-a de volta ao acampamento.

Já de volta para a Escola de Oficiais, Gustavo, apesar de ter perdido seu querido pai, agradeceu a Deus a oportunidade que lhe foi dada de poder concretizar seu belo sonho, pois agora mais do que nunca teria como ajudar a todos da família com uma parte de seu pagamento.

Chegou e se apresentou a seu superior. Assim que saiu de sua sala encontrou Jéferson, que estava preocupado em saber de todos os que ficaram, principalmente de Carolina.

Não conseguiram conversar muito naquele minuto, pois logo Jéferson foi chamado e então, apenas à noite, puderam conversar um pouco mais. Gustavo teve a oportunidade de relatar ao amigo todos os acontecimentos do dia anterior. Agradeceu também pela sua ajuda inesperada, dizendo-lhe que assim que possível devolveria o que ele o havia emprestado. Jéferson desconversou, pois ele não tinha a menor preocupação com isso; conhecia muito Gustavo e sabia que não teria problemas em receber de volta aquele dinheiro.

Ambos não viam a hora de chegar o próximo fim de semana; somente indo lá novamente ficariam mais tranquilos. Naquele fim de semana estavam escalados para dar policiamento em um grande evento no litoral de São Paulo, mas, com muito esforço, conseguiram trocar com mais outros dois internos os dois dias de serviço. No sábado, logo pela manhã, viajaram para Dracena.

Estavam tão cansados, por causa dos exercícios feitos no dia anterior, que terminaram dormindo durante a viajem e só quando chegaram lá é que foram acordados pelo motorista do ônibus. Gustavo não havia dito a ninguém que voltaria na semana seguinte, mas

Carolina sabia que o irmão não deixaria de vir. Mesmo não tendo dito nada à sua mãe nem às suas irmãs, caprichou um pouco mais na comida e estava segurando um pouco o almoço para ver se conseguiam almoçar juntos.

Quando chegaram a sua casa, a comida já estava na mesa. Gustavo foi recebido por sua mãe que estava na varanda pensativa; abraçou-o e, por mais que tentasse segurar não conseguiu, chorou em seus ombros. Jéferson cumprimentou Cláudia e, em seguida, entraram para falar com Carolina. Tentando deixar o clima mais descontraído, Jéferson disse:

– Nossa, que cheirinho de comida gostosa.

Cláudia, fazendo um ar de riso, respondeu:

– É, Carolina tem uma mão maravilhosa para cozinhar.

– Mas então não foi a senhora que fez o almoço?

Carolina, que sorria no canto da cozinha, respondeu:

– Não, fui eu; se não gostar não diga nada, faça de conta que está uma delícia.

Dizendo isso riram e foram lavar as mãos para almoçar. Depois do almoço, após ter conversado sobre como estava indo tudo na casa, Gustavo resolveu ir fazer uma visita a Tainá; dessa vez convidou Jéferson para ir com ele, mas qual foi sua surpresa quando o amigo respondeu:

– Só vou se Carolina for comigo. Sozinho, não vejo graça; sei que vou atrapalhar.

A jovem ficou vermelha, mesmo porque em seguida todos olharam para ela de uma só vez, não sabia o que responder; seu irmão nunca havia permitido que nenhuma delas fosse ao acampamento. Carolina já tivera muita curiosidade e, por que não dizer, vontade de conhecer como viviam os ciganos no acampamento, mas nunca pôde ir.

Seus olhos se voltaram para Gustavo, como que esperando por uma aprovação ou não. Gustavo, sem rodeios, disse:

– Depende apenas dela; se quiser ir, será um prazer.

Carolina mais que depressa aceitou; suas irmãs também pediram para ir, mas Gustavo achou melhor que não fossem dessa vez, pois assim sua mãe não ficaria sozinha. Estavam de saída quando Jéferson disse:

– Espere, há muito tempo tenho vontade de conhecer um acampamento cigano; acho que não deveríamos ir até lá em tantas pessoas, com as mãos abanando, o que acham?

Gustavo não entendeu onde queria chegar o amigo e respondeu:

– Mas como, não entendi o que quer dizer.

Jéferson explicou-se melhor:

– Sei que os ciganos amam frutas e também bons vinhos; por que não os agradar?

Gustavo percebeu alguma coisa estranha em Jéferson; parecia que o amigo entendia muito mais de ciganos do que ele, que na verdade nunca se preocupou com isso.

Sem saber o que fazer, disse:

– Bem, o que quer fazer?

Jéferson, sorrindo, respondeu:

– Vamos ao supermercado e compraremos lá frutas frescas, bons vinhos e também uma carne para assar no acampamento.

Gustavo achou que as coisas estavam passando dos limites e então respondeu:

– Carnes para assar, mas aí já não está querendo demais?

Jéferson calmamente respondeu:

– Bem se vê, amigo, que tem muito a aprender sobre ciganos. Vamos então pegar as coisas para depois ir ao acampamento.

Carolina ajudou na escolha das frutas; Gustavo, como não entendia muito de vinhos, deixou para que Jéferson escolhesse, e também a carne. Chegaram ao acampamento eram quase 6 horas da tarde. Logo que chegaram Ramires foi recebê-los. Gustavo apresentou a ele seu amigo, e qual foi sua surpresa quando viu que os dois pareciam se conhecer há muito tempo, tamanha foi a amabilidade de um para com o outro. Jéferson entregou com carinho tudo o que haviam comprado para Ramires que, agradecido, foi logo dizendo:

– Para comemorar tudo isso, faremos uma festa no acampamento nesta noite. Teremos então muitas frutas, vinhos e carnes assadas.

Gustavo ficou boquiaberto; há quanto tempo que estava junto de Tainá e nunca havia se preocupado em agradar daquela maneira aqueles ciganos, sem contar que era muito o carinho que todos daquele acampamento ofereciam a Jéferson; estava surpreso realmente com o amigo. Onde será que aprendera tantas coisas sobre os ciganos? Mas não perguntou nada, sabia que aquele não era o momento.

Naquele final de tarde, tudo foi maravilhoso. Tainá levou as carnes para assar enquanto que os outros ciganos e ciganas se preocuparam em arrumar uma bela mesa com frutas, pães, vinhos e também assados. Por volta das 8 horas da noite, alguns ciganos se reuniram para tocar, enquanto as ciganas dançavam acompanhando a alegria e a beleza daquela noite.

Gustavo estava sentado com Tainá, que o convidou para dançar; como não sabia, terminou não aceitando seu convite. Nisso, Jéferson disse:

– Gustavo, se não levar a mal gostaria de dançar com sua princesinha.

Gustavo ficou vermelho. Estranho; se não soubesse que o amigo não havia bebido nada, pensaria que talvez estivesse bêbado. Mas Jéferson não tinha o costume de beber, ficou apreensivo sem saber o que estaria acontecendo. Sem graça, respondeu:

– Tainá pode acompanhá-lo se quiser.

Dizendo isso se sentou e, para a surpresa de todos os outros que também estavam no local, Jéferson dançou magnificamente a dança cigana com Tainá. Terminando, levou Tainá até junto ao amigo e agradeceu. Em seguida, puxou Carolina pelos braços e a convidou para dançar. Carolina não sabia dançar música cigana; algumas vezes havia visto Tainá ensinar suas irmãs. Tinha apenas uma pequena noção, mas não teve muito tempo para pensar, os ciganos e ciganas formaram um grande círculo e dentro dele os dois dançaram com muito amor aquela bela música. De início Carolina estava um pouco envergonhada, mas logo se soltou e se mostrou uma bela bailarina. Tainá estava triste por Gustavo estar distante, mas sabia que nada poderia fazer; então era melhor que aproveitasse muito bem o tempo que ele estivesse por perto e tirasse muitas dúvidas de dentro de seu coração. Aquela noite foi muito especial, todos gostaram de Jéferson, mas quando lhe perguntavam como sabia dançar tão bem a dança cigana, ele desconversava e apenas sorria.

Já era tarde da noite quando voltaram para casa. Todos já estavam dormindo. Gustavo pediu que a irmã fizesse companhia ao amigo enquanto ele tomasse banho, Carolina ficou com Jéferson por alguns minutos. Sentaram-se na varanda; sem saber o que perguntar a ele, terminou perguntando sobre sua família. Aos poucos o rapaz contou a ela algumas coisas sobre si e seus familiares. Carolina estava surpresa, pois Jéferson parecia ser uma pessoa muito simples, ninguém diria que ele fosse de uma família tão rica e poderosa.

Ainda conversavam, quando ouviram barulho na sala; seu irmão, que já havia saído do banho, sentou-se no sofá esperando que sua irmã fosse também tomar seu banho, então aproveitou para conversar mais a sós com o amigo.

Carolina despediu-se de Jéferson e de Gustavo, foi banhar-se para se deitar; enquanto isso, Gustavo perguntou:

– Desculpe minha curiosidade, mas onde aprendeu tão bem a lidar com ciganos?

Jéferson, sorrindo, respondeu:

– Bem, creio que nunca falamos sobre religiosidade, certo? Pois bem, somos de família espírita, meus pais têm um centro espírita na cidade onde moramos.

– Nossa, mas por que nunca me disse isso?

– Achei que isso não seria de tanta importância. Bem, como estava dizendo, meus pais trabalham duas vezes por semana no Kardecismo, minha irmã também os acompanha.

– Fale-me mais a respeito disso.

– Sim, desde pequeno sempre acompanhei meus pais em seus trabalhos. Há muito tempo ainda trabalhavam em outro centro, só há poucos anos conseguiram abrir nossa própria casa. O Kardecismo sempre foi tudo o que meus pais procuravam, estão sempre às voltas com estudos sobre Kardec, passando estudos e orientações sobre o *Evangelho segundo o Espiritismo* a muitas pessoas.

– Até agora somente falou de sua família, e você, participa também?

– De minha parte já não sou tão chegado assim no Kardecismo, sou espírita, sim, mas sigo sempre que posso um outro direcionamento dentro do próprio espiritualismo.

– Qual seria?

– Sou umbandista, de coração. Desde jovem meus pais perceberam que não adiantaria forçar a natureza das coisas, pois minhas entidades eram diferentes das que vinham naquela mesa; não aceitavam ficar sentadas, falavam diferente; mesmo cercado por bons mentores terminava sempre não muito bem nos trabalhos. Um dia o mentor espiritual de meu pai pediu para que daquele dia em diante eu fosse encaminhado para um outro local. Disse também que eu deveria colocar branco e prestar a caridade, mas não daquela maneira, seria diferente. Minhas entidades pediam para que eu frequentasse locais onde elas pudessem dançar em ritmos de atabaques, um lugar em que pudesse dar atendimento com espíritos protetores de Caboclos e Preto-Velhos.

Bem, foi a gota-d'água, daquela noite em diante, não mais sentei à mesa. Meu pai e minha mãe tiveram um pouco de dificuldade para aceitar tudo isso, pois pensavam em um dia mais tarde passar o centro que eles abriram para que eu pudesse tomar a direção.

Todos sabiam que eu deveria realmente continuar dentro da espiritualidade, conheciam o centro de uma senhora não muito distante dali e, certa noite, me levaram até lá para conversar com ela a respeito do desenvolvimento de minha espiritualidade.

Hoje, sou um médium já desenvolvido, mas fui obrigado a me afastar por causa de minhas próprias determinações perante a vida – concluiu o amigo.

Gustavo, que tudo ouvia, estava até atordoado. Como pode a vida se manifestar em todos nós dessa maneira, se perguntava. Como, com tantas pessoas na Escola, justamente Jéferson estava sendo encaminhado até ele, para ser um bom amigo em todas as horas?

Gustavo ia falar ao amigo sobre ele, quando Carolina avisou a Jéferson de que poderia tomar seu banho, que o banheiro estava desocupado. Depois disso achou melhor, já que era tarde, subirem para dormir.

No outro dia, acordaram cedo para aproveitarem melhor o dia. Carolina já estava com o café da manhã na mesa, esperava apenas pelos dois para que todos pudessem tomar café juntos. Mesmo não indo visitar o centro de dona Matilde no dia anterior, resolveu dar uma passada rápida em sua casa logo pela manhã para saber dela e também para contar as novidades.

Convidou Jéferson, que respondeu:

– Não vou, não, prefiro ficar aqui fazendo um pouco mais de companhia a elas.

Gustavo não disse nada, estava desconfiado de tanta atenção que Jéferson dedicava a sua família. A caminho da casa de dona Matilde pensava até que não seria ruim se sua irmã aceitasse namorar o Jéferson, pois pelo visto era esta sua intenção. Carolina nunca havia namorado ninguém, pelo menos a ponto de trazer para dentro de sua casa. Saía com algumas colegas e, nessas saídas, conversava e adquiria muitas amizades; muitos rapazes se interessavam por ela, mas nunca quis firmar compromisso algum.

Já estava próximo ao portão da casa de dona Matilde; quando ela saiu para recebê-lo, Gustavo já não estranhava algumas atitudes daquela senhora, certamente alguém a avisou de sua chegada. Assim que viu o rapaz, disse:

– Oi, meu filho, como está? Vamos entrar para conversar um pouco.

Conversou muito tempo com Gustavo, falaram sobre muitas coisas, até mesmo a respeito da morte de seu pai, mas o que estava interessando a ela naquele momento era como Gustavo estava se sentindo a respeito da espiritualidade, de seus sonhos e tudo mais.

Gustavo sentia a preocupação da querida senhora e, aliviando-lhe o coração, disse:

– Desde que fizemos aquela oferenda ao meu protetor, as coisas melhoraram muito; não tenho tido pesadelos, nem visões iguais àquelas que me apavoravam. Desculpe-me por não ter vindo participar dos trabalhos ontem – dizendo isso terminou contando a respeito do amigo e o que havia acontecido.

A senhora sorriu; pegando suavemente em suas mãos, disse:

– Filho, eu vejo que está bem; tenho pedido muito por você em nossos trabalhos.

Gustavo então percebeu que a senhora estava sozinha e disse:

– Gostaria que fosse almoçar em nossa casa.

Dona Matilde, agradecendo, respondeu:

– Creio que hoje não seja uma boa ideia, sua mãe talvez não fique à vontade; certamente se lembrará ainda mais de seu pai se me vir. Vamos deixar o convite em aberto para outro dia, quem sabe? Afinal, o mundo não irá acabar – rindo, acompanhou Gustavo até o portão e foi com um grande abraço que se despediram.

Quando chegou a casa, Tainá já o aguardava; ela não sabia da espiritualidade de Gustavo, portanto, sua irmã apenas disse que ele tinha saído para resolver alguns problemas e que logo voltaria.

Tainá correu para abraçá-lo, ele como sempre a rodopiou segurando sua cintura e, por fim, entregaram-se a um caloroso beijo. Carolina, que assistia a tudo, sorriu e disse:

– Que tal se todos nós fossemos almoçar?

Os dois, felizes, saíram logo para reunir-se aos demais.

Jéferson a todo instante lançava elogios a Carolina; acredito que todos na casa já haviam desconfiado do que o amigo estava pretendendo; até mesmo Carolina parecia estar gostando muito da ideia. Ela havia terminado de colocar um bolo de milho para assar para o café da tarde; sentou-se na mesa para almoçar, claro que ao lado de Jéferson.

Apesar dos acontecimentos, Gustavo estava feliz, pois todos estavam bem depois de ter se colocado melhor a par da situação que seu pai havia deixado a família. Ele se surpreendeu, pois mesmo não ganhando muito bem, não tinha deixado muito dinheiro guardado, mas com carinho até conseguiu deixar uma poupança pequena para as filhas. Também não tinha deixado nenhuma dívida rolando, o que fazia com que as coisas seguissem muito melhor.

Jéferson sugeriu enquanto almoçavam:

– Gustavo, por que não manda instalar um telefone aqui na casa? Afinal, hoje em dia isso já não é supérfluo, e sim necessário, principalmente agora que está longe, ficaria mais fácil para todos manterem contato.

As jovens adoraram a ideia, mas Carolina, mais sensata, disse:

– É, seria realmente muito bom, mas não sei se seria hora de a gente fazer mais dívidas.

Jéferson, sorrindo, disse:

– Bem, já são todas moças e já entendem bem que de agora em diante será um novo começo, creio que cada uma de vocês saberia fazer uso dele com a consciência de que isso seria apenas para coisas importantes e contato com seu irmão, certo?

Os olhos das jovens brilharam e mais que depressa Ana Rosa disse:

– Mãe, tanto eu quanto minhas outras irmãs sabemos que agora por algum tempo as coisas irão ficar mais difíceis para todos nós, mas eu logo estarei trabalhando e creio que, se Gustavo nos ajudar, se caso houver necessidade, é claro, poderíamos, sim, ter um telefone em nossa casa.

Cláudia ficou pensativa, depois respondeu:

– Podemos até tentar; se der certo, tudo bem; caso contrário, tomaremos outras providências.

Foi uma excelente notícia para todos; afinal, as garotas sentiam realmente falta do telefone na casa, pois era difícil ainda uma casa ali por perto que não tivesse algum aparelho ligado; também já não era assim tão difícil conseguir adquiri-lo.

Tainá falou da saudade que Jéferson havia deixado no acampamento; todos haviam gostado dele, sempre que possível gostariam que ele voltasse lá. Todos sorriram, até Gustavo, mesmo sabendo que o amigo de primeira conseguiu ganhar o coração de todos no acampamento. Naquela tarde não ficaram conversando muito, pois já estava tudo arrumado e, após tomarem o café da tarde, foram embora. Dali para frente as coisas terminaram por se acomodar em poucos meses.

Gustavo Visita a Casa de Caridade Portal da Luz

Já fazia quase dois anos que Gustavo cursava a Escola de Oficiais, faltava muito pouco para que ele não fosse obrigado a ficar em sistema interno; sua amizade com Jéferson continuava ainda maior.

Uma tarde, conversando, os dois trocavam ideias sobre o que fariam no terceiro ano de curso. Jéferson, depois de muito pensar, terminou sugerindo ao amigo, já que se davam muito bem, que alugassem um pequeno apartamento para os dois; assim teriam mais liberdade e poderiam sair um pouco mais para descontrair. Também, caso não fossem viajar em todos os fins de semana, poderiam pelo menos descansar um pouco mais. Gustavo não aceitou de pronto a ideia, pediu um tempo para pensar melhor a respeito de tudo aquilo, em seguida foram dormir.

Naquela noite os pensamentos de Gustavo se confundiam, não sabia se deveria ou não sair do Quartel e morar em algum lugar mais tranquilo. Sabia que assim teria mais responsabilidades, mas já estava cansado daquela rotina. Se não fosse todo o amor que sempre teve pela carreira militar, certamente já teria se desligado.

Três meses antes de completar dois anos, Gustavo foi com o amigo conhecer sua casa e sua família. A viagem para conhecer uma nova cidade o deixava muito ansioso, mas em poucas horas estavam em Ribeirão Preto. Quando chegaram, Clóvis, o pai de Jéferson, já os esperava na rodoviária. Ao chegarem, o almoço já estava sendo colocado na mesa. Jéferson apresentou a Gustavo sua mãe e seus irmãos Bruno e Karina.

Almoçaram. Em seguida, Jéferson convidou Gustavo para dar uma volta de carro, teria prazer em mostrar sua cidade ao amigo, saíram quase a tarde toda. Gustavo achou a cidade muito bonita.

À noite Jéferson convidou o amigo para que ambos fossem assistir ao trabalho espiritual feito por seus pais. Gustavo de início pensou um pouco, não sabia nem nunca tinha visto nada da área kardecista, foi então que Jéferson disse:

– Que foi, sinto que está preocupado com alguma coisa, quer me falar?

– Não sei se deveria ir, nunca fui nesse tipo de trabalho; como sabe sou médium de Umbanda, como já faz muito tempo que não participo dos trabalhos, temo por algo que não sei bem explicar.

Jéferson tranquilizou o rapaz dizendo:

– Amigo, espiritualidade é espiritualidade. O resto são apenas direções diferentes que nos levam a uma mesma meta: a de que devemos sempre ajudar, dentro de nossa mediunidade, aos necessitados das palavras que nos são transmitidas por meio de nossos mentores e nada mais.

Muitos desses espíritos que vêm a uma mesa branca, que é o nome que muitas pessoas usam para os trabalhos kardecistas, quantos não são os nossos Caboclos e também nossos Pretos-Velhos que se apresentam, é claro, mantendo outra postura e outro tipo de palavras? Caridade é Caridade, espíritos elevados, aqueles que usam de nosso corpo para a prática de caridade, são espíritos com um grau de evolução muito maior. Será que você pensa que o espírito de um Preto-Velho só pode se apresentar sentadinho em um banquinho, fumando cachimbo e falando daquela maneira?

Bem, sinto decepcioná-lo, muitos desses espíritos se colocam também a trabalho nessas casas espirituais, e sempre são bem recebidos, mesmo porque para eles não importa o nome com o qual se identificarão, e sim o bem que conseguem realizar em favor da humanidade. Se conhecesse melhor, se tivesse o dom da visão, saberia que mesmo nossos Exus de Lei que trabalham na Umbanda, caso trabalhem na prática da caridade, conseguem permissão para adentrar nessas sessões, claro que sempre supervisionados por mentores espirituais – disse Jéferson.

Gustavo não sabia nem o que dizer, estranhou tudo aquilo, depois pensou um pouco e falou:

– Pois bem, vamos lá; como disse, será mais conhecimento, tomara que tudo corra bem.

Já eram quase 7 horas da noite quando chegaram à casa de Caridade Portal da Luz. Sem saber o que fazer, Gustavo chegou e sentou-se enquanto os pais de Jéferson se preparavam para o início da sessão.

Às 8 horas pontualmente, os médiuns já estavam preparados para o trabalho. Apenas se via sobre a mesa, coberta com uma toalha branca, uma jarra de cristal com água; também ao lado de Clóvis o livro *Evangelho segundo o Espiritismo*, alguns papéis em branco e lápis. Era diferente do que Gustavo já conhecia; as luzes se apagaram, apenas uma lâmpada vermelha irradiava por toda sala a claridade necessária para aquele trabalho.

De início Clóvis leu uma passagem do *Evangelho*, em seguida sua mãe dava as explicações de tudo o que havia sido lido. Todos na assistência em silêncio ouviam aquelas palavras. Cada um, dentro de suas necessidades, tirava delas o proveito necessário para a sua melhora. Depois disso a mãe de Jéferson, dona Estela, levantou-se e, de médium em médium, solicitou a presença dos espíritos. Naquela noite aqueles espíritos receberiam a oportunidade para se direcionarem a um lugar melhor dentro do plano espiritual. Outros, trazendo palavras alimentadoras do bem e do amor, também completavam o trabalho daquela noite.

Tudo corria normalmente, quando um dos médiuns que já havia dado passagem a um espírito sentiu-se mal. Estela voltou-se preocupada, pois não era costume da casa que o médium desse a passagem a mais de um espírito em uma só noite; aproximou-se dele e sentiu suas mãos geladas. Estela sabia que aquela presença não se daria sem o consentimento dos mentores daquela casa, então achou melhor conversar com aquele espírito, que parecia ter algumas palavras para dizer.

Como o médium que o havia recebido era também um médium de psicografia, Estela vendo sua dificuldade em conseguir transmitir aquela mensagem, achou melhor pedir para que ele o fizesse escrevendo-a, e assim foi que, pelas mãos do médium, Gustavo recebeu a primeira mensagem de seu pai, que dizia o seguinte:

"Gustavo, filho querido. Como sinto a falta de todos vocês. Aqui onde me encontro estou sendo amparado a cada segundo, para que consiga me fortalecer mais nos domínios espirituais. Gostaria de dizer que precisa conversar melhor com o cigano, ele tem muita coisa para lhe dizer, precisa saber, é importante.

Fico feliz em saber que tudo está bem com você, meu filho. Como não tenho permissão de dizer mais nada, gostaria que contasse a todos que estou bem, graças à força dos espíritos amparadores, que o tempo todo lutam incessantemente na ajuda daqueles que ainda não se encontraram após seu desencarne. Estou conseguindo seguir o meu caminho, graças a ajuda deles. Esteja certo, meu filho, de que são muito poucas as coisas que trazemos para este lado de cá; uma delas é o verdadeiro amor. Desse seu pai, que muito o ama, Jonas".

Assim que o trabalho daquela noite terminou, Estela levou até Gustavo a mensagem de seu pai, a qual foi recebida com muito carinho por ele. Foi uma noite especial, apesar de não entender bem tudo aquilo. Gustavo gostou do que assistiu, saiu de lá com uma grande paz dentro de seu coração.

Na manhã seguinte, ainda no café da manhã, conversaram sobre o ocorrido. Karina não tinha muito conhecimento sobre a Umbanda, mas sobre Kardec amava falar e ensinar. Foi assim que terminou passando ao rapaz outras coisas de importância dentro dos trabalhos que eram feitos semanalmente naquela casa. Almoçaram rapidamente, pois em seguida seguiriam para São Paulo. Jéferson, antes que ambos caíssem no sono, perguntou:

– Então, amigo, gostou de minha família?

– Sim, são muito acolhedores, nem sei o que dizer.

– É isto aí; quando quiser vir visitá-los novamente, será bem-vindo, pois sei que também gostaram muito de você.

Depois dessas palavras e do belo almoço daquele dia, terminaram por adormecer.

Quando chegou ao Quartel, recebeu uma correspondência de Carolina; abriu rapidamente para saber o que era, mas logo se tranquilizou. Era apenas uma carta reencaminhada por ela de Daniela; Gustavo lembrou-se com prazer da amiga que já há muito não via; mais que depressa abriu para ver o que dizia.

Gustavo, eu sinto não ter escrito antes; minha vida está corrida, mas dias atrás, quando fui de férias para Dracena, fiquei sabendo do falecimento de seu pai e não poderia de forma alguma deixar de dizer algumas palavras para você e também saber como está.

Quando fui a sua casa, fiquei sabendo que está morando em São Paulo, para minha surpresa. Há três anos me mudei para lá, sozinha, é claro, pois sabe que o serviço de meu pai não o deixa ficar por um longo tempo em um local só. Minha mãe, como sempre, procura acompanhá-lo para não o deixar muito sozinho.

Pedi para que Carolina lhe enviasse minha carta. Aqui vai encontrar meu endereço; gostaria muito que você viesse me visitar um dia desses. Bem, se quiser pode trazer alguém, é claro, sinta-se à vontade.

Beijos. Daniela.

Gustavo sentiu-se feliz ao saber que a amiga estava morando também em São Paulo, precisava apenas tentar localizar onde ficava o bairro onde ela morava. Se não fosse muito longe, quem sabe qualquer fim de semana iria até lá.

Na semana seguinte, com a ajuda de outros amigos que moravam ali por perto, Gustavo viu que não era distante o local onde residia Daniela; pelo que lhe haviam informado, ficava a uns 15 minutos de onde ele estava. Na sexta-feira combinou com Jéferson de darem uma passada por lá, no fim de semana, e assim o fizeram. Era bonito o apartamento em que morava Daniela; condomínio fechado, prédio novo e dava uma bela vista para a Serra da Cantareira. Assim que chegaram, Daniela abraçou o amigo e convidou-os, após as apresentações formais, para entrar. Gustavo foi quem primeiro falou:

– Que vida engraçada, a gente morando assim tão perto e não sabíamos.

Daniela então começou a contar os acontecimentos que antecederam sua mudança para aquele local. Tinha encontrado uma boa escola de freiras, particular, para lecionar; para ela era indiferente viver em Dracena ou ali, de qualquer maneira estaria sozinha mesmo. Preferiu optar por São Paulo, ficaria um bom tempo ainda se tudo desse certo.

Jéferson, não se fazendo de rogado, perguntou:

– Não tem ninguém, namorado, ninguém mesmo? Desculpe a pergunta, é uma jovem muito bonita e certamente, se não está casada, é por pura opção.

Terminaram rindo os três. Daniela, em seguida, disse:

– Não é bem assim – e olhando para Gustavo continuou:

– Nem sempre queremos aquilo que a vida nos oferece; quando isso acontece, então temos de aprender a viver com a solidão.

Jéferson percebeu algo estranho naquelas palavras, mas a beleza da moça era estonteante. Será que Gustavo já havia tido alguma coisa com aquela jovem? Impossível, pois se assim fosse com certeza estaria junto dela até hoje. Daniela não parecia ser dessas mulheres que os homens abandonam depois do prazer.

Já eram quase 9 horas, quando Daniela resolveu preparar alguma coisa para eles comerem. Gustavo e Jéferson ainda insistiram para que ela não mexesse com nada, mas não adiantou, em menos de meia hora o jantar estava na mesa com direito a flores e tudo mais.

Jéferson, quando entrou na sala de jantar, se arrependeu de ter ido, pois aquele ambiente mais parecia ter sido preparado a dedo para duas pessoas. Ria por dentro imaginando, alguém deve ter se decepcionado.

Durante o delicioso jantar preparado por Daniela, a jovem, que já conhecia Gustavo desde pequeno, perguntou sobre o que pretendiam fazer nos próximos meses, quando então poderiam cursar em regime externo à Escola. Jéferson, adiantando-se, respondeu:

– A gente estava pensando em alugar um apartamento não muito longe, para ficar mais à vontade. Gustavo acha que isto iria trazer mais despesa, tanto do aluguel como para conseguir mobiliar.

Nisso, Daniela mais que depressa disse:

– Por que não ficam um tempo aqui em casa comigo? Gostaria muito, então não teriam problemas; aqui é de meu pai, não pago aluguel; também já está mobiliado, é só trazerem as malas e nada mais.

Gustavo, pensativo, respondeu:

– De maneira alguma, já mora aqui há três anos, talvez tenha dificuldade para dividir seu espaço com outras pessoas, sempre esteve só.

Daniela, pensando, retornou:

– Bem, mas está preocupado com o quê?

– Sabe, Daniela, não somos como você; o que sabemos fazer e ainda mal é arrumar nossas camas e lavar nossas roupas.

Em seguida, Daniela respondeu:

– Aqui não precisará se preocupar com isso, tenho uma pessoa que trabalha comigo há muitos anos. Ela ajudava em nossa casa no interior; agora, por confiança, papai achou melhor trazê-la para cá para que eu não ficasse sozinha. Como não terão despesas com aluguel, quem sabe ajudariam um pouco a aumentar o seu salário e ela cuidaria de tudo para vocês.

Jéferson escutava tudo calado, não sabia se daria certo, mas enfim não poderia negar que era uma excelente oportunidade; sabia que era pegar ou largar, mas deixou que o amigo resolvesse sozinho.

Gustavo, depois do jantar, conversou com Daniela melhor a respeito de tudo. Pediu a ela que lhe desse alguns dias para pensar; assim que tivesse uma resposta lhe telefonaria. Daniela fez questão de deixar seu telefone com Gustavo. Ainda ficaram conversando sobre outras coisas até tarde da noite, já era madrugada quando foram embora.

Na semana seguinte, à noite, horário que conseguiam ficar mais livres para conversar, Gustavo e Jéferson falaram sobre a ideia de ir ou não morar algum tempo com Daniela. Por parte de Jéferson não houve nenhum obstáculo, mas alertou a Gustavo de que talvez Tainá não aceitasse com tanta facilidade essa mudança, dizendo que poderia até terminar o namoro quando soubesse o que estariam planejando.

Depois de pensar um pouco, Gustavo respondeu:

– Mas, Jéferson, até que não seria ruim aceitar, mesmo porque não vou sozinho, você me acompanhará. Depois até para Daniela seria melhor, ela nos teria como companheiros em casa e amigos, não estaria mais sozinha. Talvez ela mesma não continue aqui por muito tempo; lembra-se de que nos falou "mais alguns anos"?

Jéferson, pensativo, respondeu:

– Sim, mas não será pior para ela caso a gente saia antes de lá?

– Daí não há nada que se possa fazer; cada um deve seguir seu rumo e, se hoje estamos aqui, coisa que nunca pensei que chegasse a acontecer, quem sabe amanhã onde estaremos?

– É, quem sabe!

Nesse momento, Gustavo pela primeira vez brincou com o amigo:

– Pelo que estou vendo não será fácil me livrar de sua companhia pelo resto de minha vida!

Jéferson sentiu seu rosto avermelhar; mesmo assim, respondeu:

– Não adianta esconder. Já percebeu que estou apaixonado por sua irmã, não é?

– Sim, amigo; e quem, em sã consciência, não perceberia?

Jéferson, aproveitando o momento, procurou se abrir mais com o amigo:

– Sabe, desde o dia em que conheci Carolina senti que ela era especial; senti muito amor, afeto, atenção, carinho e tudo mais. Não achei que chegaria a amá-la, mas dia a dia meu coração me mostrou que não consigo mais viver sem ela. O pior é que nem ao menos lhe disse isso ainda.

Gustavo, respeitando aquele momento, respondeu:

– Creio que está mais do que na hora de você conversar com ela, pois ou eu pouco me engano ou ela também sente por você a mesma coisa, mas certamente não irá dizer nada antes que você converse melhor a respeito de seus sentimentos.

– Tem razão, a próxima vez que formos até lá criarei coragem e falarei com ela. E que tal se você discutisse com Tainá sobre o que estamos pensando em fazer também, será melhor, não acha? Pelo menos não estará fazendo nada escondido. Também da maneira que ela o ama aceitará com facilidade; se é que tem confiança em você, é claro.

Dizendo isso entraram e foram dormir, pois no dia seguinte teriam muito treinamento no quartel.

Era sexta-feira quando Gustavo telefonou a Daniela expondo o que pretendia fazer naquele fim de semana; visitaria sua família e, quando voltasse, resolveria o que iria fazer. Daniela pensou em acompanhá-los até Dracena, pois agora a viagem seria melhor; depois pensou e viu que não deveria fazê-lo.

No sábado, antes de amanhecer, ambos saíram a caminho de Dracena. A viagem terminou passando rapidamente, pois assim que entraram no ônibus, estavam tão cansados que dormiram o restante do caminho. Já era por volta de 8 horas da manhã quando chegaram à rodoviária de Dracena. Dessa vez sabiam que fariam uma bela surpresa, ninguém sabia daquela visita, portanto não os esperavam.

Sua mãe já estava acordada quando chegaram. Carolina ainda tomava seu café da manhã, quando os dois entraram; ficou sem graça quando viu Jéferson entrando e ela ainda vestida com roupas de dormir e penhoar. Ia sair correndo do recinto quando Jéferson disse:

– Não saia, fique. Desculpe-me, a culpa foi minha, não deveria ter entrado de imediato com seu irmão. Vou lavar as mãos para tomar café junto com você. Agora que já nos vimos não adianta tantas cerimônias, não é, dona Cláudia?

A mãe de Gustavo terminou rindo do rapaz, mas não gostou muito da cara de Carolina, que nem mesmo o cabelo tinha penteado e terminou sem poder se retirar daquele lugar.

Tomaram todos juntos o café da manhã; conversaram sobre muitas coisas, depois Carolina pediu licença e se afastou para tomar seu banho e se trocar.

Dona Cláudia parecia estar bem, não teve grandes problemas após a morte do marido. Graças a Deus tudo decorria normalmente, ela realmente não teve de se privar de nada, muito pelo contrário, até conseguiu coisas que até então não havia conseguido.

Com outras filhas trabalhando, o sustento da casa não era tão difícil. Era verdade também que faziam questão de não precisar da ajuda do irmão nas despesas do dia a dia.

Assim que Carolina voltou à sala, chamou Gustavo para conversar na varanda, enquanto Jéferson e sua mãe conversavam sobre algumas coisas do dia a dia no quartel.

Já na varanda, Carolina disse:

– Gustavo, você deve ir até o acampamento ver Tainá e também Ramires.

– Por que diz isso?

– Parece que o cigano não anda muito bem de saúde.

Gustavo pensou em contar à irmã as novidades, mas ouvindo aquilo achou melhor omiti-las por enquanto. Estranhou a mensagem enviada pelo pai, a pressa que teve em vir para Dracena e agora também a doença do cigano. Pediu a Carolina que fizesse companhia a Jéferson, nem esperou para almoçar, foi direto ao acampamento. Chegou lá por volta do meio-dia, em poucos minutos já estava nos braços de sua amada.

Depois de muitos carinhos e juras de amor, Gustavo perguntou a Tainá sobre Ramires.

– Fiquei sabendo que Ramires está com a saúde debilitada.

– Sim, já faz alguns dias; não escrevi para você para não o preocupar, mas por mais que tentamos, não estamos vendo melhora na saúde de nosso querido cigano.

Nisso uma cigana se aproximou dizendo:

– Gustavo, Ramires quer vê-lo em sua tenda.

Apreensivo, Gustavo mais que depressa respondeu:

– Ah sim, já estava indo até lá.

Dizendo isso acompanhou aquela cigana até o local onde Ramires se encontrava. Lá chegando, percebeu realmente que o cigano tinha emagrecido e estava muito abatido. Pensou em comentar o que lhe havia acontecido em relação a seu pai, mas logo percebeu que deveria se calar. Sentiu que o momento não era de falar, mas de escutar tudo o que aquele cigano tinha para lhe contar. Entrando, sentou-se próximo à cama de Ramires, que mais que depressa lhe disse:

– Estava mesmo esperando sua chegada; sabia que estava para chegar a qualquer momento. Agora podemos conversar a respeito de muitas coisas que gostaria de lhe contar.

Aos poucos, Ramires contava para Gustavo tudo o que seu pai já sabia, mas não podia lhe passar. Em cada minuto seus pensamentos se perdiam diante de tudo o que estava sendo passado a ele por meio daquelas palavras. Ramires, após contar a verdade sobre o nascimento de Tainá a Gustavo, pediu para que ele guardasse segredo até o dia de seu casamento com ela, pois sabia que talvez não conseguisse viver até lá.

Segurando às mãos de Gustavo, fez com que o rapaz prometesse que mesmo que alguma coisa o separasse um dia de Tainá, esse segredo deveria chegar ao conhecimento dela antes que completasse 21 anos de idade.

Gustavo concordou, o que deixou Ramires mais feliz. Em seguida, indagou ao cigano o que impedia de ele mesmo contar a Tainá toda a verdade sobre seu nascimento.

Ramires, entristecido, respondeu:

– Poderá me culpar por não ter contado a ela a verdade antes, mas a realidade é que nunca disse nada por medo de que Tainá saísse para o mundo atrás de descobrir alguma coisa sobre sua família, tive mesmo medo de perdê-la.

Tainá sempre foi muito amada por todos nós, nunca soube o que de verdade aconteceu a seus pais, pois nunca mais deram notícias. Sinto que algo de ruim possa ter acontecido a eles. Não gostaria de ver Tainá jogada no mundo, em busca de alguma coisa que nem mesmo eu tinha a certeza de que ela iria encontrar. Muitos anos já se passaram, muitos caminhos se distanciaram; nós ciganos estamos sempre correndo mundo, sempre inovando pessoas e lugares.

Como disse a você, nunca mais voltamos àquele lugar onde tudo aconteceu; nem sei se ela ainda tem parentes vivos ou não. De qualquer maneira nós sabemos que Tainá jamais será aceita pelos seus. À primeira vista seria renegada e também apenas sujaria a honra de sua mãe, que tanto se esforçou para que tudo acontecesse da melhor maneira.

Um dia, quando Tainá descobrir a verdade, certamente não estarei aqui. Portanto, não terá como saber o direcionamento de nada e de ninguém que teve participação em seu passado, tudo ficará mais fácil. Se escolhi esclarecer a ela tudo, é para que se conscientize de suas verdadeiras origens. Diga a Tainá um dia, quando eu aqui não mais estiver, que não fui apenas um protetor para ela, sempre fui também seu tio por parte de pai.

Ramires entendia que após Tainá ter vivido longos anos junto aos ciganos naquele acampamento, todos aprenderam a amá-la de coração. Para eles a notícia já não traria mais tristeza, já aceitariam Tainá muito melhor do que muitos e muitos anos atrás.

Conversaram um pouco mais, Gustavo saiu da tenda e foi ao encontro de Tainá, que perguntou rapidamente por que Ramires o havia chamado.

– Estava com saudades e perguntou muitas coisas a respeito do quartel e de minha profissão.

Tainá estranhou o cigano se reportar sobre aquilo com Gustavo, não tinha por costume ficar perguntando coisas pessoais para os outros, mas enfim aceitou. Gustavo não estava se sentindo muito bem, despediu-se de Tainá, que de qualquer forma queria ir com ele, mas Gustavo, dizendo que Ramires não estava bem, pediu para que a cigana ficasse a seu lado até que ele melhorasse. Tainá aceitou, pois gostava, ou melhor, amava mesmo aquele cigano; sempre o teve como pai, foi correndo à tenda e, lá chegando, percebeu lágrimas nos olhos do cigano, mas nada dissera, apenas se sentou a seu lado e, pegando em suas mãos, cantava baixinho uma de suas músicas preferidas, assim foi que ambos se completaram na monotonia de um momento de introspecção.

Gustavo saiu do acampamento com os pensamentos confusos; a caminho sentou-se embaixo da mesma árvore que há tempos atrás adormecera, pedindo a proteção do céu. Parou para colocar ordem em seus pensamentos. Amava Tainá, mas não podia deixar de pensar que mais dia menos dia, caso desse certo seu casamento, corria o risco de ter filhos com traços indígenas, o que não era nada comum. Cigano ainda passava, pois apenas os costumes e crenças eram diferentes, mas índios, já pesava um pouco mais.

Atormentava-se com coisas que lhe vinham à cabeça, com pensamentos que o assustavam referentes a um futuro que lutava tanto para concretizar. Se já era difícil para todos aceitar seu namoro com Tainá pelo fato de ela ser uma cigana, muito mais difícil seria se soubessem a verdade.

Adormeceu; aos poucos se via frente a um Guardião coberto com vestes pretas; um manto cobria sua cabeça não deixando à vista seu rosto, apenas em seu peito pouco a pouco Gustavo conseguia enxergar uma cruz incandescente, que chegava com tal intensidade a ofuscar sua visão. Seus olhos não conseguiam se fixar nele, pois se tentasse, sentiria arder suas vistas como se estivessem sendo consumidas por um fogo elemental.

Como não conseguia olhar diretamente tudo, olhou a seu redor e viu que outros dois também parecidos com aquele o acompanhavam, e de cabeças baixas permaneciam ajoelhados enquanto o grande Guardião dizia:

– Sabe quem sou?

Gustavo, sem ousar levantar seus olhos, respondeu:

– Creio que sim, mas não posso afirmar com certeza.

– Sou o Guardião das Sete Cruzes, aquele que o sustenta desde o momento de sua reencarnação.

Gustavo, sem saber se poderia falar diretamente àquela criatura, sabendo da imensidão de seus poderes e domínios, disse:

– Sou-lhe muito grato, grande Guardião! Eu o agradeço por tudo o que tem feito por mim até este momento.

– Filho, na verdade posso auxiliá-lo, sim, mas de maneira alguma posso influir em suas escolhas e em seu livre-arbítrio. Nunca estivemos frente a frente como agora, mas desta vez foi preciso. Tem respondido ao meu auxílio e minha proteção com muita tenacidade.

Poucos como você aguentariam sem sucumbir levas e levas de débitos e compromissos firmados em Planos Inferiores sem nada argumentar.

Já foi dito a você que, se hoje está sob minha proteção, foi pelo fato de em encarnações anteriores sermos amigos e comparsas. Sempre estivemos juntos para tudo, mesmo que isso acarretasse complicações para nós. Em virtude talvez dos planos de nosso Ser Maior, tivemos de nos separar um dia, isso ainda quando estávamos de passagem pela Terra. Antes, porém, firmamos um compromisso, com nosso próprio sangue, que se um de nós conseguisse superar e até mesmo sobreviver nos domínios inferiores; se um de nós tivesse ainda mesmo não em vida, mas depois da morte terrena, a oportunidade de ajudar um ao outro, então assim seria, e assim o fiz.

Esta reencarnação em que está nada mais é que fruto de meus pedidos a um Ser Maior por intermédio de minha grande Senhora, à qual presto serviço e tenho também muito respeito e admiração. Em muita coisa o ajudei, sempre pôde contar comigo em quase tudo. Hoje, sem margens de dúvidas, está quase chegando onde sempre quis, pois até nisso o ajudei, abrindo a você a oportunidade de trabalhar com aquilo que mais lhe desse empolgação e prazer, que é a área militar. Mas... Filho, daqui para frente terá de seguir mais sozinho. Já não tenho mais permissão de interferir tanto em seu destino livrando-o de muitas coisas que casualmente serviriam para empurrá-lo para uma energia bem pior. Deixo claro, porém, que estará de agora em diante entregue à proteção da Senhora Oxum das Sete Pedras e, em sua esquerda, o Exu das Sete Pedras, que nada mais é do que sustentador da concepção.

De hoje em diante deve seguir outros caminhos; o que prometi um dia ainda na carne, já se cumpriu, minha parte já foi feita, portanto, cabe a você de agora em diante se policiar e vigiar, não esquecendo nunca que apenas cairá novamente caso aja contra o mistério da concepção. Apenas nesse mistério não terá oportunidade, será entregue ao lodo e ao inferno do qual o tirei tempos atrás. Quando acordar, nada lembrará; apenas deixarei sempre um sentimento de culpa em seu mental e em seu coração, quando tiver de atuar no que se refere à própria fertilidade e à concepção. Dessa maneira, filho, estarei auxiliando-o, mesmo longe e fora já de meus domínios. Que seu futuro se cumpra, que você não desperdice a oportunidade que lhe foi oferecida por superiores dentro da espiritualidade – concluiu o Guardião.

Dizendo isso, aquele Guardião levantou-se de seu trono, dentro dos domínios do mistério das Sete Cruzes, e com seu braço esquerdo colocou no espírito de Gustavo uma energia imensa, que ele sentia como se fossem chamas intensas saindo de seu corpo espiritual.

Após isto, o grande Guardião pegou em seu braço direito, colocou sua mão sobre a dele e disse:

– Vá, meu filho, confio em você. Firme-se e se destaque em tudo que aprendeu até então dentro de meu mistério. Que pela Fé possa você se sobressair e, quem sabe, até criar novas opções de direcionamentos, não somente para você como também para muitos outros necessitados.

Dizendo isso, como por encanto, desapareceu da frente dele, apenas restando de seu lado esquerdo um Exu que se identificava como Exu das Sete Pedras, que havia sido direcionado para lhe dar proteção, até que se cumprisse sua missão aqui na Terra, dando-lhe somente a sustentação permitida, dentro de seus domínios espirituais.

Caminhou um pouco atrás dele e quando chegaram a um local onde tudo começava a clarear, disse:

– Vá, Gustavo, não perca todos os ensinamentos dados a você; se precisar me chame, estarei sempre pronto a ajudá-lo naquilo que me for permitido.

Aos poucos Gustavo acordava da madorna, não se lembrando de nada; terminou saindo daquele lugar encabulado; era a segunda vez que adormecia embaixo do pé daquela frondosa figueira. Levantando-se e, tentando conciliar seus pensamentos, voltou para sua casa. Por mais que tentasse não conseguia esconder suas preocupações. Ao entrar, Carolina e sua mãe perceberam que algo não estava bem, não demorou muito para que sua mãe perguntasse:

– Tudo bem no acampamento, filho?

– Sim, mãe, está tudo bem, apenas Ramires que não está com boa saúde.

– Mas é alguma coisa séria?

– Espero que não, gosto muito daquele cigano e seria uma grande perda para todos nós caso ele viesse a faltar.

– Sim, filho, mas não se esqueça de que as rédeas do destino não se encontram em nossas mãos. Aquele lá em cima é quem as dirige, para que possamos ter maior tranquilidade e também confiança em sermos merecedores do amor que Ele dedica sempre a todos nós.

Carolina, que escutava toda a conversa, interrompendo disse:

– Mas, Gustavo, o que ele tem?

– Não sei bem, mas me parece ser portador de uma grave doença de circulação do sangue em seu corpo. Já o levaram em médicos especialistas nessa área, mas muito pouco pode ser feito.

– Mas está tomando alguma medicação?

– Sim, é claro, parece até que mais de uma, mesmo assim não afastam os chás naturais que fazem parte também de seus costumes.

Jéferson, que até então escutava calado toda aquela conversa, olhou nos olhos do amigo e disse:

– Gustavo, se o conheço bem, não é apenas isso que o aflige. Disse a Tainá o que deveria dizer?

Nisto Gustavo lembrou do que o amigo havia pedido e demonstrando espanto respondeu:

– Desculpe, mas terminei não conversando a respeito da mudança com Tainá.

Carolina logo quis saber o que de tão especial Gustavo tinha para falar com a cigana; para sua surpresa, seu irmão terminou contando a todos o que estava pretendendo fazer em relação ao término da obrigatoriedade do internato no quartel. Não só contou como também pediu a opinião de sua mãe e de Carolina. Foi com carinho que sua mãe, enquanto colocava a comida na mesa, sentou-se e disse:

– Meu filho, tomara que esteja enganada em relação aos meus sentimentos, mas não creio que seja bom para você ir morar com essa jovem.

Carolina, tentando saciar sua curiosidade, perguntou?

– E você, Jéferson, qual é sua opinião a respeito disso tudo?

Jéferson já havia pensado bastante e não via em que isso poderia trazer algo de ruim para ambos. Não deixando Carolina esperar, respondeu:

– De minha parte não vejo nada demais, até acho que seria bom, não somente para nós, mas também para Daniela. Ela está morando sozinha há muito tempo, também teremos uma pessoa de confiança que cuidará de tudo o que é nosso; não nos preocuparemos com os serviços domésticos nem alimentação.

Dizendo isso olhou para Carolina esperando por seu parecer que até então não havia sido dado. Carolina, vendo as coisas mais friamente, disse:

– Quanto a isso será melhor. Mas já se perguntaram o porquê de uma pessoa como ela, que já é independente há tanto tempo, se sujeitar a perder sua liberdade para colocar dois rapazes dentro de sua casa?

Tanto Gustavo como Jéferson não encontraram resposta. Jéferson quase arriscou dizer alguma coisa, mas certamente suas brincadeiras não seriam bem recebidas naquele momento, então achou melhor calar-se.

Gustavo, percebendo as intenções do amigo, disse:

– Não creio que deva existir um motivo especial para isso. Daniela trabalha há alguns anos em São Paulo e já deve estar cansada de ficar sozinha.

Sua mãe, vendo que as coisas não iriam terminar muito bem, solicitou para que todos se sentassem para almoçar. Depois pediu para que Gustavo fosse buscar suas irmãs e não demorou muito, todos estavam em volta da mesa saboreando a deliciosa comida de dona Cláudia.

Naquela noite Gustavo preferiu não sair, deitou-se mais cedo para ler um livro qualquer que havia encontrado por lá. Mas seu coração sabia que estava apenas arrumando uma desculpa para ficar a sós com seus pensamentos. Jéferson preferiu convidar Carolina para dar uma volta, pois não estava nem um pouco com vontade de ficar fechado em um quarto naquela noite tão bonita.

Carolina sentia em seu coração que Jéferson naquela noite falaria alguma coisa de muita importância para ambos. Observando sempre Jéferson, percebia que era despachado em algumas coisas e em outras ele era tímido; mesmo assim foram ao cinema assistir a um filme que se encontrava em cartaz naquela noite. Já havia comprado o ingresso para ambos; quando se voltou, olhou para Carolina e disse rapidamente:

– Quer namorar comigo?

Carolina, sem graça, ficou vermelha, pois não esperava que as coisas fossem daquela maneira, mas prevendo a intenção de Jéferson e a sua também respondeu:

– Acho que podemos tentar! Quem sabe somos almas gêmeas e terminamos por nos encontrar?

Dizendo aquilo ambos riram. Jéferson, pegando em sua mão, levou-a para dentro do cinema e aquela noite foi mesmo especial para os dois; trocaram carícias e longos beijos que serviram apenas para deixá-los ainda mais apaixonados.

Enquanto isso, na casa de Cláudia, Gustavo não conseguia entender nada daquilo que lia, ou pelo menos tentava ler; seus pensamentos saíam do livro e se voltavam para o que Ramires havia dito; sem entender por que se culpava por tudo o que havia acontecido em sua vida, por mais que amasse Tainá, não estava conseguindo fechar seus olhos para tudo aquilo.

Por vezes se perguntava, por que justo com ele as coisas aconteceram dessa maneira, já não era complicado demais? Agora também teria de viver com este segredo até que um dia, quem sabe, poderia falar a Tainá toda a verdade. Sem saber temia que com o passar do tempo, com a maioridade de Tainá, ela resolvesse largar tudo e sair em busca de seus pais. Existia, sim, essa possibilidade, não conseguia se ver sem sua cigana por perto. Sabia que nada poderia fazer ou argumentar a respeito disso. Ficou temeroso de que por algum motivo algo escapasse em relação ao seu segredo, também por não saber ao certo como as coisas aconteceriam em futuro próximo.

Estava com muita dor de cabeça, achou melhor tentar dormir para descansar um pouco; quem sabe com um bom sono encararia melhor todos esses acontecimentos no dia seguinte.

Logo na manhã de domingo, Tainá chegava à casa de Cláudia. Gustavo ainda estava dormindo; como Jéferson estava no quarto, Tainá achou melhor esperar que seu amado acordasse, enquanto isso ajudou Cláudia a preparar um delicioso café da manhã para todos. Tainá era muito prendada na cozinha, tinha gosto de fazer sempre coisas especiais; tinha uma mão maravilhosa para assados e também para pães, por isso enquanto Cláudia fazia um bolo de laranja, Tainá rapidamente fez a massa do pão, deixou descansar por algum tempo e quando os rapazes chegaram à cozinha, ela já estava tirando os pães do forno; o cheiro estava irresistível.

Assim que chegou à cozinha Gustavo beijou Tainá no rosto, em seguida perguntou por Ramires e ficou feliz ao saber que estava melhor. Tomaram o café da manhã, ainda estavam na mesa quando Jéferson pediu a todos um minuto de silêncio e, assim que conseguiu, falou:

– Gostaria de comunicar a vocês meu namoro com Carolina. Espero que dona Cláudia não se oponha a isso, é claro.

Cláudia, sentindo o embaraço de ambos, disse:

– Fico muito feliz, já esperava por isso, até que demorou muito – dizendo isso todos caíram na risada.

As irmãs de Carolina correram para abraçá-la, sabiam do empenho que a irmã sempre deu a toda a família; sempre deixou de pensar em si mesma para pensar em quase tudo naquela casa. Hoje certamente todos estavam felizes, era um dia muito especial. Assim que saíram da mesa, Jéferson disse a Gustavo:

– Não acha que deveria aproveitar o momento e conversar melhor com Tainá a respeito de Daniela?

Gustavo sabia que talvez encontrasse problemas em relação a isso, mas também não poderia omitir uma coisa dessa; sabia que mais dia menos dia ela descobriria e então seria pior.

– É verdade, tenho de conversar com ela agora; assim podemos voltar mais tranquilos – dizendo isso saiu da sala e convidou Tainá para um passeio na praça.

Tainá estranhou o convite do namorado. Gustavo não tinha o costume de sair em público com ela; em silêncio se perguntava: será que havia acontecido alguma coisa?

Sem colocar objeções pediu licença e saiu com Gustavo. Apesar de saberem do namoro dos dois, mesmo assim, ambos sentiam os olhares das pessoas direcionados a eles quase sempre.

Tainá estava radiante, já Gustavo parecia não se sentir muito à vontade, em razão de alguns cochichos que via pelo caminho. Como estava quente, aproveitaram para tomar sorvete; assim que pôde, Gustavo não esperou muito para entrar no assunto dizendo:

– Tainá, queria lhe falar sobre uma coisa.

– Sim, pode dizer.

– Como sabe, no final deste ano, que já está próximo, termina a nossa obrigatoriedade de ficar em regime interno no quartel.

– E então, o que está pensando em fazer?

– De início, eu e Jéferson estávamos pensando em alugar um apartamento próximo ao quartel para ter um pouco mais de privacidade, e também para não nos sentir o tempo todo dentro de um regime militar.

– Não deixa de ser uma ótima ideia. Mas como vão fazer com a casa, roupas e comida principalmente?

– É, nós também pensamos dessa maneira, além de que teríamos mais gastos, tanto com aluguel como para mobiliar, mesmo que pouco, o apartamento.

– Mas teria mesmo de sair de lá?

– Não obrigatoriamente, mas será melhor.

Gustavo percebeu que, apesar de quieta, Tainá estava com seus pensamentos em trabalho constante, imaginando o que iria mudar com tudo isso. Ele aproveitou que ela estava pensativa e disse:

– Sabe, há alguns meses eu recebi uma carta de uma amiga muito antiga, que inclusive estudou comigo e até se formou no mesmo ano que eu. Na carta me dava as condolências pelo falecimento de meu pai e se mostrou surpresa pelo fato de eu estar morando em São Paulo. Deixou na carta, seu telefone e pediu para que eu ligasse, e assim o fiz.

Dizendo isso, percebeu que o rosto de Tainá mudou; mesmo assim continuou, por momento algum mentiu para a bela cigana, contou tudo o que estava pretendendo e esperou para ver a opinião da garota.

Tainá preferiu pensar um pouco mais e em seguida disse:

– Mas, Gustavo, não tem outra maneira mesmo? Não sei se me fará bem ficar longe de você e saber que está vivendo com outra garota por perto, sem contar que deve estar interessada em um de vocês dois, senão não os convidaria para tal coisa. Pensando melhor, deve ser em você, pois como disse, Jéferson só a viu na primeira visita sua na casa dela, certo?

Gustavo sentiu o ciúme da garota; procurando levar a situação de uma maneira que os dois não discutissem, disse:

– Tainá, eu espero com isso conseguir guardar um pouco mais de dinheiro para empregar em nosso futuro.

Dizendo isso Tainá pegou sua mão, afagou e disse:

– Sim, fique sabendo que não posso impedir, é claro, mas também não dou meu apoio, pois sinto que seria a mesma coisa que jogá-lo nas mãos da outra, mesmo porque nem ao menos a conheço.

Gustavo, para alegrar um pouco Tainá, disse:

– Quem sabe quando Ramires melhorar um pouco mais, eu não a leve para passar um fim de semana em São Paulo? Claro que, se estivermos morando com Daniela, pois assim não ficará sozinha e também quem sabe não ficarão amigas?

Tainá não tinha como interferir na resolução de Gustavo e sabia disso. Pelo fato de saber da dificuldade em se manterem juntos por causa da diferença dos dois, achou melhor aceitar e deixar suas desconfianças para lá. Tentando resolver aquele impasse, disse:

– Está certo, só lhe peço que não me traia nem com ela nem com ninguém. Nunca o obriguei a ficar comigo, mas já que estamos juntos, devemos nos respeitar, pois meu povo não aceita de maneira fácil traições, não temos isso como costume. Portanto pense muito bem antes de extrapolar sua conduta. Não o perdoarei caso tenha certeza de qualquer traição sua. Sou-lhe fiel e serei o resto de minha vida enquanto estiver junto a você; espero que aja da mesma forma.

Gustavo sentiu firmeza nas palavras de Tainá, abraçou-a e beijou-a e em seguida voltaram para casa dele, pois em algumas horas deveriam retornar para São Paulo e ainda não havia arrumado suas coisas. Chegaram à casa; enquanto Tainá foi ajudar Cláudia com o lanche da tarde, Gustavo no quarto contava a Jéferson como foi sua conversa. Pouco depois Carolina chegava no quarto para chamá-los para lanchar. Já estavam entrando na cozinha quando Ana Rosa e Carla apressadas se despediram dos dois e saíram para aproveitar melhor seu domingo.

Jéferson não comentou nada em particular com Carolina sobre sua futura mudança, apenas falaram sobre o assunto em sua chegada. Sabia que Carolina não se incomodaria, era mais vivida e experiente que Tainá; desde o início sentiu muito equilíbrio e segurança na jovem, portanto, não teria o mesmo problema que o amigo.

Durante a viagem de volta a São Paulo, nem Gustavo nem Jéferson conseguiram dormir, aproveitando então para acertar o que fariam em relação à mudança quando chegassem.

Conversaram um pouco e decidiram por ir morar com Daniela por algum tempo.

De início fariam uma experiência de seis meses; como não teriam de comprar móveis e tudo mais, caso não desse certo poderiam alugar sem pressa outro lugar para morar.

Alguns dias se passaram, Gustavo telefonou para Daniela marcando uma visita no próximo fim de semana e, no dia marcado, foram até lá.

Daniela, ansiosa, não cabia em si de tanta felicidade; sabia que seria tudo mais fácil para eles morarem lá; bem no fundo de seu coração sentia que era uma oportunidade única de, quem sabe, entender realmente o sentimento que a ligava a Gustavo. Antes de chegarem ao apartamento de Daniela, Jéferson disse a Gustavo:

– Creio que seria melhor se não comentássemos nada com Daniela a respeito de nossa espiritualidade, não sabemos qual é sua religião nem suas crenças. Vamos esperar um pouco mais, o tempo nos mostrará sem dúvidas o momento certo para que possamos nos abrir em relação ao que somos – Gustavo viu que o amigo não deixava de ter razão e aceitou prontamente esconder por algum tempo sua espiritualidade.

Tocaram a campainha. Dona Thereza, uma senhora de seus 50 e poucos anos, veio recebê-los; em poucos minutos já estavam na sala aguardando a chegada da jovem que havia saído para comprar alguma coisa para o lanche daquela tarde.

A senhora olhava-os de uma maneira estranha, principalmente para Gustavo; mesmo conversando com Jéferson, por vezes Gustavo virava e percebia o seu olhar. No início não estranharam, pois para aquela senhora realmente eram dois estranhos; a responsabilidade sobre a casa era toda dela. Não demorou muito para que Daniela chegasse, estava radiante, mais bonita do que nunca, a alegria que sentia parecia fazer com que seus olhos ficassem ainda mais brilhantes. Abraçou ambos, em seguida pediu licença para levar o que tinha em suas mãos para cozinha, mas logo voltou.

Assim que chegou novamente à sala, Gustavo disse:

– Daniela, estamos aqui para confirmar se ainda aceita que nos mudemos para cá, ou já mudou de ideia?

Daniela, tentando não demonstrar sua alegria, respondeu:

– De minha parte a proposta continua, e vocês o que resolveram?

– Se está tudo bem para você, podemos então nos mudar no fim do mês que vem. Tudo bem?

– Claro, Gustavo, a única coisa que terão de comprar são duas camas de solteiro, o resto creio que tenha tudo aqui o que possam vir a necessitar.

Jéferson, procurando entrar na conversa, disse:

– Podemos comprar isso na semana que vem, mandamos entregar aqui, depois na semana seguinte poderíamos organizar tudo, o que acha?

Como para Daniela estava perfeito, respondeu:

– Façam como achar melhor. Não vejo problemas em que Thereza receba esses móveis para vocês, até porque assim, quando chegarem, tudo estará em seu devido lugar.

Nisso Jéferson, percebendo que todos os cômodos estavam mobiliados, perguntou:

– Mas o que fará com as mobílias dos quartos?

Daniela sorrindo respondeu:

– Podemos passar mais um jogo de sofá para a sala, seria melhor; os guarda-roupas ficam para uso de vocês.

Gustavo não estava se sentindo à vontade; era estranho, mas não estava acostumado a morar na casa de ninguém; mesmo assim, disse:

– Não vejo necessidade de desocupar os dois quartos, apenas um irá nos servir muito bem. Estamos acostumados no quartel a não ter muitas mordomias, portanto podemos usar apenas um dos quartos, o outro continuaria como está.

A jovem terminou concordando, pois um de seus quartos havia sido transformado em um pequeno escritório, onde fazia seus trabalhos e programações para a escola. Mesmo para os dois seria bom conservar daquela maneira, pois quando precisassem teriam um local mais tranquilo para escrever, ler ou coisas mais. Pedindo licença, Daniela foi até a cozinha arrumar alguma coisa para todos lancharem. Enquanto isso, Gustavo e Jéferson desceram para comprar um champanhe para brindar a nova etapa que estaria por vir aos três. Quando voltaram com a bebida nas mãos, Daniela já estava com tudo arrumado na mesa; brindaram e trocaram ideias a respeito do futuro de cada um.

O tempo passou rapidamente; no dia marcado, mudaram-se para o apartamento da amiga. Combinaram com Thereza uma quantia além de seu salário normal, para que ela os ajudasse com seus pertences, suas roupas e também na alimentação, o que agradou a senhora, pois tinha pouco serviço na casa porque Daniela saía pela manhã e apenas voltava à tardezinha. Ficava uma grande parte do tempo sozinha, o tempo que gastava entre a arrumação da casa e alimentação de ambas era muito pouco. Agora sabia que teria mais serviço durante o dia, ganharia bem mais e também não teria de ficar matando o tempo lendo ou assistindo à televisão durante a tarde toda.

A rotina daquela casa mudaria gradualmente de acordo com os novos acontecimentos, até mesmo para Daniela não seria tão fácil se adaptar com tudo. Até que para os rapazes não mudaria muito, pois quase não ficavam em casa, também estavam acostumados a conviver com muitas pessoas que nem conheciam.

Sempre que Gustavo chegava à casa, Daniela já estava lá. Na escola lecionava até as 5 horas da tarde, não tinha problemas pela manhã porque os rapazes saíam muito mais cedo que ela, não atrapalhava em nada sua rotina matinal. Daniela tinha de estar na escola até as 7 horas da manhã, pois lecionava em dois períodos, assim terminava almoçando com as freiras e não voltava para casa antes de ter completado o segundo período. Era sempre assim, das 7 da manhã ao meio-dia e depois da 1 hora da tarde até as 5 horas. Chegava à casa em tempo suficiente para tomar seu banho e se arrumar com tranquilidade.

Com o passar dos dias, Thereza percebeu um brilho diferente nos olhos de Daniela; conhecendo sobremaneira aquela jovem, sabia que algo diferente estava acontecendo, mas achou melhor nada comentar. Daniela passou a se arrumar melhor, também a opinar sobre os pratos que Thereza fazia para o jantar. Quando Gustavo chegava, o jantar já estava quase pronto. Daniela estava sempre de bem com a vida e durante o jantar conversavam a respeito dos acontecimentos do dia.

A rotina dos rapazes em pouco mudou, continuaram a ir de 15 em 15 dias na casa de cada um. Como os pais de Daniela estavam fora, a jovem não via desculpas para acompanhá-los até Dracena. Jéferson, por sua vez, vendo a cada dia que se passava um carinho especial e um brilho nos olhos de Daniela quando eles se dirigiam a Gustavo, evitava convidá-la para ir até a casa de seus pais, pois assim não teriam oportunidade de ficarem mais perto ainda um do outro.

O Auxílio Espiritual Sempre Presente

Oito meses se passaram. Tudo continuava igual. Em uma noite Gustavo chegou do quartel com dor de cabeça, tomou seu banho e não quis jantar, foi direto para cama.

Tanto Daniela como Jéferson se preocuparam com o rapaz, sentiram que ele realmente não estava bem. Jéferson perguntou ao amigo se não queria ir até um hospital, mas Gustavo não aceitou dizendo que logo passaria, era só esperar; ficou então em seu quarto esperando que sua dor de cabeça melhorasse.

Já era tarde da noite quando Daniela resolveu deitar-se. Jéferson também foi descansar, pois no outro dia teria de levantar muito cedo para ir ao quartel; apenas Thereza ficou acordada terminando de ler seu livro na sala. Eram quase 2 horas da manhã quando conseguiu dormir. Antes disso, como todos estavam dormindo, resolveu dar uma última olhada no rapaz, para ver se estava melhor.

Chegando a seu quarto, assustou-se ao ver ao lado de sua cama um vulto escuro que parecia estar muito próximo dele. Firmando melhor seus olhos, por ter uma vidência acentuada, pôde perceber que com sua chegada o vulto havia desaparecido, deixando-a perturbada por causa de suas irradiações. Mesmo não conseguindo vê-lo, Thereza sabia que ainda estava ali, sentia estar fora do alcance de seus olhos e nada mais. Por causa da energia densa que estava tomando conta daquele quarto, a senhora abaixou-se ao lado da cama do rapaz, ajoelhou-se e fez uma oração. Era com muita bondade em seu coração que a senhora enviava por seus pensamentos energias positivas e de cura ao espírito daquele rapaz. Colocando a mão em sua testa percebeu que estava com uma febre altíssima, chegava a estar trêmulo.

Já ia saindo do quarto para pegar alguma medicação quando, mesmo de olhos cerrados, percebeu a chegada de alguém naquele ambiente. Quando ergueu os olhos, deparou-se com um foco de luz muito intenso que vinha do alto e se dirigia ao chacra frontal de Gustavo; eram luzes de muitas cores, que se misturavam, e não havia como dizer ou separar cada cor. Uma beleza incomparável, jamais vista por aquela senhora. Em todos os anos que pôde fazer uso do dom da vidência recebido por ela, nunca havia visto coisa tão bela. Em um misto de muitas cores e brilho, percebeu a chegada de uma mulher bela e radiante. Pouco conseguia definir, não conseguia firmar seus olhos em seu rosto; era um brilho tão intenso que afastava qualquer tentativa daquela senhora tentar ao menos perceber alguns traços da fisionomia da bela mulher.

Aos poucos, do lado direito da cama de Gustavo, ela levava sua mão no alto da cabeça dele. Ela trazia em sua mão uma pedra e colocou-a sobre a cabeça do jovem; não a encostou nela, e o espaço que ficou foi o bastante para que Thereza visse aquela pedra limpando o corpo espiritual daquele rapaz. Era muito visível para a senhora o trabalho que aquela mulher fazia no rapaz; conseguia em segundos sugar como se fosse um líquido escuro de dentro do mental de Gustavo. Após ter feito isso, com uma das mãos fez com que aquela pedra desaparecesse para baixo; deveria certamente estar sendo direcionada para alguma outra dimensão.

Após ter desaparecido, Thereza sentiu também que a energia daquele vulto já não estava mais lá. Tentando fixar melhor seus olhos, para não perder nada, viu a bela senhora fazer surgir em suas mãos uma pedra cor-de-rosa que mais parecia ser alguma energia viva. Eram irradiações benéficas e regeneradoras que, pouco a pouco, faziam com que Gustavo voltasse a se sentir melhor. Antes que o rapaz acordasse, a mesma senhora direcionou com suas mãos muitas luzes em direção a todos que estavam no quarto. Thereza estava imóvel, não conseguia durante o tempo todo tirar sequer seu pé do lugar.

Pouco a pouco ela desaparecia. Thereza voltou então a dar conta do que havia acontecido e, sem poder conter as lágrimas, ajoelhou-se novamente e orou para Deus agradecendo as bênçãos recebidas naquela noite. Apesar de ter uma vidência acentuada, Thereza nunca se entregou de verdade aos trabalhos espirituais. Vindo de família católica, nunca lhe foi permitido, mesmo quando era moça, frequentar alguma casa espiritual.

Depois, com a morte de seus pais, a necessidade e a falta de dinheiro fizeram com que ela se entregasse de corpo e alma ao trabalho. Viveu muitos anos com os pais de Daniela, que sempre foram para ela verdadeiros amigos, e não patrões.

Teve muita dificuldade em trabalhar sua vidência sozinha, mas sempre se colocava frente a Deus e ao seu anjo guardião pedindo que fosse poupada de ver coisas que a fizessem sentir medo. Talvez por isso não tenha visto, por mais que tentasse, nada mais a não ser um vulto quando entrou no quarto de Gustavo. Merecedora por causa de muito amor e carinho, portadora de um coração muito generoso e caridoso, muitas vezes era poupada de determinadas coisas, mesmo no plano material. Saiu do quarto de Gustavo e, passando pela cozinha, sentou-se, tomou um chá e foi para seu quarto se deitar.

Na manhã seguinte, Gustavo levantou-se normalmente como se nada tivesse acontecido. Thereza não disse nada a respeito do que havia acontecido, mesmo porque apenas via, mas pouco sabia ou entendia a respeito de espiritualidade; o pouco que sentia era graças à bagagem que trazia de outras encarnações. Todos ficaram contentes ao saber que Gustavo havia melhorado.

Naquela noite, depois do jantar, ficaram algumas horas na sala conversando como sempre sobre o dia de cada um. Um dos amigos de Gustavo do quartel o havia convidado para seu casamento que seria ainda um pouco mais para frente; fazia questão que Gustavo fosse e Jéferson também. Gustavo contou a Daniela sobre o convite; ela, com vontade de acompanhar o rapaz naquela festa, não conseguia esconder sua decepção em não poder fazê-lo.

O Segredo Deixado pelo Velho Cigano

Mais um ano se passou... Tainá sentia cada vez mais o afastamento de Gustavo. Desde a última vez em que esteve em visita ao acampamento, quando da morte de Ramires, seu cigano querido e amado, percebeu algo diferente em relação a seus sentimentos.

Com a morte de Ramires, Tainá quase adoeceu, sempre teve aquele cigano como pai. Mesmo sendo cercada de carinho e atenção, sabia que jamais ninguém no mundo iria substituir em sua vida a imagem de Ramires. Um pouco antes da morte do cigano, Tainá havia completado 20 anos de idade. Mesmo recebendo uma carta de Gustavo, não aquietou seu coração, queria na verdade que o rapaz pudesse estar a seu lado naquele dia. Ele não pôde comparecer em seu aniversário, mas por ironia do destino terminou indo dias depois ao enterro de Ramires, o que fez com que não partilhassem juntos momentos de felicidades, e sim de uma imensa tristeza que tomava conta do coração dos dois jovens, e nada mais.

Tainá viu pela primeira vez, no enterro de seu tio, Gustavo de farda; isso terminou assustando-a, pois Gustavo já era um belo rapaz, e com o fardamento então chamava muito mais a atenção de todos. Até mesmo as garotas que nunca haviam voltado sequer um olhar para ele, agora já o viam com outros olhos, e isso de certa maneira entristecia Tainá.

Gustavo não pôde ficar muito tempo com a bela cigana, terminou voltando com mais angústia e tristeza em seu coração. Agora apenas ele guardava aquele segredo que Ramires lhe confiou. Sentia que tudo o que lhe foi passado podia quem sabe terminar virando uma faca de dois gumes, pois como tinha sido proibido de falar à cigana antes de seus 21 anos, teria de guardar esse segredo por mais algum tempo. Mas por vezes se perguntava se ela aceitaria com naturalidade saber que seu segredo já há muito tinha sido desvendado e escondido por ele. Mas nada podia fazer, respeitava muito Ramires e não iria quebrar o juramento feito a ele, agora era só esperar.

Voltou para São Paulo, mais preocupado em relação à cigana. Assim que chegou, Daniela tentou de alguma maneira distraí-lo para que não ficasse pensando no que estaria acontecendo em sua cidade, mais precisamente com Tainá.

Tainá emagreceu alguns quilos, era muita a tristeza dentro de seu coração; se ao menos tivesse Gustavo por perto seria melhor. Carolina, durante o tempo que se seguiu após o falecimento de Ramires, chegou até a convidar a cigana para passar alguns dias em sua casa, mas Samira pediu-lhe que não saísse do acampamento no momento em que todos precisavam de sua presença para ajudar a preencher ainda mais o vazio que ficara da falta de Ramires. Para não magoar Samira, terminou não aceitando, pois também sentia que não deveria deixá-la sozinha, nem os demais no acampamento.

Enquanto isso, no apartamento de Daniela, os três discutiam sobre a festa de casamento de Rodrigo e Estela. O convite de casamento era para quatro pessoas, pois Rodrigo já sabia que os amigos namoravam e certamente não iriam sozinhos; teria também dessa maneira a oportunidade para conhecer as namoradas dos dois. Naquela noite, naturalmente Jéferson perguntou a Gustavo:

— Como vai fazer para ir à festa? Vai levar Tainá? Não irá sozinho que sei, preciso saber para ver o que faço.

Gustavo ainda não havia pensado nisso; de repente estava à tona o problema que o acompanhava: como levar Tainá com ele naquela festa? Não sabia nem ao menos responder à pergunta feita por Jéferson.

Daniela, percebendo a dificuldade, pois já sabia que Gustavo namorava uma cigana, disse:

— Gustavo, se quiser pode trazer Tainá para cá, assim quem sabe eu a ajude no que se refere ao traje da festa.

Nesse momento Gustavo abaixou a cabeça e, colocando as duas mãos nela, falou:

– Nossa, havia me esquecido disso. Sempre soube que seria difícil meu relacionamento com Tainá por ser cigana, mas sempre pensei também que nosso amor seria o suficiente e que teríamos a força necessária para transformar tudo o que se mostrasse contrário à nossa vontade. Mas aí está uma coisa que nunca pensei. Nem sei ao certo se ela aceitaria se vestir de maneira diferente e fora de seus costumes.

Nisso, Daniela delicadamente falou:

– Mas não tem outra opção, Gustavo, vocês estarão fardados, pelo que sei; se estiver errada, me corrija. E mesmo que a acompanhante esteja em traje a rigor, não poderá ficar o tempo todo junto a vocês, com naturalidade. Mesmo porque estarão com outros amigos e, caso Tainá não esteja vestida adequadamente ou não saiba se colocar, como fará? Desculpe-me, não quero com isso interferir em alguma coisa, apenas estou tentando evitar que aconteça coisa pior.

Jéferson, que até então estava calado, disse:

– É verdade, Daniela está certa, por mais que isso doa em você. Tempos atrás já havia pensado o que faria quando uma situação dessa acontecesse, pois de certa maneira Tainá não está acostumada com este tipo de festa. Como cigana, está acostumada com as coisas mais naturais, sem muitas exigências. Tenho certeza de que não aceitaria e, caso tentasse, terminaria se magoando, abrindo uma ferida em seu coração que por muito tempo em sua vida demoraria a se fechar.

Gustavo ouvia tudo calado, mas sabia que no fundo ambos estavam certos em relação a tudo o que tinham falado. Pensou alguns minutos enquanto Daniela e Jéferson esperavam por sua resposta; em seguida, disse:

– O que posso fazer em relação a isso, o que acham?

Jéferson sentiu que o problema do rapaz não seria solucionado com tanta facilidade, pois caso Tainá não viesse, de sua parte como faria com Carolina? Assim, respondeu:

– Gustavo, eu estava pensando em convidar Carolina para me fazer companhia, seria também uma oportunidade de ela conhecer São Paulo e também o local onde moramos. Tenho certeza de que Daniela não irá se incomodar.

Nisso Daniela, mais que depressa, respondeu:

– De maneira alguma, Jéferson; a casa não deixa de ser também de vocês, fiquem à vontade para trazer quem quer que seja; será um prazer tê-la conosco.

Jéferson continuou:

– Mesmo assim, Tainá descobrirá; caso Carolina venha até São Paulo, não vai conseguir esconder dela. Então você terá de resolver até o fim de semana, para que eu tenha tempo de preparar as coisas.

Os dias se passaram. Gustavo não conseguia sozinho tomar uma decisão a respeito de sua companhia na festa. Jéferson, vendo que Gustavo não resolvia nada, por não ter muitas opções de escolha, à noite depois do jantar tocou novamente naquele assunto dizendo:

– Gustavo, você decidiu o que vai fazer em relação ao casamento?

O amigo sabia que teria de responder, mas não conseguindo saber o que falar, perguntou:

– O que você acha? Se fosse você, o que faria?

Nesse momento Daniela entrou na sala ainda a tempo de acompanhar a conversa dos dois. Jéferson respondeu:

– Bem, eu sempre me preocupei com vocês dois pelo fato de ambos terem um direcionamento tão diferente na vida. Mesmo sendo muito lindo o amor de vocês, ou assumem de vez e lutem contra tudo e contra todos, ou terá de tomar alguma providência para que Tainá não sofra ainda mais. Pensei muito durante a semana e, sabendo que não teria coragem de descartar a companhia de Tainá, cheguei à conclusão de que poderíamos ir nós quatro: convido minha irmã e você vai com Daniela, se ela concordar, é claro.

Nesse minuto a alegria e o brilho nos olhos da jovem evidenciaram um contentamento jamais visto. Gustavo, abaixando a cabeça, nem ao menos reparando nos sentimentos de Daniela, respondeu:

– É, assim Tainá não precisaria saber e poderíamos ir ao casamento sem maiores problemas.

Jéferson percebeu que o amigo aceitou rapidamente sua proposta, sentiu a dificuldade que continuamente Gustavo enfrentaria se um dia chegasse a conviver a dois com Tainá.

Dentro do que havia escolhido para seu futuro, de modo algum, por mais que tentasse, conseguia arrumar um lugar para sua amada cigana. Sendo a sociedade da maneira que é, de forma alguma aceitaria Tainá. Jéferson sabia que o amigo teria muitos problemas parecidos pela frente, por isso teria de parar e analisar a prioridade de sua vida e de seu coração. Pediu licença para sair, antes, porém, deixou certo de que não deveriam comentar com ninguém a respeito daquela festa.

Gustavo há dias sentia-se triste, sabia que de nada adiantaria resolver esse problema, pois em pouco tempo teria muitos outros iguais. Daniela, percebendo o desespero interior do amigo, disse:

– Jéferson vai sair, resolver algumas coisas, estava pensando em sair um pouco para assistir ao filme que está em cartaz. E se fôssemos juntos, assim quem sabe consiga descontrair-se um pouco mais?

Thereza passava pela sala; quando ouviu a proposta de Daniela, sabia que a danada estava tramando alguma coisa para conseguir ganhar o coração de Gustavo. Sabia que ele já tinha um compromisso, mas não sabia quem era e não achava correta a atitude que a jovem havia tomado. Sabia que Daniela era uma boa menina, temia com isso que ela viesse a sofrer quando sentisse que seus planos não iriam terminar bem, pois pelo visto suas chances eram escassas. Thereza já tinha liberdade suficiente para conversar com Daniela a respeito de tudo, mesmo assim sempre se mostrou discreta no que se referia a seus sentimentos pessoais.

Gustavo aceitou o convite de Daniela; trocou-se e esperou por ela próximo à entrada do prédio. Assim que a jovem chegou, pegou seu carro e saíram para irem ao cinema.

A fila estava imensa, mas nem isso tirava a alegria da garota. Gustavo não estava se sentindo à vontade com ela, mas procurava não deixar transparecer isso.

Já fazia muito tempo que moravam juntos. Gustavo aprendeu a respeitar e admirar Daniela, sempre forte, audaciosa, sem limites para ultrapassar seus próprios ideais, carinhosa e atenciosa com todos os que dela se cercavam. Trabalhava muito, mas ao mesmo tempo sabia aproveitar sua vida e sua mocidade. Quase todo o fim de semana saía para passear em algum lugar, era difícil ficar em casa, isso era coisa que nunca a agradava de maneira alguma.

Daniela, vendo que Gustavo estava amuado e tristonho, saiu da fila para comprar alguns doces e também pipoca para comer a dois. Assim que teve início aquela sessão de cinema, Gustavo terminou se esquecendo de seus problemas; como Daniele havia escolhido um bom filme, terminou aproveitando seu passeio. Voltaram para casa alegres, até Gustavo se esqueceu por alguns instantes dos problemas que já faziam parte de sua vida.

Com Daniela andava tranquilo, não encontrava nos olhos das pessoas a condenação da diferença entre ambos. Já em casa, Gustavo foi para o quarto, pegou uma revista para ler, mas nem ao menos a abriu. Tainá parecia estar em sua frente, sentia muita saudade da bela cigana, mas era verdade que deveria tomar uma posição sensata a respeito de seu futuro com a garota.

Gustavo Conta a Tainá o Segredo do seu Passado

Naquela semana Jéferson e Gustavo foram para Dracena; lá chegando, Gustavo mal jogou suas coisas na cama, beijou sua mãe, abraçou suas irmãs e saiu para ver Tainá no acampamento. Quando chegou ao local, viu Tainá que estava em voltas com algumas crianças; ela, vendo Gustavo, saiu correndo para abraçá-lo. O jovem pediu a ela que o acompanhasse até sua casa, o que prontamente aceitou. Seria de muita importância para a jovem cigana aquele passeio, mas contrariamente ao que ela estava pensando que Gustavo iria fazer, ele a levou para almoçar em um belo restaurante. Tainá sentia os olhares das pessoas pelo seu modo de se vestir, não entendia o porquê de todos terem esta dificuldade de trabalhar determinadas diferenças. Desde que começou a entender algumas coisas em relação ao seu povo, não aceitava o fato de não serem bem aceitos na sociedade. Ciganos sempre seriam ciganos, muitos faziam um julgamento errado de seu povo, não eram bem-vistos em qualquer estabelecimento público.

Assim que entraram, um garoto de seus quatro anos de idade começou a puxar a saia de Tainá. Ela abaixou-se para brincar com o menino, quando então sua mãe levantou correndo e pegou o garoto, como se suas mãos fossem contagiá-lo com alguma doença incurável. A jovem cigana se sentiu aborrecida, mas não deixaria que isso e outras coisas mais estragassem a beleza daquele encontro já há tanto esperado.

Após o almoço foram até uma praça local, sentaram-se e então Gustavo lhe falou:

– Tainá, devo lhe contar algo que talvez mude sua vida.

Tainá, estranhando tudo aquilo, disse:

– O que quer dizer com isto? Está me deixando preocupada – naquele momento Tainá temia que Gustavo estivesse preparando terreno para se separar dela.

Gustavo continuou falando:

– Há dois anos, quando fui visitar Ramires, lembra-se?

– Sim, eu me lembro.

– Então, ficamos sozinhos o tempo suficiente para que ele me contasse a verdadeira história sobre seu nascimento. Estranhei o motivo pelo qual ele mesmo não havia lhe dito a verdade, mas logo que perguntei, ele me explicou que temia que você fosse embora e o deixasse. Ele a amava tanto que não sabia viver sem você, mesmo sabendo que sua vida já se findava.

Dizendo isso Gustavo colocou Tainá a par de tudo o que Ramires havia dito naquela tarde. Aos poucos, os olhos da cigana se encheram de lágrimas, ao saber a triste história de amor de seus pais, e ainda mais que Ramires era realmente seu tio.

Gustavo procurava esclarecer a Tainá algumas dúvidas que surgiam. Depois o silêncio pairava no ar, minutos que foram para Tainá o tempo suficiente para assimilar tudo, parecia ser fantasia tudo aquilo.

Sempre soube que não era filha de Samira e que Ramires era responsável por ela, mas desde criança sempre evitou fazer perguntas, entendia que nenhuma palavra mudaria o rumo dos acontecimentos. Em sua mente achava que seus pais haviam morrido em algum acidente; nunca pôde imaginar a hipótese de ter ou pai ou mãe ainda vivos. Achou estranho sua mãe ser uma índia, talvez pelo fato de ela não ter trazido quase nada dos traços indígenas, apenas seus belos cabelos negros.

Agora que sabia um pouco melhor de tudo, percebia que seus traços certamente eram mais fortes por parte de seu pai. Tainá havia puxado muito mais a ele do que a mãe.

Eram tantas as perguntas que lhe passavam pela cabeça em poucos minutos. Quem seria sua mãe? De que tribo seria? Quem sabe ainda estaria viva? Afinal Tainá ainda tinha apenas 21 anos de idade, a chance de seus pais estarem vivos seria muito grande.

Tainá teve uma reação inesperada, pediu a Gustavo que a levasse de volta para o acampamento; mesmo o jovem insistindo para que a garota fosse até sua casa, não conseguiu. Terminou fazendo sua vontade para não a magoar ainda mais. Ao chegar, Tainá se despediu de Gustavo e disse que queria ficar sozinha, para trabalhar melhor tudo em seu pensamento.

Gustavo enganou-se ao pensar que Tainá ficaria mais apegada a ele no momento em que soubesse a verdade; no entanto se surpreendeu ao ver que a bela cigana preferiu ficar só a ter sua companhia. Deixou Tainá e foi embora, combinaram que no dia seguinte ela o procuraria em sua casa, e a cigana entrou.

Naquela tarde Tainá procurou ficar sozinha, não contou nada para ninguém; apenas Samira estranhou a reação da jovem, pensou que talvez tivesse discutido com Gustavo por alguma coisa. Jamais pensou que Tainá já sabia de seu passado, até ela havia se esquecido de que tinha criado uma desconhecida.

Tainá sofria muito com tudo aquilo, entendia que Gustavo não poderia ter dito antes; por outro lado, também, pensou que seu tio Ramires, tão amado, poderia ter lhe dito a verdade tempos atrás. Seu egoísmo em esconder dela a verdade poderia ser fatal, pois agora era muito mais difícil sair à procura de sua verdadeira família.

Perguntava-se como iria conseguir notícias de sua família? Será que seus pais nunca mais entraram em contato? Será que Ramires sabia onde eles estavam? E muitas outras perguntas e pensamentos vinham em sua mente, mas sem respostas. Por minutos, entristeceu-se com seu tio Ramires; por não querer perdê-la de vista, terminou dificultando ainda mais as coisas. Durante o resto daquele dia, Tainá não saiu para nada, não falou com ninguém nem se alimentou, terminou adormecendo.

Na manhã seguinte, Tainá acordou com Samira ao lado de sua cama, com alguns pães e um copo de vinho, pedindo para que ela se alimentasse pelo menos um pouco. Tainá pegou nas mãos de Samira e começou a indagar coisas que aconteceram quando a trouxeram para o acampamento ainda recém-nascida. Samira não tinha resposta a nenhuma pergunta de Tainá, não propositadamente, mas por não ter conhecimento.

Procurando sutilmente, perguntando aos outros ciganos da tribo, Tainá descobriu onde estavam acampados no tempo em que

Ramires a trouxe. Pensando melhor, achou que se fosse procurar por seus pais, quem sabe não conseguiria encontrá-los próximos àquele lugar.

Em seguida, a bela cigana foi à procura de Gustavo em sua casa. Lá chegando, sentiu um aperto muito grande em seu peito; sentiu que seria melhor que ele não soubesse de nada, que continuasse com a alegria que sempre fez parte de seu coração. Porém Tainá não podia esconder de seu rosto preocupações por tudo o que havia acontecido a ela e a seus pais no passado. Estava ainda pensativa, quando Gustavo chegou à cozinha e sentou-se ao lado da cigana, que tomava seu chá quieta. Ao chegar sentiu Tainá diferente, via-se em seu rosto o amargor que em tão pouco tempo tomava conta daqueles olhos tão lindos e que outrora foram alegres.

Abaixou-se e beijou Tainá no rosto, sabia que talvez não fosse a melhor hora de tocar no assunto novamente, mas nada podia fazer, assim disse:

– Tainá, pensou em tudo o que lhe falei?

– Sim, Gustavo, quase não peguei no sono durante a noite.

– Conversou com mais alguém a respeito disso?

– Não, creio que não adiantaria; ninguém sabe de nada. O pouco que consegui foi descobrir onde os ciganos faziam acampamento naquela época e nada mais.

Gustavo sabia que seria difícil para ela agora sozinha trabalhar tudo em sua cabeça, por isso mesmo perguntou:

– O que pretende fazer?

– Ainda não resolvi, prefiro esperar um pouco mais para tomar alguma atitude em relação a isso.

– Mas, Tainá, eu tenho de voltar a São Paulo ainda hoje, como ficarei sabendo?

– Não se preocupe, caso resolva alguma coisa ficará sabendo, eu mandarei avisá-lo.

Nesse momento Tainá segurou ambas as mãos de Gustavo e disse com carinho:

– Gustavo, só quero que me prometa que, se por acaso eu tiver de me afastar por um tempo daqui do acampamento, não irá me esquecer e muito menos me trair.

Gustavo abraçou-a com muito amor e respondeu:

– Tainá eu lhe prometo que isso jamais irá acontecer, eu a amo muito, não conseguiria viver sem você.

Tainá pegou a mão de Gustavo e levou-o para seu quarto, tentando fazer daquele instante um marco definitivo para sua vida. Fechou a porta e abraçou Gustavo de uma maneira diferente, era tanta sensualidade que passava por seus lábios que o jovem percebeu rapidamente o que a sua cigana pretendia. E por pouco não se entregou aos seus afagos, mas sabendo que Tainá estava passando por um momento difícil em sua vida, vendo a bela cigana temerosa de um próximo afastamento mais prolongado, terminou resistindo a tudo aquilo, o que não foi fácil, pois raramente conseguia resistir às suas carícias.

O que terminou lhe dando forças para tanto talvez tenha sido a lembrança do amor dos pais de Tainá e todo o sofrimento pelo qual haviam passado. Tainá, ao se ver recusada por Gustavo, sentiu as faces corarem, viu que não deveria ter tomado aquela iniciativa, não naquele local. Gustavo, abraçando-a com respeito e carinho, disse:

– Não tema, querida, saberei esperar. Aconteça o que acontecer, saiba que estarei aqui para amá-la plena e totalmente como sempre fiz.

Sem mais palavras foram para a cozinha. Carolina, que saía do banheiro, não pôde deixar de perceber o clima entre os dois; não entendendo bem, achou melhor não chamar a atenção de ambos sobre sua presença.

Naquela tarde Gustavo voltou para São Paulo, mas estava muito triste por não poder ficar mais próximo a Tainá no momento em que ela muito precisava. Jéferson, tentando descontraí-lo, começou a conversar a respeito da festa de casamento que se daria na próxima semana.

Chegaram a São Paulo ao anoitecer. Daniela já esperava com o jantar pronto. Assim que entraram, conversaram durante alguns minutos e em seguida foram jantar. Daniela, tentando esconder sua curiosidade sobre os acontecimentos daquela viagem, preferiu esperar que um dos dois falasse alguma coisa e nada perguntou. Gustavo não quis comentar nada, jantou e depois de tomar seu banho foi dormir.

Daniela esperou que o rapaz saísse da cozinha para perguntar a Jéferson o que teria acontecido para Gustavo estar diferente. O amigo, percebendo que Gustavo estava no banho, respondeu:

– Parece que alguma coisa aconteceu; não sei dizer exatamente o quê, mas percebi algo diferente entre Gustavo e Tainá.

— Eles brigaram?

— Não diria isso, mas que tem alguma coisa no ar, isso tem.

— Mas o que será?

— Quanto a isso não posso dizer, pois Gustavo não comentou nada comigo durante a viagem de volta.

Daniela ficou pensativa, será que Gustavo havia contado a Tainá sobre a festa e ela não havia gostado? Mas era só esperar, quem sabe nos próximos dias Gustavo se reportasse sobre o que havia acontecido. Em seguida, Daniela despediu-se de Jéferson e também foi para seu quarto.

Jéferson percebia que a cada dia que passava a situação do amigo piorava; como se não bastasse Tainá, agora Daniela. Apenas Gustavo não notava que Daniela o amava com todas as forças de seu coração; sempre usando de muita descrição, alimentava em seu peito um enorme sentimento de amor por Gustavo. Jéferson esperou que o amigo fosse para seu quarto, em seguida tomou seu banho e preferiu ir para cama também. Demorou para pegar no sono; gostava muito do amigo e estava apreensivo pelo motivo que fazia com que Gustavo estivesse preocupado. Chegou até a pensar que Gustavo e Tainá pudessem ter passado dos limites, depois de conversar com Carolina que lhe contou o que havia visto. Achou melhor descansar, quem sabe no dia seguinte Gustavo falasse alguma coisa, só lhe restava esperar e nada mais.

No dia seguinte, no quartel era dia de exercícios de maneabilidade a cavalos; à tarde também teria tiro defensivo, o dia se passou rapidamente. Gustavo não havia em momento algum falado nada da viagem. Jéferson achou melhor não tocar no assunto também, uma hora com certeza Gustavo ia abrir ao amigo o real motivo de sua preocupação.

Aquela semana passou rapidamente, entre muitos aprendizados sobre Defesa Pessoal e Técnicas de Policiamento. Gustavo continuava guardando apenas para si os motivos que o mantinham preocupado. Naquele fim de semana não iriam viajar, pois a festa de casamento de Rodrigo e Estela seria no sábado e certamente, no dia seguinte, teriam de descansar para a próxima semana no quartel. Estava quase chegando ao fim dos quatro anos ali, aos poucos as obrigações e tarefas pareciam aumentar cada dia mais.

No sábado logo pela manhã, Daniela saiu e foi ao salão da cabeleireira se arrumar para acompanhar Gustavo; teve tempo o suficiente para comprar um belíssimo vestido e foi com muita alegria que esperava por aquela noite. Jéferson esperava por sua irmã Karina na rodoviária, sabia que seu ônibus chegaria por volta das 10 horas e por sorte, naquela manhã, não teve de esperar muito tempo mais. Karina abraçou-o, em seguida Jéferson pegou um táxi e a levou para o apartamento. Chegaram lá por volta das 11 horas. Karina não precisava perder muito tempo em salão de beleza, pois já havia adiantado parte de seu preparo em sua cidade. Era apenas chegar, almoçar e descansar. Sabia que a noite seria bela demais.

Karina se entendia bem com Jéferson; como já estavam há tempo sem se falar, teriam sem dúvidas muito o que conversar durante a festa. Thereza recebeu a irmã de Jéferson com muito carinho; assim que Karina foi pegar seu vestido, não pôde deixar de perceber uma imensa luz sobre a áurea da moça. A senhora por vezes estranhava, pois sua visão nunca era premeditada, ou seja, nunca sabia o que ou quando teria alguma visão. Sorrindo, disse a Karina:

– Senhorita, acredito que deva dar uma passada nele antes de dependurar; por mais que tenha tomado cuidado, quando o colocar em seu corpo perceberá que as marcas ao dobrar aparecerão.

Karina, agradecendo, respondeu:

– Se puder me fazer este favor, agradeço, não quero incomodar ninguém.

A senhora, sorrindo, saiu deixando Karina no quarto de Daniela para arrumar alguns pertences; como havia combinado de ficar por lá uns três dias, tinha trazido mais roupas.

Gustavo saiu logo pela manhã para entregar o presente que havia comprado para o amigo, aproveitando também para entregar o de Jéferson, preocupando-se em se desculpar pelo motivo de o amigo não poder comparecer.

Já era quase 1 hora da tarde quando Daniela chegou. Todos estavam na sala; sorridente, abriu a porta e, antes que abrisse a boca para dizer alguma coisa, Karina falou:

– Parabéns, Gustavo. Muito bonita sua namorada.

Daniela não sabia o que fazer para esconder tanta alegria; sabia que este sonho seria muito difícil de ser realizado, até quase impossível. Mas nada disse, foi Jéferson quem falou em seguida:

– Não, Karina, lembra-se do que lhe falei no caminho? Esta é Daniela, nossa amiga com quem dividimos o apartamento.

Dizendo isso, Karina ficou sem graça; olhando para Gustavo tentou se desculpar:

– Perdão. Creio que me precipitei.

Gustavo levantou-se para fechar a porta, que até então se encontrava aberta, e respondeu a Karina:

– De minha parte, teria muito orgulho em ter uma namorada tão linda assim – dizendo isso, pediu licença e foi até seu quarto.

Thereza havia feito um almoço especial; eram quase 2 horas da tarde quando todos foram almoçar. Tudo correu normalmente durante o almoço. Aproveitando para saber notícias de seus pais, Jéferson aproveitou o espaço para encher Karina de perguntas.

Assim que terminou de responder, virou-se para Gustavo e disse:

– Gustavo, meus pais já estão sentindo saudades de você. Quando vai voltar em nossa casa?

– Assim que puder irei com certeza, eu também não vejo a hora de visitá-los.

Aquela tarde seria mesmo curta por causa da festa de Rodrigo. Por volta das 5 horas, todos foram se arrumar para o tão esperado casamento, que aconteceria na Capela Militar por volta das 7 horas da noite.

Karina foi a primeira que terminou de se arrumar; tentando não atrapalhar, sentou-se na sala e pegou uma revista para ler. Em seguida, Jéferson entrou na sala portando um belíssimo terno, o que fez com que Karina olhasse ainda com mais ternura para o irmão. Mesmo distante, sentia orgulho dele. Para Karina era motivo de alegria sentir seu irmão já um homem maduro, de boa índole, trabalhador e também de uma beleza que deixava seus traços ainda mais marcantes.

Gustavo chegou à sala e sentou-se para terminar de amarrar seus sapatos. Assim que terminou, ergueu os olhos; vendo Daniela que entrava na sala, espantou-se frente a sua beleza.

Daniela percebeu o rosto do rapaz e, agindo com naturalidade, disse:

– Estamos todos prontos, vamos então?

Jéferson, que havia percebido o olhar do amigo em Daniela, preferiu responder, pois Gustavo parecia estar muito longe da realidade e apenas olhava, mas nada conseguia dizer.

Com rapidez, voltou a si e disse:

– Estamos em quatro, podemos ir com um só carro, o que acham?

Nesse instante todos concordaram, pois seria muito mais fácil para estacionar, também poderiam usufruir cada um da presença do outro. Thereza os acompanhou até a porta de entrada do prédio; assim que saíram, a senhora não deixou de perceber o interesse do jovem pela garota.

Era mesmo difícil que alguém não percebesse a beleza daquela jovem. Daniela era uma pessoa que se vestia bem, mas com simplicidade. Ela se maquiava, em seu dia a dia, sem exageros. Procurava sempre se mostrar o mais natural possível. Talvez por isso Gustavo nunca tivesse reparado em como Daniela era bela. Thereza sabia que era uma questão de tempo; sentia que algo mudaria após aquela festa, era só esperar.

Naquele momento os jovens chegavam próximos à Capela Militar. Por sorte conseguiram deixar o carro estacionado bem perto do local onde seria realizado o casamento. Jéferson, que conduzia o veículo, pediu que todos descessem. Gustavo desceu primeiro, Karina depois; em seguida, pegou suavemente as mãos de Daniela ajudando-a a descer; seus olhos não paravam de admirar sua beleza. Após saírem do carro, Jéferson chamou Gustavo de lado e disse:

– Amigo, aqui neste dia, neste momento e durante toda a festa não deve se esquecer de que Daniela é sua namorada, pois se agir diferente todos os outros colegas perceberão e não descansarão enquanto não descobrirem o porquê de sua verdadeira namorada não ter vindo. Sabe como eles são chatos, apenas um lapso, uma falha, e terá de aguentar durante vários dias algumas brincadeiras.

Rindo, os dois se voltaram para as garotas. Jéferson pegou no braço da irmã, forçando dessa maneira que o amigo ficasse junto de Daniela naquela noite. A capela estava quase lotada. Karina nunca havia assistido a qualquer casamento que tivesse uma Guarda de Honra tão linda como aquela. Formavam uma fila lado a lado, por onde a noiva passaria acompanhada por seu pai.

Acomodaram-se, e não demorou muito para que Rodrigo se posicionasse no altar à espera de sua futura esposa; já estava com o coração apertado de tanta ansiedade, quando a Guarda de Honra deu início à cerimônia de abertura. Era tanto *glamour* que não tinha quem não sentisse o coração disparar com a chegada de Estela.

Gustavo, sentando-se ao lado de Daniela, colocou-a próxima à passagem da noiva, para que a jovem pudesse ter uma visão melhor de tudo. Sem notar, tentando não deixar nada passar despercebido, encostou-se em Daniela e aos poucos terminou abraçando-a pelas costas com naturalidade; só se atentou quando o sacerdote pediu para que todos se sentassem. Daniela estava radiante, sentiu que aqueles braços a faziam estremecer; mesmo sabendo que Gustavo não tinha nenhuma outra intenção, deixou-se levar por seus pensamentos.

Tudo foi maravilhoso, após a cerimônia todos foram convidados a participar da recepção, que seria a poucos minutos dali em outro salão da Polícia Militar. Gustavo, na saída, pegou na mão de Daniela e juntos se dirigiram para o carro. Karina, a par da vida amorosa de Gustavo, sabendo da diferença entre ele e a namorada, temia pela insistência do rapaz em manter o relacionamento com a cigana. Percebendo o carinho com que Daniela desfrutava da companhia dele, torcia para que algo acontecesse naquela noite tão especial.

Chegaram ao salão por volta das 8h30 da noite, tudo estava preparado para a bela recepção. Logo que entraram, seus amigos que também estavam acompanhados se aproximaram para conversar. Jéferson apresentou Karina como sua irmã, já Gustavo apresentou Daniela como namorada. A cada minuto que passava, sentia orgulho por ter a seu lado aquela mulher. A sensualidade de Daniela era marcante, não foram poucos os olhares que se dirigiam a ela mesmo estando acompanhada por Gustavo.

Por volta das 10 horas, já havia iniciado o baile. Gustavo não esperou muito, tirou-a para dançar e pela primeira vez pôde sentir mais de perto o calor que seu corpo emanava. Já estavam dançando há algum tempo, quando teve início uma seleção de músicas românticas. Jéferson, que dançava com sua irmã ao lado, não deixou que nada passasse longe de sua vista. Percebeu, logo ao início da música, que ambos estavam envolvidos por um sentimento perigoso, que aquilo não terminaria ali no fim da festa como o planejado. Pensando nisso, convidou

Karina para retornar à mesa; pegando uma bebida sentiu em seu coração um misto de prazer e traição.

Jéferson gostava muito de Tainá, não tinha nenhum sentimento contra ela, apenas não via um futuro belo e feliz para nenhum dos dois. Se Gustavo tivesse forçado logo de início Tainá a esconder suas origens, quem sabe mais dia menos dia ela terminaria aos poucos entrando e aprendendo com as outras pessoas da sociedade como proceder em festas mais formais.

Ele gostava muito da vida cigana, não que os ciganos fossem inferiores às outras pessoas da sociedade, de maneira alguma, via apenas que a mistura das duas origens não seria bem aceita, principalmente pelo fato de o amigo já ter uma posição mais elevada perante a sociedade. Gustavo seria em breve um oficial e apresentar como sua esposa uma cigana estava cada dia mais se tornando impossível, ainda mais trajando roupas de sua tradição. Todas essas diferenças serviriam apenas para reafirmar pela sociedade uma não aceitabilidade, isso faria com que ambos viessem a sofrer futuramente.

Enquanto Jéferson lutava contra seus pensamentos, Gustavo estava com seu rosto colado ao de Daniela, aos poucos passou a acariciar os cabelos da jovem. Em seguida voltaram para a mesa, tentando esconder o que estava mais que na vista de qualquer um, não saíram mais para dançar.

Já era tarde da noite, quase madrugada, quando voltaram para o apartamento. Ao chegarem Thereza já havia arrumado as camas; tomaram banho e após fazerem alguns comentários sobre a festa daquela noite, foram dormir. No dia seguinte levantaram-se mais tarde do que de costume, Thereza já ia iniciar o almoço quando Gustavo falou:

– Que tal se a gente fosse almoçar fora? Assim poderíamos mostrar um pouco dessa bela cidade a Karina.

A ideia foi bem aceita; em pouco tempo estavam novamente os quatro passeando pelo centro da cidade, mostrando a Karina os pontos mais marcantes, os mesmos que quando chegaram terminaram conhecendo por intermédio dos amigos que já moravam ali.

Karina ficava admirada pela beleza da cidade; apesar de morar em uma cidade de porte médio, São Paulo realmente chamou sua atenção. Almoçaram em um belo restaurante e depois resolveram aproveitar a tarde para ir ao cinema.

Apesar de a fila não estar pequena, já há alguns dias Daniela esperava a oportunidade de assistir àquele filme que teve sua estreia naquela semana. Um filme romântico era tudo de que precisava para que Gustavo se entregasse mais a ela. Jéferson e Karina não deixaram de perceber a maneira com que Gustavo se dirigia a Daniela; por pouco mesmo, talvez até pela presença e respeito aos amigos, ainda daquela vez nada aconteceu. Por mais dois dias Karina ainda ficou em São Paulo, o suficiente para estreitar ainda mais os laços de amizade com Daniela.

Enquanto isso, no acampamento, Tainá acabara de tomar uma decisão: iria procurar o paradeiro de seus pais; sentia que não teria alternativa, pois preferia a tristeza de procurar e não encontrar, à dúvida permanente em sua cabeça. Sabia que a possibilidade de algum deles estar vivo era muito grande, portanto teria de arriscar.

Em sua partida do acampamento, foi oferecido a ela dinheiro suficiente para que em momento algum passasse algum tipo de necessidade, teria pelo menos o bastante para poder se vestir e se alimentar sem precisar da ajuda de ninguém.

Dois dias antes a cigana que havia criado Tainá contou a todos do acampamento o motivo da viagem da jovem; alguns aceitaram com facilidade, outros, porém, os de mais idade, tiveram um pouco de trabalho para assimilar essa história dentro de suas cabeças.

Tainá sabia de outros acampamentos que estavam estabelecidos próximos ao local onde seus verdadeiros pais moravam, portanto sairia dali com destino quase certo. Não temia a solidão, pois a todo instante pedia que Santa Sara clareasse seus caminhos e que também a protegesse das armadilhas que o mundo costuma preparar.

Assim que estava tudo arrumado para a partida de Tainá, alguns choraram, outros mais fortes cantavam, tocavam e dançavam para que a jovem levasse em sua lembrança uma dose de alegria, mesmo que fosse ilusória, de um momento muito especial na vida da bela cigana.

Tainá viajaria de ônibus em direção ao primeiro acampamento; teria de ter paciência, pois era muito distante sua meta de chegada. Sabia que levaria mais de um mês para que pelo menos pudesse, em cada acampamento, descansar alguns dias para depois seguir viagem. Quando entrou no ônibus, sentiu um arrepio forte percorrer sua espinha; naquele segundo não viu nada, apenas sentiu um imenso amor e uma enorme saudade dentro de seu coração. Se Tainá tivesse uma visão mais aberta, veria que não seguiria viagem sozinha; seu tio Ramires estava a seu lado, e não deixaria que nada de mal acontecesse com a bela cigana.

Chorando, Tainá entrou no ônibus, que depois de algumas horas a deixaria perto do acampamento em que ficaria alguns dias para depois seguir viagem. Já dentro do ônibus, lembrou-se muito de seu querido tio e seus olhos encheram-se de lágrimas novamente, mas lá estava Ramires para mais uma vez trazer para Tainá a paz e a tranquilidade suficientes para seguir sua jornada.

Gustavo recebeu, na semana seguinte, uma carta de Tainá falando do que pretendia fazer. Naquele instante seu coração bateu mais forte, sentiu pelo afastamento de sua amada e também pela distância. Temia pelo perigo que a jovem sem muita experiência passaria, mas sabia que nada poderia fazer. Naquele momento, Tainá já estava muito longe de seus olhos, apesar de estar muito perto de seu coração.

Aquele dia para Gustavo foi muito difícil de passar. Chegando a sua casa, à noite, não quis jantar, foi ao seu quarto assim que possível e não falou com ninguém, nem mesmo com Daniela, que já havia chegado. Entregando-se à tristeza, pediu a Deus que direcionasse mais sua vida e ao mesmo tempo que protegesse Tainá. Sua beleza era o motivo de muita preocupação para Gustavo; como cigana jovem e bonita, seria facilmente assediada por outros de sua origem. Mas agora de nada mais adiantava tamanha preocupação, a sorte estava lançada. Só lhe restava confiar em seus verdadeiros sentimentos e nada mais.

Jéferson chegou e terminou jantando sozinho com Daniela, que não aguentava de tanta curiosidade. Jéferson não estava ciente de nada, estava estranhando que o amigo não mais contasse para ele as coisas como sempre havia feito, mas não podia fazer nada para mudar isso. Jéferson até pensou que Gustavo estivesse preocupado ou mesmo arrependido pelas atitudes tomadas em relação a Daniela. Acreditava que no fundo o amigo sabia das claras intenções da jovem e que, de certa forma, o que tinha feito servia apenas para alimentar ainda mais seus sentimentos em relação a ele.

Alimentado pelo medo e por suas desconfianças, Gustavo não conseguiu pregar o olho naquela noite. Em seu quarto numa penumbra constante, não deixava de perceber alguns vultos que iam e vinham ao lado de sua cama. Ele não conseguia, por mais que tentasse, identificar o que estava acontecendo, mas sentia um cansaço assustador. Estava tão inquieto e irritado que terminou levantando e indo para a cozinha para tomar um copo de água com açúcar. Ficou surpreso ao chegar à cozinha, nem tinha terminado de colocar a água no copo quando ouviu a voz de Thereza, que disse:

– O senhor não prefere que eu faça um chá bem quentinho?

Gustavo via naquela senhora muita bondade e dedicação; não querendo magoá-la, respondeu:

– Aceito, mas somente se tiver companhia para o chá.

Thereza foi logo pegando a chaleira e colocando água para ferver, enquanto isso se sentou em frente a Gustavo e não deixou de perceber que o jovem não estava sozinho, sabia que as coisas poderiam piorar. Pedindo licença por um instante a Gustavo, foi até seu quarto e pegou o *Evangelho segundo o Espiritismo*; chegando de volta à cozinha, colocou-o sobre a mesa e disse a Gustavo:

– Sabe, sempre que perco o sono, percebo que estas palavras sustentam meu espírito, dando-me novamente o equilíbrio necessário para que eu consiga dormir em paz.

Não disse mais nada; enquanto preparava o chá, orava e pedia a Deus que o jovem tivesse a força necessária para que pelo menos, por meio daquelas palavras, equilibrasse sua energia natural. Quando terminou de coar o chá, puxou a cadeira e sentou para conversar com Gustavo; pouco a pouco, iniciaram uma longa conversa. Thereza lhe perguntou:

– Gustavo, não sente falta de sua família?

– Sim, claro, mas já estou me preparando para na semana que vem ir visitá-los.

– Está sentindo falta de alguma coisa aqui na casa? Se estiver, pode me falar.

– Não, obrigado; aqui não me falta nada, apenas estou com outros problemas.

– De coração, não é mesmo?

– Sim, Thereza.

– O senhor deixou alguma namorada onde morava?

– Sim, mas infelizmente ela não está mais lá.

Aos poucos Thereza fez com que Gustavo passasse uma parte de suas preocupações para ela; por mais que não pudesse resolver nada, apenas ouvia. Sabia que de alguma forma isto já faria bem àquele jovem. Depois de quase duas horas, Gustavo pediu licença e voltou para a cama; agradeceu à senhora pelo chá e pela companhia; carinhosamente, abaixou e lhe beijou o rosto suavemente. Já estava saindo quando ouviu a senhora dizer:

– Agora pode ir, Gustavo, sua alma já está limpa e seu coração em paz, tenha bons sonos. Boa noite.

Gustavo estranhou aquelas palavras, mas a verdade é que não sabia da visão da senhora, não havia notado que havia entrado na cozinha com alguns espíritos maléficos e quando saiu já estava limpo. Com as palavras que tinha lido naquele evangelho, o carinho e a dedicação de Thereza, a paz voltou em seu coração.

O jovem já havia saído da cozinha, quando a senhora ainda viu um dos que acompanhavam Gustavo chegar próximo a ela para assustá-la. Thereza, pegando seu *Evangelho*, começou a orar e pedir a Deus que encaminhasse aquele espírito ao seu lugar de merecimento. Levantou-se e foi dormir, tinha muito o que fazer no dia seguinte.

A Busca de Tainá por Notícias de seus Pais

Naquela semana, Gustavo estava mais próximo de Jéferson; na quinta-feira, convidou o amigo para tomar um sorvete em uma lanchonete perto do quartel. Estava uma noite muito quente e então foi que, aos poucos, Gustavo colocou Jéferson a par de tudo o que não havia contado a ele até aquele momento. Por um lado, Jéferson ficou mais tranquilo ao saber que suas desconfianças não tinham razão de ser e que nada havia acontecido entre Gustavo e Tainá. Apesar de saber que não tinham muito futuro, temia pelo sofrimento da cigana. Jéferson sentia que ela sem dúvidas sairia muito mais machucada na história do que o amigo.

Voltaram para casa já era tarde da noite; a comida ainda estava colocada na mesa à espera dos dois, mais nenhum deles quis jantar. Daniela assistia à televisão quando eles chegaram, mas não perguntou nada, agiu naturalmente. A jovem sabia que não poderia nem deveria apressar os acontecimentos; sabia inteligentemente de que aos poucos teria uma oportunidade, sentia isso dentro de seu coração.

No fim de semana os dois amigos foram a Dracena. Quando chegaram, Carolina já esperava por eles. Gustavo já havia avisado dias antes quando ligou para falar com sua mãe. Assim que desceu do ônibus Carolina correu e abraçou Jéferson, estava tão feliz que não teve tempo de notar a tristeza nos olhos do irmão. Aos poucos caiu em si e, abraçando Gustavo, não comentou nada a respeito da cigana.

Chegando à casa, Gustavo cumprimentou a todos e rapidamente saiu para dar uma volta na cidade; não dizendo aonde ia, terminou preocupando a todos. Em pouco tempo estava na frente da porta de dona Matilde, que demonstrou muita alegria ao ver novamente aquele jovem rapaz. Estava colocando o almoço na mesa, ainda insistiu para que Gustavo fizesse companhia a ela. Dessa vez ele aceitou, e não se fazendo de rogado, sentou-se para acompanhar dona Matilde em seus saborosos pratos à mineira, tão gostosos que, ao final do almoço, se convidou para voltar novamente não esperando nem mesmo dona Matilde oferecer. A senhora ficou muito feliz, pois sentia muito carinho pelo jovem e, paralelamente, também tinha a missão de ajudá-lo em sua parte espiritual.

Sentaram-se na sala; enquanto a senhora pegava um cafezinho para completar aquele delicioso almoço, Gustavo reviveu em instantes tudo o que havia acontecido com ele naquela cidade. Com a chegada de dona Matilde, Gustavo despertou de seus pensamentos, foi então que ela perguntou:

– Como está sua vida na cidade grande, meu filho?

– Para falar a verdade, lá está tudo bem, graças a Deus.

– Falta muito para se formar, meu filho?

– Não, apenas alguns meses; depois, se Deus quiser, tenho de tomar alguns direcionamentos para minha vida.

– Sinto que está muito preocupado, alguma coisa o aflige, quer falar sobre isso?

Nesse momento Gustavo pensou um pouco, em seguida procurou relatar a dona Matilde os últimos acontecimentos desde sua última visita a ela. Dona Matilde ouvia com atenção. Analisando melhor, sentiu que o que estava perturbando Gustavo nada mais era que a jovem cigana. Havendo tomado outros caminhos, seu coração, mesmo tendo se passado apenas alguns dias, já sentia um vazio imenso pela falta da tão querida namorada.

A senhora percebeu que Gustavo omitia alguns acontecimentos dela, não conseguia detectar bem o quê, mas sentia que era de grande importância para ele. Tentando adentrar um pouco mais em sua parte pessoal, perguntou:

– Esta jovem que mora com você, em São Paulo, era daqui meu filho?

– Sim, seus pais moravam aqui quando ainda era criança. Ainda conservam sua casa nesta cidade, mas quase não ficam nela, por causa do serviço de seu pai exigir longo tempo fora da cidade onde mora. Muitas vezes alugam apartamentos ou casas em outros locais, para ficar um ano ou mais, dependendo da abertura que seu trabalho abrange naquele local.

Dona Matilde, analisando aquelas palavras, tentando acompanhar melhor em seus pensamentos, disse:

– Vocês já se conheciam, Gustavo?

– Sim, senhora, a gente estudava junto quando criança.

Perguntando isso, dona Matilde deixou para lá este lado da questão e voltou a Tainá. Tentando entender um pouco mais de seus verdadeiros sentimentos pela cigana, perguntou:

– Filho, você ama essa cigana Tainá?

– Dona Matilde, creio que sim; me apeguei muito a ela, agora sinto que não posso deixá-la depois de estarmos há tantos anos juntos. Sinto-me bem ao seu lado, também sinto sua falta.

Dona Matilde percebeu certa incerteza nos sentimentos do rapaz, procurou não tocar em suas diferenças e também não cogitou nada sobre seu futuro. Percebeu que Gustavo, apesar de ter parado de trabalhar dentro da espiritualidade, não estava com maiores problemas. Nesse instante, convidou o rapaz para comparecer à reunião que teria naquela tarde, coisa que Gustavo aceitou mais que depressa. Percebendo que era dia de dona Matilde abrir os trabalhos espirituais, despediu-se dela e já estava para sair quando disse:

– Poderia trazer um amigo comigo para assistir aos trabalhos?

– Sim, meu filho, é claro; dentro da Casa de Vovó Cambinda, todos os filhos de boa-fé podem entrar.

Abraçaram-se e Gustavo apesar de não ter falado tudo, por falta de tempo e oportunidade, saiu muito melhor dali. Naquela tarde foi direto à sua casa, lá chegando todos esperavam ansiosos e preocupados, quando viram Gustavo foram logo perguntando:

– Onde estava, Gustavo? Esperamos tanto que terminamos almoçando sem você.

– Fizeram a coisa certa; fui dar uma volta até a casa de dona Matilde, e como fui convidado para almoçar, aceitei.

Já estava saindo da sala quando voltou e convidou a Jéferson e Carolina para irem mais tarde assistir aos trabalhos espirituais; para sua surpresa o rapaz preferiu ir com Carolina ao cinema; afinal, já não ficavam juntos há muito tempo. Gustavo não ficou chateado, lembrou-se de Tainá, e sabia que se ela estivesse ali também, quem sabe não faria a mesma coisa.

Quando o jovem chegou ao centro naquela tarde, poucos haviam chegado; sentou-se e ficou pensando em sua vida. Aos poucos todos os lugares ficaram ocupados, estava quase na hora do início dos trabalhos. O silêncio pairava naquele local enquanto os primeiros preparativos eram feitos para a proteção dos trabalhos daquela tarde.

Gustavo observava com ansiedade o momento para sua consulta espiritual. Apesar de não ter trabalhado durante todo o tempo que esteve afastado, não se sentiu mal; apenas quando entrava no centro sentia-se atordoado e seus batimentos cardíacos se aceleravam.

Naquele dia eram trabalhos da linha de Baianos, por isso mesmo não demorou muito para que Seu Zé Pelintra chegasse em Terra e observasse seu filho que estava sentado próximo a ele. Gustavo foi chamado pelo cambone para passar por atendimento; o cambone já acompanhava Gustavo à frente de outra entidade, quando Seu Zé pediu para que seu filho fosse levado para consulta. Assim que Gustavo chegou à sua frente, Seu Zé Pelintra perguntou:

– Como vai, moço? Tudo bem com você?

– Não posso dizer que não, mas estou passando por momentos que não me trazem muita tranquilidade de raciocínio e paz para meu espírito.

Zé Pelintra já sabia o motivo pelo qual Gustavo estava se sentindo assim, por isso respondeu:

– Está triste pela separação, ou por não ter confiança suficiente na mulher amada?

– Posso dizer que talvez sejam ambas as coisas, pois sinto que sua falta me traz muita tristeza, mas também temo por ela não saber se portar diante dos obstáculos que a vida apresenta.

– Filho. Posso chamá-lo assim, não é?

– Claro, Senhor. Sinto-me muito feliz por isso.

– Lembra-se de que anteriormente foi avisado a você que o início de seu carma estaria próximo?

– É verdade, Senhor.

– Pois bem, este é o momento fundamental para vocês dois; dependerão de vocês as realizações satisfatórias para que ambos sigam em verdade o caminho que o Pai reservou a cada um.

– Mas por que diz isso, Senhor? Não será por acaso essa a mulher dos meus sonhos?

– Sabe, moço, no meu tempo era diferente. Quando se gostava a ponto de se entregar, a gente sentia isso dentro de nosso coração sem dúvidas. Sempre vivi na boemia enquanto passava pela Terra; festas, bebidas, músicas e mulheres, as mais belas que seu pensamento consiga imaginar. Não vivia apenas para uma mulher; meu coração era dividido entre todas as quais dividia meu leito e meu carinho, entende isso, filho?

– Claro. Mas então como sabia diferenciar seus sentimentos?

– Sempre amei cada uma delas de maneira diferente; sempre tinha algo de bom para oferecer e também para receber de cada uma. Nunca as enganei; sabia que não me prenderia a nenhuma delas, pois pela vida que levava isso seria um grande obstáculo, que nunca estive preparado para enfrentar em meus dias de boemia pela Terra.

Como não viam futuro em mim, procuravam saciar cada vez mais seus gostos, suas mais íntimas fantasias. Era assim que quando me despedia para ir embora, sempre tinham um sorriso enorme a me oferecer. Em cada novo coração, uma nova conquista, uma nova esperança de que um dia quem sabe eu conseguisse finalmente me prender em alguém que me fosse especial. Mas, meu filho, aí estava o grande problema... Todas eram únicas e especiais.

Bem, mas estava falando sobre você; procure perceber seus verdadeiros sentimentos, você é muito diferente, foi criado e designado para viver ao lado de uma bela e carinhosa mulher, mas, meu filho, não deve se enganar. Procure atentar ao que seus sentimentos lhe mostram e sentir a verdadeira necessidade que seu coração busca.

Hoje tem como protetora uma mãe que muito lhe mostra em relação ao amor e sabe disso. Procure se manter mais próximo ao seu Guardião, o Exu das Sete Pedras, e peça para o proteger. Em meio a tudo, precisará muito de seu apoio e de sua proteção – disse Zé Pelintra.

Gustavo abaixou a cabeça e por minutos silenciou pensativo; sabia que estava em débito com sua parte espiritual, mas pouco podia fazer naquele momento; faltava muito pouco tempo para se formar, daí então poderia ter mais tempo para se entregar de coração à sua espiritualidade.

Seu Zé Pelintra, percebendo o que se passava dentro do coração do rapaz, disse:

– Mesmo que espere um pouco mais para poder prestar a caridade aos que mais precisam, não se esqueça de dar sustentação necessária àqueles que foram designados para auxiliá-lo por todo seu caminho.

Gustavo perguntou então:

– Mas, Seu Zé Pelintra, o que devo fazer para isso?

– Meu filho, mantenha sempre uma energia boa; conheça-se melhor, aí então lhe será mostrado o que deve fazer por meio de seus sonhos. Não demore muito para fazer sua oferenda, será melhor para vocês três.

Nisso Gustavo já ia perguntando o porquê dos três, mas Zé Pelintra não deixou que seu filho dissesse mais nada. Tudo o que deveria ser dito já havia sido falado, o tempo certamente se encarregaria do resto.

Zé Pelintra chamou em seguida o Baiano de Gustavo, que já estava a seu lado desde o início de sua consulta. Pediu para que ele mesmo cuidasse de sua limpeza espiritual e que também o protegesse dos perigos aos quais ele era exposto em seu dia a dia. Gustavo recebeu seu Zé do Coco, que chegando em Terra cuidou de fazer a sua parte da melhor forma possível; cumprimentou a todos e agradeceu por tudo o que Gustavo sempre oferecia a ele. Mesmo não trabalhando na Umbanda, o jovem não se esquecia de cuidar de suas entidades, isso o ajudava a não balancear em momentos difíceis.

Depois disso Seu Zé Pelintra abraçou Gustavo, o qual escolheu como filho, e novamente disse:

– Cuidado, meu filho, não faça aos outros aquilo que não quer que façam para você, não se esqueça disso.

Os trabalhos daquela tarde terminaram por volta das 8 da noite. Gustavo aproveitou para ir rapidamente para sua casa; ainda não tinha conversado nada com sua mãe e no dia seguinte teria de ir embora depois do almoço. Chegou a sua casa, sentou-se ao lado de Cláudia, que descansava um pouco no sofá da sala; abraçou-a, em silêncio, e encostou sua cabeça no colo de sua mãe, como que cobrando por todo o carinho que não tinha como receber por causa da distância. Nisso suas irmãs entraram na sala e terminaram rindo do rapaz, mas Gustavo não levantou sua cabeça do colo da mãe; murmurou algumas palavras que fez com que as garotas se afastassem e calmamente adormeceu.

Sua mãe com carinho levantou devagar para arrumar o jantar para todos, delicadamente, colocou a cabeça do filho sobre as almofadas, encostou a porta e saiu.

Na manhã seguinte Gustavo foi até o acampamento ver se conseguia alguma notícia de Tainá, mas foi em vão; ninguém sabia de nada. Já fazia vários dias que a jovem cigana tinha viajado, depois disso não mandou notícias por ninguém, nem mesmo por carta.

Sua mãe estava preocupada, mas nada podia fazer, apenas pedia à Santa Sara que a protegesse de tudo e de todos. Gustavo voltou para casa, almoçaram e em seguida retornaram a São Paulo.

Enquanto isso, Tainá já estava há vários dias em outro acampamento cigano. Foi bem recebida por todos, mesmo estando há mais de uma semana por lá, ainda não havia conseguido descobrir nada a respeito de seus pais. Procurava não demonstrar sua tristeza perante os outros ciganos, apenas em sua dança é que exteriorizava sua infelicidade. Sabia que seria difícil saber de alguma coisa, pois muitos anos se passaram. Arrumou suas coisas e seguiu viagem para o segundo acampamento onde ficaria por mais algum tempo à procura de alguma pista que trouxesse notícias de seus pais.

Ramires, que a acompanhava durante toda sua viagem, tinha conhecimento de que seria em vão toda aquela procura. Mas por outro lado, sabia que a cigana não deveria voltar e também que seu destino estava longe dali; e se não fossem as mãos de Deus, Tainá não conseguiria cumprir na Terra o que lhe havia sido reservado pelo nosso Pai. Ramires, logo após seu desencarne, sentia-se muito sonolento; apenas muito tempo depois descobriu que já estava no plano espiritual, quando então iniciou por meio de mentores de luz, benfeitores espirituais, seu trabalho para o fortalecimento de seu espírito.

Não teve muitos problemas após seu desencarne. Sendo um espírito muito evoluído, apenas em sua transição perdeu quase toda a noção de tudo e de todos; após algum tempo já era dirigido a uma colônia de restabelecimento espiritual para trabalhar melhor seu corpo espiritual, que ainda trazia marcas de dores e sofrimentos que teve em seu desencarne. Ficou algum tempo na colônia onde era diariamente tratado com fluidos e energias benéficas para que não sentisse mais o peso do corpo que carregou aqui na Terra.

Como foi dito anteriormente, espírito já mais evoluído, pouco a pouco ia sentindo seu despertar dentro do plano de vida em que se apresentava. Certo dia, foi avisado de que receberia uma visita; ficou ansioso, queria saber quem estaria em sua procura por ali.

Estava sentado em um dos bancos do jardim quando Maria Clara, que trabalhava como assistente naquela colônia, vinha acompanhada, para sua surpresa, de seu irmão e sua amada Tainá. Longos foram os momentos entre a visão e o verdadeiro encontro. Mesmo sabendo e aceitando a vida após a morte, Ramires não ficou sabendo em vida quando seu irmão e sua cunhada desncarnaram.

Abraçaram-se e aos prantos foi que Ramires pediu perdão, principalmente a Tainá, por não ter falado a verdade à sua filha. Pediu perdão pelo egoísmo e também por tanto amor dedicado à menina que fez com que ele não contasse nada por medo de perdê-la.

Estava arrependido e desesperado. Tainá fez com que ele se levantasse e, aos poucos, levando as mãos sobre sua cabeça, trazia novamente a calma, a tranquilidade e a paz àquele espírito sofrido. Sentaram-se ao lado de Ramires, e seu irmão tentando esclarecer algumas coisas disse:

– Tudo foi difícil durante nossa fuga. Tainá estava debilitada por causa do seu parto em condições desfavoráveis. Apesar de ter levado dinheiro suficiente, isso não bastou. Estávamos próximos à tribo de Tainá, quando eu não sei o porquê, se por tristeza em virtude da sua separação da filha, ou por nervoso, terminou passando mal. Seu corpo estava febril, não conseguia caminhar com facilidade. Não tendo como deixá-la para sair à procura de alguma ajuda, fiquei sem saber o que fazer para restaurar a saúde que Tainá perdera, por ter tido um parto tão problemático. Não me sobrou alternativa; ajoelhei, orei e pedi ao Pai que me orientasse o que poderia fazer, para que não viesse a me arrepender um dia mais tarde. Sabia que, se não tomasse alguma decisão naquele momento, Tainá não iria aguentar, tinha pouco tempo de vida.

Ainda com dúvidas, percebi quando Tainá começou a perder muito sangue e, desorientado, procurei levá-la em meus braços de volta para sua tribo, não analisando naquele instante o perigo pelo qual poderíamos passar. Mas quem sabe Deus tenha tomado a frente de minhas atitudes, pois em meio ao caminho para sua tribo Tainá faleceu em meus braços.

    Foi muito doloroso para mim perder a mulher a quem tanto amava daquela maneira quase brutal. Sabia que se não fosse por mim nada daquilo teria acontecido; tão bela e com toda uma vida pela frente, agora nada mais restava fazer a não ser cuidar de seus restos mortais. Foi então que calmamente, sem o ímpeto daquele momento, resolvi enterrar Tainá por ali mesmo e voltar. Seria melhor, não estragaria por nada a imagem de Tainá perante todos os que sempre a amaram, principalmente seus pais. Com muita tristeza após ter enterrado Tainá, eu, já de volta ao nosso acampamento, fui surpreendido com uma flecha que, disparada em minha direção, tirou em segundos minha vida, sem eu nem mesmo ter tempo para descobrir de onde e das mãos de quem ela havia sido lançada. Foi assim que terminou minha bela história de amor.

    Deus, que nunca se esquece de nenhum filho seu, que dá a todos nada mais do que realmente ele necessita, fez com que em pouco tempo nossos espíritos pudessem estar lado a lado novamente. Assim, hoje nós dois trabalhamos juntos no auxílio daqueles que desencarnam sem ter nenhuma consciência desse lado divino da vida. Fazemos isso com muito amor para todos aqueles que nos são encaminhados, até quem sabe um dia podermos novamente seguir caminhada através de uma nova reencarnação para a melhora e o aprimoramento de nosso espírito.

    Ramires ouvia tudo sem dizer uma palavra; o tempo todo sofreu por ter segurado Tainá com ele, quando na verdade eram seus pais os primeiros a solicitarem pelos sonhos que a verdade fosse ocultada. Tainá estava bem entre os ciganos; mesmo seus pais não tendo tido permissão para vê-la ainda, sabiam que caso ela saísse, nova, sem destino, nada iria encontrar e também poderia se machucar frente a inúmeras dúvidas que pareciam nunca se solucionarem.

    Todo esse relato serviu para que Ramires pouco a pouco se sentisse mais leve em relação à culpa que sentia dentro de seu coração enquanto vivia e que também trouxe para o outro lado de sua vida. Ele não entendia muito bem por que lhe era permitido estar próximo da jovem cigana, enquanto seus pais, por mais que quisessem, não conseguiam. Despediram-se de Ramires, estavam em missão naquela colônia; ainda mais uma vez se abraçaram e partiram, agora já com a segurança de que o tempo não mais traria medo de outras separações.

Enquanto isso, no acampamento em que Tainá estava já há alguns dias, nenhuma novidade abria caminho para o que a jovem procurava. Já era tarde da noite quando Rúbio, jovem cigano daquele acampamento, veio chamá-la para a reunião que aconteceria logo mais. Rúbio era um jovem cigano muito belo, seu corpo escultural fazia com que seus belos olhos verdes, como os de Tainá, chamassem muita atenção sobre sua beleza. Em seu acampamento muitas ciganas dariam tudo pelo amor daquele cigano.

Assim que Rúbio a chamou para a reunião, Tainá de início pensou em não aceitar, mas alguma coisa naquele jovem fazia com que ela perdesse um pouco o controle sobre si. Não entendia bem o que acontecia, mas sabia que poderia ser a saudade e a solidão que sentia, mesmo estando junto a todos os outros ciganos.

Por volta das 8 da noite lá estavam reunidos; a fogueira marcava pelo fogo ardente o calor do Povo Cigano. Enquanto alguns ciganos tocavam belas músicas ciganas, as jovens dançavam mostrando suas belas silhuetas e, pouco a pouco, a alegria tomou conta de todos seus corações. Já por volta das 10 horas da noite, Rúbio convidou Tainá para caminhar um pouco ao lado do acampamento; a jovem aceitou, sentia que precisava mesmo conversar com alguém, e desde que chegou àquele lugar, sentiu que poderia ter Rúbio como um bom amigo. Caminhando, deram início a uma conversação que por muito tempo durou. Rúbio, iniciando a conversa, perguntou:

– Tainá... Estranho este nome em uma cigana; ou me engano, ou este é um nome indígena? Pode me corrigir se estiver errado.

– Não, Rúbio, você está certo!

Tainá não estava naquele momento preparada para contar sobre sua vida àquele jovem cigano, por isso procurou não dar muitas explicações. Rúbio, por sua vez, queria entender melhor o motivo de a cigana ter aquele nome e perguntou em seguida:

– Não ligue de perguntar isto a você: nunca teve curiosidade de saber a origem de seu nome?

– Não, acho meu nome bonito, gosto dele. O que me importa é que me identifico muito bem com ele. Por que insiste tanto, por acaso não gosta do meu nome? Acha feio?

– Não, Tainá, muito pelo contrário, é bonito; apenas digo pelo motivo de não ser tão comum uma cigana levar um nome indígena e ser aceito isso em seu acampamento e, principalmente, pelos mais velhos. Já se perguntou o porquê disso?

Tainá, já de cabeça baixa, mostrando não estar gostando muito daquela conversa, respondeu:

– Não, mesmo porque não sou curiosa.

Rúbio ficou com a face corada; entendendo o recado, mudou de assunto:

– Você tinha alguém em seu acampamento, Tainá?

Ela, percebendo aonde o jovem queria chegar, irritada por causa de tantas perguntas, disse:

– Deixei minha mãe e os outros ciganos, os quais em toda minha vida eu aprendi a amar.

Então Tainá, abaixando a cabeça, começou a chorar. Rúbio a abraçou dizendo que o desculpasse por suas perguntas, que ele não mais faria isso. Convidando-a para retornar ao acampamento, durante o caminho de volta nada mais falou.

Tainá, vendo a preocupação do cigano, sem que ele perguntasse alguma coisa, durante o caminho de volta, contou a Rúbio a respeito de seu tio Ramires. Quando Tainá tocou no nome daquele cigano, Rúbio ouviu com muito carinho tudo o que aquela jovem cigana tinha para dizer. Ele sabia que assim poderia ajudá-la de alguma maneira, sabia que estava só por ali e por instantes, colocando-se no lugar de Tainá, sentiu uma imensa tristeza tomar conta de seu coração.

Chegaram em pouco tempo ao acampamento. Tainá foi até o local onde estava acampada, enquanto Rúbio agradeceu por sua companhia e pediu que ela o desculpasse por tudo. A bela cigana sentia nos olhos daquele rapaz muita inocência e muita verdade, por isso Tainá respondeu:

– Já passou; na próxima vez estarei mais preparada para as suas perguntas. Desculpe-me por não ter conseguido interiorizar melhor meus sentimentos.

Rúbio, sem pedir, beijou o rosto de Tainá. Ela, não esperando aquilo, não teve muita reação, mesmo porque o cigano assim que terminou de beijá-la, saiu apressadamente.

Naquela noite Tainá não conseguiu dormir direito, estava muito preocupada com o futuro dos acontecimentos; já tinha saído de seu acampamento há alguns meses e até agora não tinha obtido nenhuma pista. Demorou muito para pegar no sono, mas aos poucos adormeceu.

Rúbio, assim que entrou em sua tenda, encontrou com sua mãe que o esperava. Sentindo uma tristeza no rosto de seu filho, pediu para que ele esperasse até que ela preparasse um chá, assim ambos conversariam.

Sentaram-se e Dolores, procurando tirar de Rúbio o que havia acontecido, disse:

– Eu vi que saiu com a cigana que está conosco há alguns dias; como demoraram me preocupei. Será que estou enganada ou seu coração está voltado para o amor de Tainá? É esse seu nome, não é?

– Sim, minha mãe, é este seu nome; não vai me perguntar o porquê de ela se chamar assim?

– Não, meu filho, mas queria poder dizer a ela tudo que me foi passado por meus cristais e também a confirmação de tudo que obtive por intermédio da água.

Dolores era a única no acampamento que trabalhava desde pequena vendo o passado, o presente e o futuro por meio dos cristais; quando não, por intermédio de um copo com água.

Nisso, Rúbio perguntou:

– Mãe, o que está querendo dizer?

– Meu filho, enquanto vocês passeavam, esperava por você, quando me veio uma intuição de preparar minha mesa de trabalho. Acendi uma vela, um incenso e peguei um copo com água. Fiz minha prece e minhas determinações para saber o que tinham para me comunicar por meio de meus cristais.

Em pouco tempo me foi passado que essa cigana, apesar de jovem, possui um passado de muita tristeza. Está à procura de algo que não vai encontrar, pelo menos enquanto vida tiver. Seu coração tem no momento um dono, o qual brevemente irá trazer-lhe também tristeza e decepção.

Meu filho, pelo que me foi passado, o verdadeiro amor dela está muito próximo a chegar, muito próximo... Talvez até já o tenha conhecido e não saiba ainda.

Nesse instante Rúbio alegrou-se e perguntou a sua mãe:

– Será que sou eu?

– Bem, filho, antes que a alegria vibre em todo o seu ser e o amor tome conta de seu coração, muitas pedras irão rolar. Não posso lhe garantir nada, pois não tive essa confirmação; até que tentei saber, mas não me foi permitido adentrar nesta parte.

Demoraram ainda um pouco mais trocando algumas ideias e a seguir foram se deitar.

Daquele dia em diante, Rúbio passou a ficar mais próximo de Tainá, tanto que a cigana percebeu seu interesse por ela; gostava dele, mas não da mesma forma.

Sabendo que Tainá iria ficar ainda mais algum tempo naquele acampamento, Rúbio tudo faria para conquistar o coração da cigana. Passaram a se aproximar cada vez mais. Rúbio de sua parte não escondia seus sentimentos por ela, procurava sempre se colocar pronto para o que se fizesse necessário para auxiliá-la.

Estreitando mais seus laços de amizade, Tainá resolveu abrir seu coração com Rúbio; pensou que daquela maneira ele a esquecesse e não mais mantivesse esperanças de algum futuro com ela. Mas, ao contrário do que pensava, sua história apenas serviu para ativar mais seus sentimentos, aumentando ainda mais suas esperanças. Ao saber da dificuldade que Tainá e Gustavo teriam para viverem juntos, Rúbio acelerou mais ainda suas intenções, a ponto de em uma tarde, enquanto passeava com Tainá, abrir seu coração à cigana em relação aos seus verdadeiros sentimentos por ela.

Tainá não sabia o que fazer, estava muito só e desamparada. Não disse nada, achou melhor calar-se, pois assim quem sabe não machucaria ainda mais o coração daquele que a ajudou durante todo o tempo em que estava de passagem por aquele lugar.

A Formatura de Gustavo, Agora um Novo Oficial

  Enquanto isso, em São Paulo, após quatro anos, Gustavo e Jéferson já devolviam seu espadim, que receberam como símbolo de aluno oficial. Em seguida receberiam a tão almejada espada, símbolo este de todos os oficiais. O dia do recebimento da espada estava próximo; havia sido marcado para a quarta-feira, às 7 horas da manhã. Gustavo e Jéferson resolveram convidar Carolina para assistir juntamente com sua mãe à homenagem da entrega das espadas aos formandos daquele ano.

  Na semana da formatura, Cláudia e Carolina chegaram na segunda-feira pela manhã. Optaram em vir alguns dias antes, pois sendo a primeira vez que viriam até São Paulo, poderiam conhecer melhor, com mais calma, o local onde os jovens moravam e também teriam mais tempo para conhecer e fazer amizade com Daniela. Quando chegaram, Thereza já estava aguardando as duas com o almoço colocado à mesa. Daniela e Gustavo foram até a rodoviária para buscar sua família. No caminho, enquanto Gustavo dizia a ela sobre a simplicidade de sua mãe, pessoa que nunca tinha saído de sua cidade natal, Daniela olhava no fundo dos olhos dele, o que sobremaneira deixava Gustavo desconsertado.

  Chegaram um pouco antes do horário marcado; assim que foram avisados de que o ônibus atrasaria pelo menos uns 15 minutos, aproveitaram para caminhar um pouco e tomar um refrigerante. Gustavo passou seus braços sobre os ombros de Daniela, que nada disse, apenas deixou seus pensamentos e seu coração viajarem para bem longe, para um futuro que apenas ela previa encontrar. Gustavo, não percebendo a satisfação da jovem, tagarelava o tempo todo sobre como seria a formatura, trajes, horários, etc.

Não demorou muito para Carolina e Cláudia chegarem; sua mãe, assim que viu Gustavo, estranhou que seu filho estivesse com outra garota ainda namorando com Tainá, mas não falou nada a respeito.

Gustavo apresentou Carolina a Daniela e também a sua mãe; a seguir abraçou Cláudia e deixou que Daniela e Carolina ficassem juntas para se conhecerem um pouco melhor.

Assim que Gustavo abraçou sua mãe, perguntou de Tainá. Foi com muita tristeza que sua mãe teve de admitir não ter recebido nenhuma correspondência por parte da cigana.

Gustavo entristeceu-se, pois por mais que quisesse, não podia convidar ou participar a Tainá os acontecimentos atuais. Tinha a sensação de que estava perdendo sua cigana, mas ao mesmo tempo, sem saber ao certo o porquê, sentia-se fortalecido mesmo com sua ausência.

Assim que chegaram ao apartamento de Daniela, Thereza foi logo ajudando as duas a guardarem as malas, orientando a cada uma onde iriam ficar. Cláudia percebeu desde o início que seu filho estava cercado de boas pessoas, agradeceu a Deus por tudo assim que chegou ao quarto que lhe foi determinado.

Almoçaram, depois foram para a sala conversar. Gustavo deixou sua mãe e sua irmã com Thereza e Daniela, que havia tirado uma licença de uma semana na escola onde trabalhava. Sabia que Gustavo precisaria de ajuda em razão de sua família não conhecer nada por ali. Seria desagradável deixá-las sozinhas, por isso, como já estava com férias vencidas há tempos, pediu uma licença de uma semana para curtir a família de Gustavo.

Gustavo e Jéferson tiveram de ir ao quartel no período da tarde; tinham ainda muitas coisas para resolver. Naquela semana ainda sairia a indicação de em qual batalhão iriam trabalhar; talvez conseguissem em São Paulo ou em outro local.

Os dias passaram-se rapidamente; no dia da formatura de Gustavo e Jéferson, todos estavam ansiosos pelos acontecimentos. No horário marcado, houve a cerimônia da entrega das espadas para todos os oficiais. Cláudia via seu filho com muito orgulho, sempre soube que seria muito difícil para ele conseguir chegar aos seus objetivos, mas agora sabia que tinha valido a pena a tristeza da distância e da privação da companhia de Gustavo. Ele estava radiante em um belíssimo fardamento.

Cláudia assistia a tudo com muita alegria, mas não podia deixar de notar Daniela, que não conseguia segurar as lágrimas que teimavam em cair de seu rosto. Cláudia estranhou tudo aquilo; por um segundo pensou em perguntar alguma coisa para Daniela, mas sabia que não deveria fazê-lo; estaria extrapolando seus direitos, mesmo porque estava na cara que a jovem amava Gustavo de todo coração. Daniela, assim que Gustavo se aproximou, não se aguentou de tanta alegria; pulou em seus ombros e, abraçando-o, não parava de chorar. Carolina abraçou também Jéferson e, então, tudo ficava cada minuto mais claro aos olhos daquela mãe.

Naquela noite teriam um baile no Clube dos Oficiais da Polícia Militar para comemorar a formatura dos novos oficiais. Cláudia por sua vez não aceitou acompanhar os jovens, achou melhor ficar em casa fazendo companhia a Thereza; assim teria, quem sabe, algum tempo mais livre para poder saber um pouco mais sobre tudo aquilo.

Por volta das 10 horas da noite, os quatro saíram de casa em direção ao salão de festas onde haveria o baile. Chegaram até um pouco atrasados, mas ainda conseguiram um bom lugar para poder apreciar de perto a orquestra sinfônica que tocava naquela noite.

Para Gustavo, aquela noite seria muito especial; mesmo porque, naquela mesma noite, a felicidade dele era tanta que terminou por não resistir mais aos carinhos e assédios de Daniela. Entregou-se em seus braços e foi assim que durante toda a noite, até quase amanhecer, Gustavo passou a também fazer a corte a ela. Para o rapaz, no momento, estava mais forte a presença daquela bela mulher a seu lado do que a ausência de Tainá.

Aos poucos, pela falta de comunicação da cigana, Gustavo passou a substituir seus sentimentos para Daniela. A jovem estava tão radiante que em momento algum se importou em saber se aquilo seria passageiro, por ele ter uma namorada ou se seria eterno por causa de tanta paixão. Perdeu-se em abraços e beijos durante alguns momentos no baile; isso para ela era o suficiente, conseguir ter Gustavo mais perto era quase uma graça recebida.

Já de volta para casa, Gustavo não mais se importou de esconder da irmã e também do amigo seu relacionamento com Daniela. Apenas em alguma troca de olhar que ora o acusava ora o apoiava, teria mesmo de analisar muito bem para saber o que fazer para não magoar nem ultrapassar os direitos de nenhuma das duas. Chegaram à casa já eram 5 horas da manhã; todos estavam dormindo. Naquela noite todos os quatro dormiram tranquilamente, sem tristezas ou revoltas, apenas realizações e esperanças de um amanhã melhor.

Cláudia durante o jantar do dia seguinte percebeu algo diferente entre seu filho e Daniela, mas nada disse; procurou esperar o momento certo para conversar sobre todos esses acontecimentos.

No dia seguinte Gustavo havia marcado de ir pegar o álbum de formatura para que todos pudessem ver. Já estava de saída quando sua mãe o chamou e pediu para que ele a levasse; assim, poderia conversar um pouco mais com o filho distante das outras pessoas daquela casa.

No caminho, Cláudia perguntou a Gustavo:

– Está gostando de morar junto com seus amigos?

– Sim, mamãe, é sempre bom para que eu não me sinta muito sozinho; por outro lado, tenho Thereza que está sempre a meu lado e não me falta nada. Sempre nos trata com muito amor e muito respeito, assim como faz com Daniela.

– Falando em Daniela, posso saber o que está acontecendo entre vocês dois?

– Por que pergunta?

– Bem, filho, qualquer um percebe que entre vocês existe alguma coisa a mais que uma mera amizade.

– Nossa! Não acha que está exagerando um pouco?

– Não, filho, ou ainda não percebeu que Daniela ama você de coração? Vê-se no rosto dela a paixão que sente por você.

Os olhos de Gustavo pareciam ver pela primeira vez os verdadeiros sentimentos de Daniela. Sempre a achou carinhosa demais com ele, mas não tinha percebido o quanto aquele sentimento poderia ser intenso no coração da jovem.

– É verdade, mamãe, sabe que não tinha visto isto dessa maneira.

– Meu filho, por isso resolvi acompanhá-lo até aqui, para podermos conversar melhor sobre o que está acontecendo. Não que eu tenha alguma coisa a ver em relação aos seus relacionamentos mais íntimos. Nem quando era mais jovem eu interferia em nada, lembra-se?

– É verdade.

– Filho, desculpe-me dizer, mas não posso me calar; não acha que deveria primeiro terminar com Tainá para depois namorar essa garota? Já pensou se por ironia do destino se apaixonar por ela e ainda estar preso ao compromisso que firmou com Tainá?

Gustavo, naquele instante, viu que talvez não tivesse feito a coisa certa. Parou o carro em uma praça antes de chegar à casa do amigo, desceu e convidou sua mãe para tomar um sorvete.

Entraram na sorveteria, sentaram-se e em seguida Gustavo falou:

– Mãe, Tainá nunca mais me deu notícia; nem eu sei de sua vida nem ela sabe da minha. Não tive culpa nesse afastamento, ela é que se foi; portanto, creio que deveria partir dela o contato pelos menos comigo, não acha?

– Sim, filho, mas procure entender. Tainá está passando por sérios problemas. Entenda, não estou defendendo ou acusando você nem ela de nada. Mas sinto que você está com dois caminhos para seguir em sua vida e que, enquanto não escolher em qual caminhará, poderá estar machucando o coração de pessoas que o amam e estimam.

– Sim, eu sei; a senhora tem toda a razão. Na semana que vem vou a Dracena e vou procurar saber alguma coisa a respeito do afastamento de Tainá. Tenho saudades dela, mas não posso mentir; me sinto muito bem perto de Daniela, fiquei pensando e muito como seria minha vida com Tainá. Em momento algum vi um futuro tranquilo ao lado dela.

– Mas, filho, então deve afastar-se rapidamente de Tainá; assim não somente ela sofrerá menos, como também lhe dará liberdade de seguir seus caminhos em paz. É melhor a tristeza de uma separação, do que a dor de estar sendo traída e enganada pela pessoa amada.

– É, creio que está certa em relação a isso. Vou ver o que posso fazer.

Voltando para o carro, Cláudia continuou dizendo:

– Não me perguntou nada sobre Daniela, mas vou falar. Achei uma bela jovem, educada, trabalhadora, honesta e o ama de todo coração. Só você mesmo para não ter percebido isso antes. Não tenho nada contra Tainá, mas sei que seus passos não seguem o mesmo caminho. Ficaria feliz de ter Daniela como nora, sabia?

– Mas já está pensando em me casar, nem comecei a namorar!
– Mas já está na hora de você formar uma família, não acha?
– Bem, ainda não pensei sobre isso.
– Filho, mas é verdade, gostaria de me tranquilizar mais quanto a isso. Quem sabe em breve eu não tenha alguma notícia nesse sentido?

Dizendo isso Cláudia sorriu, passou a mão sobre o ombro de Gustavo e deixaram a expectativa de um novo futuro nas mãos de Deus. Não demoraram quase nada na casa do amigo de Gustavo, logo voltaram.

Os dias se passaram, Cláudia e Carolina já estavam novamente de volta à sua cidade. Ambas já estavam preocupadas com as outras irmãs que haviam ficado sozinhas em casa. Cláudia sabia que suas filhas tinham muito juízo, mas temia no caso de alguma doença vir a se instalar em sua casa.

Tainá Acessa Acontecimentos Até Então Desconhecidos

   Muito tempo se passou. Tainá, por mais que tentasse, não conseguia sair do segundo acampamento, talvez pelo fato de seu coração ter balançado pela beleza e pelo carinho que Rúbio lhe oferecia. Dolores sabia de muito mais coisas do que na verdade comentava com seu filho. Rúbio havia convidado Tainá para ir à sua tenda falar com sua mãe, mas ela, envergonhada, ainda não tinha ido.
   Era uma tarde chuvosa quando Tainá resolveu ir falar com Dolores. Ao chegar, a cigana a recebeu muito bem. A cigana, que sempre trabalhou com os cristais, pediu para que Tainá se acomodasse para que ela pudesse ver seu futuro. A jovem sentou-se com seu coração apertado pelo sofrimento e sua insegurança em chegar a seus propósitos; pediu a Dolores que falasse tudo o que visse, que não escondesse nada dela. Dolores pegou um copo com água e, abrindo sua toalha de cetim vermelha e dourada, foi logo abrindo em círculos os cristais na mesa. Acendeu antes um incenso para aliviar a tensão do próprio ambiente, concentrou-se e a seguir começou a falar.
   – Tainá, eu vejo primeiramente que o passado é sua grande preocupação; procura ainda hoje respostas e pessoas às quais participaram mais ativamente em seu nascimento, a ponto de largar de tudo o que mais amava para lutar contra o tempo.
   Tainá por sua vez ficou calada; apenas ouvia o que Dolores tinha para lhe relatar. Sentia cada vez mais o coração disparar em seu

peito, mas ao mesmo tempo algo a fazia crer que aquele seria mesmo o grande momento, o de seu descobrimento.

Dolores, olhando firmemente nos olhos de Tainá, disse:

– Cigana, os cristais dizem que as pessoas as quais tanto procura não se encontram mais entre nós.

Naquele instante Tainá arregalou os olhos e instintivamente perguntou:

– Como pode ter tanta certeza disso?

– Bem, Tainá, certeza eu tenho, pois confio em meu trabalho; mas entendo que para você seja difícil acreditar em mim, talvez por não querer aceitar ou por uma simples desconfiança em relação a essa leitura. Mas lhe garanto, ciganinha, em três dias saberá ao certo que o que estou falando é a mais pura verdade. Está escrito que já é chegada a hora, que algumas coisas se abrirão para você por meio de seus sonhos, para que entenda melhor o que estou lhe dizendo neste momento. Tainá, será por sonhos que entenderá e confiará que não adianta sair à procura do nada, pois o que procura está mais próximo de você do que imagina.

Naquele instante, ao pegar em outro cristal, Dolores disse:

– Quem é um homem que a acompanha?

Aos poucos Dolores foi descrevendo Ramires à jovem cigana que em pouco tempo já estava em prantos em razão de sua sensibilidade espiritual e também ao imenso amor que sempre dedicou àquele cigano, que aprendeu em sua vida a respeitar como um pai. Dolores, percebendo logo a emotividade de Tainá, procurou mudar um pouco o rumo de sua conversa.

Tainá, precisando mesmo se abrir com alguém, passou a relatar algumas coisas sobre Ramires, o que foi bom para aliviar seu coração amargurado de tanto sofrimento.

Dolores, dando continuidade a sua leitura por intermédio de seus cristais, que formavam um pequeno círculo em sua mesa, disse:

– Tainá, gostaria de poder lhe dizer algo muito bom, mas vejo ainda para você muito sofrimento, descrença, abandono, e por mais que tudo isso seja temporário, a fará sofrer muito – foi então que Tainá perguntou sobre o amor. Dolores já esperava por essa pergunta. Aos poucos, contou para Tainá o que via para seu futuro por meio daqueles cristais.

– Tainá, está longe de quem você ama neste momento; não se sente segura quanto ao seu futuro ao lado dele, teme por algo que sabe que virá, mas não consegue saber o que é. Pelo que vejo, ele tem por você muito carinho e afeição, mas não amor. Enquanto de sua parte também quer dar continuidade a esse sentimento, mas sente um bloqueio que a impede de muitas coisas.

Dolores, após se concentrar ainda mais, perguntou:

– Por que nenhum dos dois tem enviado notícias um ao outro?

Tainá, sem saber ao certo o que responder, percebendo que Dolores esperava uma resposta, disse:

– Estou tentando dar uma oportunidade para que ele analise melhor seu sentimento.

Foi aí que Dolores perguntou:

– Mas até que ponto acredita que isso seria bom para você?

– Talvez para mim não seja bom nem me faça mais feliz, mas ao menos saberei ao certo analisar seus verdadeiros sentimentos em relação a mim.

Dolores sabia do amor do filho por Tainá e, não podendo misturar as coisas, terminou se calando ao ver o que os cristais lhe mostravam em relação a ambos. Achou melhor dar tempo ao tempo e deixar que a cigana mesma visse o desenrolar dos acontecimentos.

Já estava terminando quando disse a Tainá:

– Tainá, não deve mais ficar à espera de algo que não vai chegar. Está sendo passado que deste dia em diante terá início uma transformação muito grande em sua vida e em seus sentimentos. Existem muitas pessoas sofrendo com a falta de notícias suas em seu acampamento.

– É, eu sei; portanto, se o que me diz for realmente verdade, voltarei em breve para lá.

Nesse instante uma tristeza imensa se via no olhar da jovem cigana. Lembrou-se de sua mãe que a criara com carinho e amor; seus olhos se encheram de lágrimas.

Nesse momento Dolores levantou-se e com carinho envolveu Tainá em um forte abraço, pois já sabendo o rumo que os acontecimentos teriam, achou melhor desde já apoiar a jovem cigana e oferecer-lhe sua amizade de coração. Sabia que Tainá sempre fora muito sozinha, que pouco abria sobre sua vida aos outros ciganos até em seu próprio acampamento. Sentia que enquanto ela trabalhasse essas inúmeras dúvidas dentro de seu espírito, dificilmente algo a faria realmente feliz.

Naquela noite Tainá orou muito a Deus e a Santa Sara, pedindo que agissem em seus sonhos e em sua vida. Rogou-lhes também para que mostrassem, na verdade, o que deveria fazer em relação à procura de seus verdadeiros pais.

Aos poucos o sono chegou e Tainá adormeceu. Viu-se em uma mata, atrás de uma árvore, quando uma índia chegou e sentou-se alegre e feliz. Em pouco tempo um jovem cigano chegava e, em uma paixão avassaladora, a possuía entre beijos e juras de amor.

Não conseguia ver claramente o que estava acontecendo, mas ficava muito claro a ela que aqueles jovens se amavam, independentemente de serem considerados diferentes na sociedade. Sentia por eles um carinho muito especial. Tainá não sabia que estava sendo levada exatamente no momento de sua concepção e que aqueles dois jovens eram na verdade seus pais.

Em seguida acordou, mas em seu pensamento não se apagava a imagem vista durante seu sonho; era como se ficasse realmente para provar alguma coisa à jovem cigana. Ela, não entendendo muito, pediu aos céus que lhe amparasse e desse o facultamento de poder entender tudo aquilo. Em poucos minutos, ainda ao amanhecer, Tainá lembrou-se de que seu nome era indígena e, relacionando as duas coisas, sentiu que aqueles poderiam ser seus pais. Sem poder segurar o pranto em seu rosto e a saudade de todo aquele tempo que nem ao menos ela viveu, orou e pediu a Santa Sara que abrandasse seu coração do sofrimento, que clareasse seus pensamentos e também direcionasse melhor sua vida.

Naquela manhã Tainá não mais conseguiu dormir, levantou cedo e saiu para caminhar.

Rúbio, que a vira logo pela manhã, resolveu acompanhá-la em seu passeio matinal, mas Tainá, mesmo não querendo, nada disse ao cigano, pois sentia que a seu lado se sentia melhor. Rúbio tinha o dom de fazê-la feliz, o que sempre a levava a aceitar sua companhia. Seu jeito galante fazia com que a jovem cigana esquecesse um pouco os estragos de seu passado e voltasse seus pensamentos para uma nova vida, que lhe mostrava muito amor e felicidade.

O dia decorreu normalmente. Naquela noite Tainá tomou apenas um chá antes de dormir, orou e em breve adormeceu. Em segundos lá estava ela atrás da mesma árvore, mas agora as coisas se mostravam de outra maneira. Tainá via a índia correndo pela mata com uma criançinha recém-nascida no colo e o cigano a auxiliando entre muito pavor, medo e incerteza. Apenas o grande amor que os unia trazia àquela cena a clareza necessária para que Tainá pudesse definir aquela visão. Firmando mais seus olhos, não via a criancinha nos braços daquela índia, por mais que tentasse.

Tainá não estava entendendo bem o que havia acontecido, mesmo em sonho teve discernimento suficiente para orar a Deus e pedir a Santa Sara que lhe mostrasse toda a verdade, para que ela conseguisse ter paz em sua vida. Nisso percebeu logo atrás do casal uma choupana simples, velha, que ficava envolta em várias árvores, como se estivesse escondida entre elas. Na sua frente via Ramires, que segurava a mesma criança em seu colo. Nesse instante Tainá compreendeu tudo, começou a chorar, o que fez com que não visse mais nada e que também ela acordasse.

Naquele resto de noite Tainá não conseguiu pregar o olho; era imensa sua alegria em começar a ter o entendimento do que tinha acontecido em seu passado. Ajoelhada em volta de sua cama, agradecia ao céu a graça que se instalava em sua vida. A graça do entendimento, da sabedoria e da verdade. Agora apenas faltava saber de seus pais, mas de nada adiantava forçar aqueles acontecimentos. Lembrou-se do que Dolores lhe havia falado e, ligando uma coisa à outra, teve a consciência de que seus pais quem sabe na fuga poderiam ter morrido, mas seus pensamentos traziam à tona sempre as mesmas perguntas: fugiam de quem e por quê?

Na manhã seguinte, assim que se levantou foi à casa de Dolores, que ainda fazia alguns pães; então convidou a jovem cigana para fazer o desjejum com ela e o filho. Tainá não sabia que Rúbio ainda estava em casa, pensou que já tivesse saído, ficou feliz em tê-lo como companhia. Sentaram-se, enquanto saboreavam os pães deliciosos que Dolores havia feito, e conversaram sobre os sonhos de Tainá.

Dolores, já sabendo de quase tudo, lhe disse:

– Tainá, tudo está sendo mostrado como já havia dito que aconteceria, mas veja, falta um dia ainda, quem sabe neste conseguirá saber o que realmente aperta seu coração colocando-a nessa busca incansável do desconhecido.

Tainá pediu para que Dolores a ensinasse a fazer a leitura nos cristais, ficaria mais algum tempo no acampamento, quem sabe não poderia levar dali como lembrança aquele saber. Tainá sabia que nem todos os ciganos traziam esse conhecimento, o mais comum era a leitura pelas cartas e pelas mãos. Dolores prontamente aceitou, sabia que Tainá iria conseguir. Havia visto em seus cristais que a jovem possuía força suficiente para trabalhar o que quer que fosse, mesmo não sendo puramente uma cigana.

Naquela noite Tainá se preparou para dormir, aos poucos o sono chegava. Novamente a jovem cigana era levada àquele mesmo local, mas desta vez via tristeza nos olhos da índia e muito desespero nos olhos de seu companheiro. Ele abaixou-se, pegou-a no colo e começou a correr para uma direção que Tainá não conseguia definir, mas não demorou muito para que ele ajoelhasse e chorasse desesperadamente, como se tivesse perdido a pessoa amada.

Aos poucos, meio que nublado, Tainá via partes de um sepultamento; a tristeza do momento fazia com que ela não visse tudo com maior clareza, em seguida viu o cigano levantar-se e caminhar em direção oposta a qual eles fugiam, mas em seguida uma flecha o atingiu, tirando em minutos sua vida. Tainá, que observava aquela cena, não aguentou e colocou para fora entre muitas lágrimas a tristeza e ao mesmo tempo a graça recebida por Deus de permitir que ela não passasse mais sua vida toda na dúvida e na incerteza daquele acontecimento. Tainá sabia que, se não tivesse esse conhecimento, talvez nunca se tranquilizasse enquanto não encontrasse seus pais; agora, enfim, tudo já tomava o caminho escolhido por Deus. Ela sentia que naquele instante se iniciava uma nova fase em sua vida.

Sentiu, aos poucos que uma mão a segurava, auxiliando-a a se levantar de trás daquela árvore. Erguendo os olhos viu Ramires, com seu olhar de amor e carinho, o mesmo que sempre ofereceu à jovem enquanto vivia; não disse nada, apenas sorriu. Ramires estava feliz ao saber que Tainá agora estava muito mais preparada para enfrentar o mundo, pois já sentia em seu coração que seus pais já não mais estavam vivos. Naquele momento foi ao encontro de Ramires para abraçá-lo, em seguida acordou. Mas a calma e a tranquilidade estavam a seu lado, não mais tinha medos; ao contrário, agora sabia que aquela história tivera o seu ponto final. Tainá entendeu que agora deveria cuidar apenas de sua vida e de seu futuro.

Na manhã seguinte foi conversar com Dolores e contou tudo o que havia sonhado; a cigana a abraçou e disse:

– Graças a Santa Sara, que iluminou seu caminho lhe mostrando a verdade, Tainá.

– Queria pedir para que você, Dolores, me passasse então o conhecimento dos cristais, pois assim que o faça, voltarei para meu acampamento e para os meus.

Dolores conversou com ela, disse que estaria preparada em pouco tempo para aquele trabalho; enquanto isso, que aproveitasse a companhia daqueles que aprenderam a amá-la com muito carinho.

Naquela noite, quando Rúbio ficou sabendo que Tainá iria embora, ficou desorientado, correu ate sua mãe e perguntou:

– É verdade, Tainá vai embora?

– Sim, filho, mais alguns dias e ela irá; você já sabia que isso poderia acontecer, agora não adianta ficar dessa maneira, confie em Deus, confie no amor.

A volta de Tainá para seu acampamento não quer dizer que seja uma separação, quem sabe até não seja a oportunidade certa para que ela consiga analisar melhor seu sentimento e também de reestruturar sua vida.

A semente já foi plantada e agora depende de sua força e equilíbrio para brotar e florescer – disse Dolores, sua mãe.

Rúbio sabia que Dolores tinha razão, por isso, mesmo triste, se tranquilizou mais. Ele sentia uma pequena possibilidade de poder um dia, quem sabe, conseguir o amor daquela cigana. Sentia, pela pressão da sociedade pela qual Gustavo era direcionado, que pouco tempo duraria aquele amor. Estava preparado e paciente para a espera de um dia poder ter Tainá como sua mulher.

Daniela Ganha um Lugar no Coração de Gustavo

Enquanto isso, em São Paulo, Tainá não ocupava tanto como antes os pensamentos de Gustavo. O jovem, mesmo sem firmar compromisso com Daniela, desde sua formatura, deixou as coisas irem rápidas demais. Já se fazia um hábito ir às festas, passar juntos a maior parte do tempo, também participar muito um da vida do outro sempre que possível.

Daniela, por sua vez, não se preocupava muito com a cigana, sabia que já tinha um lugar guardado no coração de Gustavo que, em razão de seu trabalho, não tinha mais muito tempo para viajar, mesmo assim ainda ia de vez em quando à casa de sua mãe Cláudia.

Foi na última visita a sua casa que Gustavo resolveu que, de uma vez por todas, caso não soubesse nada sobre Tainá, romperia definitivamente seu relacionamento com a cigana. Chegou a sua casa logo pela manhã, logo depois do almoço foi fazer uma visita ao acampamento.

Jéferson mais uma vez foi acompanhar o amigo, pois queria mesmo ver resolvidos todos aqueles embaraços que se apresentavam na vida dele e de Tainá. Lá chegando, foram logo perguntar à mãe de Tainá sobre ela, sobre Tainá, ficou surpreso ao saber que a cigana não havia mandado notícias.

Gustavo voltou preocupado e triste, sabia que os ciganos apesar de tudo eram muito unidos, com certeza nada de mal deveria ter acontecido com a cigana, pois se assim o fosse, certamente a notícia já teria chegado até seu acampamento. Algumas vezes se perguntava o porquê de tanto silêncio. Tentando se desculpar por não querer mais levar seu compromisso amoroso à frente, achou que Tainá tivesse em sua viagem encontrado alguém especial. Sem poder de fato tornar formal a separação, Gustavo veio para sua casa sem saber ao certo o que fazer. Sentia-se perdido no direcionamento que daria ao seu futuro.

No caminho de volta, Jéferson resolveu ir direto para casa, pois naquela noite tinha um motivo especial para se encontrar com Carolina; sentia tanta ansiedade, não via a hora de pedir a jovem em casamento perante todos. Jéferson nunca foi de se importar com a opinião de sua família, por isso não disse nada em relação a isso a nenhum deles, esperava que Carolina aceitasse em primeiro lugar, depois pensaria o que fazer.

Estava tranquilo, pois sabia que Carolina era uma jovem bonita, direita e trabalhadora. Tendo estudado por tanto tempo, sabia como se comportar em qualquer lugar; tinha muita classe e postura perante a vida apesar de ser de família simples. O que mais Jéferson admirava nela era a força de vontade que sempre mostrava em querer aumentar seus conhecimentos cada vez mais. Foi esse o motivo que algumas vezes o fazia sentir-se temeroso em saber se ela aceitaria ou não sua proposta.

Gustavo foi fazer uma visita a dona Matilde, lá chegando encontrou a senhora que estava terminando de atender a duas moças e, tão logo o viu, rapidamente as acompanhou até o portão.

Foi motivo de muita alegria para ela ver Gustavo tão belo e formoso, quase ninguém o havia visto fardado na cidade; dona Matilde até chorou ao ver que seu filho conseguiu com honras e méritos chegar à posição a qual sempre almejou. Abraçou-o, em seguida o levou para a cozinha, preparou rapidamente um café, assim conversaram um pouco mais sobre os últimos acontecimentos. Enquanto dona Matilde o servia, perguntou:

– Gustavo, como vão as coisas em São Paulo?

– Bem, graças a Deus.

– E quanto à outra jovem, a Daniela?

– Não posso tentar me enganar. Estamos juntos e nos dando bem, apenas fico triste por não ter conseguido o objetivo pelo qual me trouxe até aqui.

– E o que era, meu filho?

– Queria de uma vez por todas romper com Tainá, mas ninguém sabe dela, nunca mais enviou notícias por ninguém.

Gustavo nesse momento sentiu uma tristeza invadir seu coração; a senhora, percebendo, disse:
– Talvez seja mais difícil do que espera essa separação.
– Por que diz isso?
– Vejo algumas mudanças em seu destino, coisas que talvez o ludibriem fazendo com que mais dia ou menos dia tenha problemas mais sérios em relação a essa cigana.
Gustavo, depois de pensar um pouco, respondeu:
– Chegando a São Paulo, resolverei o que fazer a respeito disso.
– Espero, filho, que resolva da maneira melhor possível.
Nesse minuto dona Matilde perguntou, tentando mudar de assunto:
– Como está fazendo quanto à sua espiritualidade, meu filho?
– Ainda as mesmas coisas que fazia antes; sempre que me é possível, ofereço algumas coisas para meus guias, pedindo proteção e orientação a eles. Sei que em breve poderei novamente voltar a trabalhar, mas ainda não sei onde poderei fazê-lo.
Dona Matilde, mais experiente nesses assuntos, respondeu:
– Não se preocupe, meu filho, quando o discípulo está pronto, o Mestre aparece.
Gustavo entendeu o recado e, sorrindo, agradeceu à senhora por toda ajuda recebida por ele por meio de suas preces e trabalhos espirituais.
Não podia ficar muito ali, sentia que o esperavam em sua casa, algumas vezes Gustavo antecipava em seus pensamentos coisas que estavam prestes para acontecer.
Quando chegou a sua casa o clima parecia de festa, estranhou um pouco, pois há muito tempo não sentia aquela energia dentro de casa; depois da morte de seu pai não tiveram mais motivos para grandes comemorações. Foi convidado para sentar-se assim que entrou na sala, nem perguntou o porquê, sabia que teria novidades e pelo visto seriam boas.
Jéferson, que já havia conversado em particular com Carolina, pediu então formalmente a mão dela a sua família. Naquele instante Carolina não aguentou a pressão daquele momento, talvez por sentir a presença de seu pai. Naquele momento Jonas se encontrava ao seu lado direito acariciando seus cabelos.
Jéferson, percebendo algo que não sabia explicar, abraçou-a com carinho e aos poucos aquele pai, percebendo também a sensibilidade

da filha em relação à sua chegada, saiu de seu lado e ficou próximo a Cláudia. Naquela tarde todos estavam felizes; para comemorar nada melhor do que se saíssem para jantar fora. Já eram quase 8 horas da noite quando todos foram comemorar o futuro casamento de Carolina e Jéferson.

Daniela já não ficava mais tranquila quando Gustavo ia para Dracena, sabia que a qualquer momento Tainá poderia voltar e não sabia qual seria a reação dele quando a visse novamente. Pedia a Deus que o orientasse no sentido de não fazer sofrer nenhuma delas, pois ao mesmo tempo que Daniela amava Gustavo, também era equilibrada demais para não se deixar enganar em relação aos sentimentos dele. Naquela noite Daniela achou melhor dormir mais cedo, sabia que Gustavo chegaria no domingo à noite, e sem ele não tinha mais vontade de sair para passear como antes.

No dia seguinte não via a hora de esperar por Gustavo na rodoviária; quando seu ônibus encostou não esperou por nada, correu logo ao seu encontro para abraçá-lo. Para sua alegria não sentiu mudanças em Gustavo, ficou mais tranquila, de volta até sua casa, perguntou:

– Como foi de viagem, tudo bem?

Gustavo respondeu em seguida:

– Sim, mas temos novidades, boas novidades.

Daniela por um segundo sentiu um aperto em seu coração: será que Tainá havia voltado? Tentando não demonstrar o que se passava em seus pensamentos disse:

– Sempre é bom receber boas novidades; então, podem me contar?

Gustavo não esperou pela resposta de Jéferson e disse:

– Teremos um casamento em breve.

Daniela então sentiu seu coração disparar fortemente, parecia não ter forças suficientes para controlar a emoção que sentiu ao ouvir aquelas palavras. Não teve nem ao menos coragem para perguntar mais nada, ficou quieta. Gustavo, sentindo o que se passava com ela, sorriu e foi logo acrescentando:

– Jéferson e Carolina vão se casar.

A alegria novamente tomou lugar no semblante de Daniela, que se sentiu salva por pouco, respirou aliviada sabendo que ainda não tinha sido dessa vez.

Com carinho, assim que desceu do carro, Daniela abraçou Jéferson, parabenizando-o por ter tomado uma atitude perfeita. Conhecia

Carolina e pelo pouco que tinha conversado com ela, achou-a uma excelente pessoa.

Tentando descontrair mais ainda o clima, perguntou:

– Mas como fica Jéferson, já marcou o casamento?

Ele então respondeu:

– Ainda não, pois nas próximas semanas vou ver se consigo tempo para ver alguma casa por aqui.

Gustavo sorrindo perguntou:

– Mas já disse a Carolina que quando casar vai morar aqui em São Paulo.

– Sim, já disse, e ela aceitou. Também não poderia ser de outra maneira.

– É claro.

Gustavo sabia que a irmã tinha todo o direito de viver sua vida onde quisesse, apenas sentia por sua mãe que, apesar de tudo, ficou ainda mais apegada a ela depois da morte de seu pai, mas sentia que Cláudia iria preferir a felicidade de Carolina a prendê-la a seu lado.

Naquela semana ainda, Gustavo participando de perto da alegria e da ansiedade sentida por todos na casa frente ao casamento de sua irmã, percebeu que poderia, quem sabe, assumir um compromisso mais sério com Daniela e também ser feliz com ela.

Quando Jéferson foi fechar o contrato da compra de um belo imóvel, Gustavo disse:

– Que tal se em vez de um casamento acontecessem dois?

– Como assim, não entendi o que quis dizer.

– Já há tempo conheço Daniela, creio que podemos ser felizes juntos, o que acha?

– De certa forma, seria bom mesmo, já estão morando na mesma casa e por mais que procurem evitar, mais dia menos dia as coisas fugirão de seu controle. Mas não se esqueça de que em primeiro lugar deve ter a certeza de que a ama, digo isto por saber que é muito fechado e não consigo por essa razão ter a certeza de que ama Daniela o suficiente para fazê-la feliz. Da parte dela nada digo, pois sei que o ama mais que tudo na vida e que o fará o homem mais feliz do mundo. Temo na verdade por você. Já se esqueceu de vez Tainá?

Nesse momento Gustavo sentiu um aperto em seu coração, mesmo assim respondeu:

– Ela me esqueceu, já não faço mais parte de sua vida.

– Gustavo, você deveria ter certeza de muitas coisas, não quero que você termine agindo precipitadamente, envolvido pelo meu casamento com sua irmã.

Gustavo não falou mais nada, pelo menos sobre isso, durante o caminho de volta. Jéferson, não querendo ser cansativo, também deixou o amigo à vontade para fazer o que achasse melhor.

Gustavo se Afasta do seu Passado

Estavam no mês de setembro quando Jéferson comprou a casa e marcou seu casamento para o mês de dezembro. Sabia que nos meses seguintes teria tempo suficiente para poder trazer Carolina para São Paulo e comprar tudo que fosse necessário para montar sua casa.

Daquele dia em diante Gustavo passou a agir estranhamente. Quando estava com Daniela sentia muita vontade de possuí-la sexualmente, isso estava de fato ficando fora de seu controle. A jovem por sua vez tentava ao máximo fazer com que nada acontecesse premeditadamente, sentia que não deveria agir daquela maneira. Não se perdoaria nunca se um dia fosse jogado em sua cara que havia se aproveitado da carência de Gustavo para entregar-se a ele, obrigando-o assim a ter maiores responsabilidades perante ela. Por mais que Gustavo a tentasse não se deixava levar, mas procurava sempre oferecer muito amor e carinho a ele, o que de determinada forma complicava mais e mais aquela situação.

Passados alguns meses, Gustavo conversou com Daniela e também a pediu em casamento. A jovem não cabia em si de tamanha felicidade, Thereza estava também muito feliz, afinal aprendeu a amar Gustavo também como filho, e não queria que nenhum dos dois terminasse se magoando depois de ter entregue um ao outro muito carinho, respeito e companheirismo.

Não era fácil para os dois viverem na mesma casa e não poderem ter um relacionamento mais profundo, portanto foi com bons olhos que Thereza aceitou o casamento dos dois.

Depois de alguns dias Gustavo foi a Dracena, dessa vez levou Thereza e Daniela, que aproveitou para ficar na casa de seus pais no fim de semana. Sabendo que seus pais estavam para chegar, após ter recebido uma carta dizendo que estariam de volta no sábado, foi junto para o interior.

Pela carta Daniela já sabia que seu pai mudaria de negócios, que abriria algum escritório em Dracena, para não parar de trabalhar de vez. Assim poderia descansar um pouco mais, afinal já não tinha tanta saúde para ficar, de tempo em tempo, mudando-se com sua esposa para lugares diferentes.

Thereza aproveitou que a casa estava sem ninguém e fez uma boa limpeza em tudo. Era com carinho que ela deixava a casa mais bela que nunca. Daniela também aproveitou para cuidar do que fosse necessário para suprir com mantimentos os armários da casa, já que estavam vazios há muito tempo. Como boa filha que era, deixou tudo de maneira que quando sua mãe chegasse não teria problemas.

Gustavo, assim que chegou a sua casa, contou a todos o que pretendia fazer, ficou surpreso ao perceber que suas irmãs se dividiram em apoiar ou não seu casamento com Daniela. Para Carolina não foi surpresa, pois já esperava que isso acontecesse um dia. Para falar mais claramente, achava que o irmão tinha tomado a decisão certa, pois não teria problemas futuramente em relação à esposa escolhida por ele. Cláudia também se sentiu feliz ao saber que seu filho pretendia marcar seu casamento. Esperava apenas pelos pais de Daniela para poder resolver tudo rapidamente.

Suas outras irmãs não o condenaram por isso, mas não haviam ainda se esquecido de Tainá, portanto Gustavo sentia que seria difícil para elas aceitarem Daniela como cunhada após ter convivido e aprendido muitas coisas com Tainá. Ninguém entendia o que estaria acontecendo com a cigana, inclusive suas irmãs ficavam tristes ao pensar que ela talvez nunca mais voltasse. À noite Gustavo saiu para passear com Daniela, já não se sentia tão vigiado como antes; ao lado dela sentia-se melhor.

O fim de semana passou rapidamente, no domingo à noite Daniela chegava com os dois de volta a sua casa. Como sabia que seus pais voltariam na semana seguinte, combinou com Gustavo de novamente voltarem até Dracena para iniciar os preparativos para seu casamento.

Daniela não queria casar-se em São Paulo, sempre pensou desde pequena em casar um dia na igreja que sempre frequentou, onde foi batizada, crismada e também por ter um carinho especial pelo lugar. Afinal, foi lá que tanto ela quanto Gustavo viveram uma boa parte de sua infância e juventude. Naquela semana ambos estavam radiantes, esperando o dia em que voltariam para Dracena, pois Gustavo ainda não conhecia os pais de Daniela e sabia que qualquer coisa que fossem resolver sobre o casamento teria de ter a aprovação deles em relação à festa.

Na sexta-feira à noite retornaram a Dracena. Daniela deixou Gustavo em sua casa e dirigiu-se para a residência de seus pais. Sabia que chegariam pela manhã e queria esperá-los com um belo café acompanhado de pães caseiros e bolos. Para seus pais seria uma surpresa tudo aquilo, pois não era tão frequente Daniela fazer isso, certamente estranhariam. Mas seria bom encontrarem-se após quase um ano de separação. No dia seguinte, logo pela manhã, os pais de Daniela chegaram, a alegria era tanta ao rever a filha, que logo lágrimas rolavam dos olhos de sua mãe; seu pai, mais durão, abraçou-a com carinho e agradeceu por tudo. Entraram e enquanto tomavam juntos o café da manhã com um delicioso bolo feito por Thereza, resumiram aos poucos tudo o que havia acontecido durante o tempo em que ficaram longe.

Tenório, pai de Daniela, sabia que de agora em diante tudo seria diferente. Amélia, sua mãe, não cabia em si de felicidade, pois não gostava de sair de sua casa com frequência, apenas fazia isso para não deixar seu marido sem cuidados. Mesmo sabendo que o marido poderia colocar alguma pessoa para cuidar tanto da casa quanto da comida, sentia que ele ficaria muito só. De sua parte também não ficaria bem longe daquele que sempre foi para ela um companheiro especial.

Já estava quase na hora do almoço. Daniela aproveitou enquanto Thereza cuidava dos assados para contar a seus pais sobre os acontecimentos que ocorreram durante a ausência deles e a novidade de seu casamento. Foi surpresa para ambos, pois não estavam nem sabendo que Jéferson e Gustavo moravam também no mesmo apartamento da filha.

Daniela contou tudo bem devagar, de início temeu pela condenação principalmente de seu pai em relação à atitude tomada por ela de levar aqueles dois jovens para dentro de sua casa, mas ele não a recriminou.

Já era quase meio-dia quando Gustavo chegava com Cláudia, Carolina e Jéferson para o almoço. Aquela tarde foi de grande importância para todos que, além de se conhecerem melhor, aproveitaram para combinar como e quando seria o tão esperado casamento.

Jéferson e Carolina nada exigiram, sabiam que o amor que os unia era tão imenso que qualquer local seria maravilhoso para que os dois pudessem receber as bênçãos para a tão esperada união.

Os dois casamentos ficaram marcados para dezembro, seriam na mesma igreja, apenas a festa que contratariam seria em um bufê próximo dali. Gustavo e Jéferson resolveram que na semana seguinte voltariam lá, dessa vez, durante a semana, para fechar algumas contratações e também para dar andamento à papelada de casamento.

Aquele fim de semana passou rapidamente para todos; já de volta a São Paulo, Daniela sorria não conseguindo esconder de ninguém a alegria que tomava conta de seu coração.

Gustavo já havia combinado com a jovem que de início, como Jéferson se mudaria do apartamento onde morava e as acomodações e o local eram bons, apenas reformariam e morariam lá por algum tempo.

Um mês após isso tudo, Jéferson já havia se mudado para a casa que comprou, assim conseguiria receber os móveis e arrumar a residência pelo menos de uma forma que tudo não ficasse amontoado. Como ainda não tinha ninguém para cuidar de suas coisas, continuou voltando ao apartamento de Daniela apenas à noite para jantar, levar e pegar as roupas que Thereza ainda fazia questão de cuidar para o rapaz.

A Chegada do Dia mais Esperado por Daniela

Os dias se passaram e com eles os convites já estavam sendo entregues, tanto em São Paulo como nas outras cidades onde residiam os familiares dos jovens.

O pai de Jéferson ficou feliz com a notícia do casamento de seu filho, sempre quis que ele realmente arrumasse alguém para dividir o seu viver, alguém que o amasse e que fosse muito especial. Na última visita de Jéferson a sua casa, levou Carolina, todos gostaram dela, não viam nela diferença das moças de sua cidade, pois Carolina também tinha a criação que eles davam à sua filha, por isso e outras coisas mais, terminou cativando o coração de seus futuros sogros.

Quinze dias antes do casamento, Carolina e Daniela corriam com o término da arrumação dos lares, mas Daniela, após passar por dias de reforma no apartamento, não via a hora da chegada dos novos móveis para melhorar de vez toda a decoração de sua casa.

Carolina não teve muita opção na escolha destes, pois morando fora deixou que Jéferson o fizesse da maneira que achasse melhor. Apenas pediu para que pudesse dar o toque final na distribuição dos móveis pela casa conforme seu gosto.

Daniela por sua vez fez exatamente o contrário, tomou a frente e escolheu os móveis que deveriam ser trocados após a reforma. Gustavo não se preocupou muito com isso, mesmo assim tudo terminou ficando ao gosto de todos.

Jéferson e Gustavo solicitaram alguns dias de licença para o casamento que seria no interior. Daniela também havia tirado o restante de suas férias para poder auxiliar e vivenciar ainda mais todos os momentos. Na semana do casamento, dois dias antes, foram todos para Dracena. Enquanto as jovens cuidavam do cabelo, maquilagem, alguém que as pudesse ajudar com seus vestidos, Jéferson e Gustavo foram dar uma olhada final em tudo o que foi realmente contratado para a festa, que seria para mais de 200 pessoas.

No dia do casamento todos estavam ansiosos, mas pouco a pouco, no decorrer do dia, se acalmaram, percebendo que tudo estava saindo conforme esperavam. Eram quase 7 horas da noite quando a igreja já se encontrava quase lotada. Jéferson e Gustavo aguardavam suas respectivas noivas no altar, tudo estava maravilhoso naquela noite. Os jovens oficiais tinham direito a ter uma Guarda de Honra em seu casamento, mas simples como eram, não se preocuparam com isso; portanto foi para ambos surpresa quando, ao chegarem, viram que a Guarda já se encontrava no aguardo do início da cerimônia.

Cláudia, no altar, já quase não conseguia controlar suas lágrimas; as irmãs de Gustavo então nunca tinham visto coisa tão linda. Com muita emoção todos que participavam da cerimônia viam a entrada das noivas; primeiro Carolina, depois Daniela chegando à frente com muita exuberância. Ambas estavam belas, foi um marco importante para todos os casamentos daquela noite.

Após a cerimônia, seguiram para o bufê que já estava preparado para receber os visitantes. Gustavo e Jéferson estavam felizes, pois seus amigos do quartel, mesmo não sendo o casamento na capital, vieram dar um grande abraço e desejar também felicidades aos noivos. Foi realmente uma noite muito especial.

Tiveram alguns dias para lua de mel, haviam combinado de passarem em Campos do Jordão, e assim foi. Com as reservas já feitas, os quatro jovens puderam tranquilamente aproveitar o descanso merecido após tanto desgaste emocional, e também para conhecer melhor aquela bela cidade.

As Verdades São Expostas em cada Sentimento

Alguns meses se passaram. Tudo corria bem. Carolina se mostrou uma esposa carinhosa, prestimosa, dedicada e trabalhadora. No início de seu casamento, ficou em casa direto cuidando dos afazeres domésticos, mas logo, por não ter muito o que fazer, resolveu trabalhar fora. Jéferson não gostou muito da ideia; depois, pensando melhor, percebeu que para Carolina estava sendo difícil acostumar-se com uma nova vida, uma nova cidade e também longe das pessoas as quais sempre amara. Assim, Jéferson resolveu deixar que Carolina fosse procurar alguma atividade dentro daquilo que ela já trabalhava quando solteira.

Gustavo não tinha muito tempo para ficar em casa, mas o tempo de que dispunha, sempre oferecia amor e carinho para Daniela que, por sua vez, após as férias voltou ao seu trabalho na escola onde lecionava.

Daniela, mesmo conseguindo casar com Gustavo, não sentia nele firmeza em relação ao amor que procurava sempre lhe oferecer; temia um dia ter certeza de que Gustavo apenas havia se casado com ela por causa de sua carência, também pelo fato de o amigo se casar e sair da casa em que ele e Daniela deveriam continuar a viver juntos, apenas os dois.

Depois do casamento, Gustavo não ia como antes à casa de sua mãe; estava procurando uma maneira de trazer Cláudia e suas irmãs para viverem em São Paulo. As jovens não se opunham, mas Cláudia não sabia ao certo se, com sua idade, conseguiria morar em uma cidade como São Paulo. Por esse motivo, sempre protelava quando Gustavo falava com ela sobre a mudança.

Acertos Sendo Cumpridos em Novas Encarnações

Na terceira visita que Gustavo fez a Dracena, acompanhado, claro, de sua esposa Daniela, teve uma surpresa. Assim que chegou a sua casa, ficou sabendo por sua irmã mais nova que Tainá havia voltado. Gustavo de início não sabia o que dizer, suas pernas começaram a tremer e por pouco, muito pouco mesmo, não desmaiou. Cláudia, que chegava à sala naquele instante, correu para a cozinha, fez um copo de água com açúcar e pediu para que ele se sentasse um pouco, até que a cor em seu rosto voltasse ao normal. Já sabendo de tudo, esperou que Gustavo saísse daquele estado, pediu em seguida para que a filha fosse pegar um café para os dois; sentou-se para conversar um pouco com o filho. Ainda bem que Daniela tinha ficado na casa dos pais, assim, não descobriu nada em relação à cigana.

Cláudia conversou muito com seu filho a respeito de como tudo agora havia mudado, sabia que Daniela era uma boa esposa para o filho, mas também como Daniela, Cláudia nunca sentiu que o amor de Gustavo pela jovem fosse realmente forte. Esperava que ele lutasse contra as fagulhas desse amor que ainda existia em seu coração, para que não deixasse que seu fogo tomasse conta novamente de todo seu ser.

Sabendo disso, Gustavo achou melhor ir para a casa dos pais de Daniela; seria melhor, pois a qualquer momento poderia cruzar com

Tainá mesmo dentro da cidade e preferia estar acompanhado, sentia que a presença de Daniela o fortaleceria e afastaria em um primeiro instante os dois.

Gustavo não disse nada a Daniela, preferiu deixá-la em paz. Sentia quando estava ao lado de sua esposa a cobrança e a exigência que ela fazia em relação aos seus sentimentos.

Por vezes se perguntava o que teria acontecido para que Tainá nunca mais tivesse mandado notícias e também não ter procurado mais ninguém, nem mesmo sua mãe.

Sentia que era tarde ficar remoendo algo que já não tinha mais significado algum. Não havia se arrependido de casar com Daniela, sabia que não tinha outra escolha. Portanto, em meio à sociedade que a cada instante sempre lhe cobrava muito mais, terminou por entregar seu coração a Daniela, pois já viviam juntos, se conheciam e se respeitavam, teria tudo enfim para dar certo.

Na semana seguinte, já em São Paulo, Gustavo sem querer mudou seu comportamento em relação a Daniela, não conseguia mais abraçá-la ou beijá-la sem ver em seu rosto a imagem de Tainá. A cada noite, a saudade e a incerteza de que Tainá pudesse estar ou não com alguém lhe apertavam o coração, fazendo com que sua vida perdesse um pouco do brilho que antes tivera. Não entendia bem o que estava acontecendo; perguntava-se o porquê de ter se precipitado tanto em relação aos seus sentimentos. Lembrou-e das palavras de Jéferson e de tudo o que o amigo disse; terminou aceitando que as palavras do amigo eram verdadeiras, talvez tivesse, sim, extrapolado, e até mais, ferido o coração de alguém que nunca pensou em magoar.

Gustavo, triste, tentou levar sua vida naturalmente, mas Carolina e Jéferson começaram a perceber o que estava acontecendo com ele, procurando auxiliar para que as coisas não terminassem de uma maneira ainda pior. Iam sempre que possível à casa de Daniela e abriam um convite qualquer para que os dois ficassem mais unidos. Quem sabe assim Gustavo conseguisse, com o passar do tempo, trabalhar melhor tudo aquilo em seu pensamento.

No fim de semana seguinte, Daniela convidou Jéferson e Carolina para almoçarem em sua casa, já estavam quase no início do almoço, feito carinhosamente pelas mãos de Thereza, quando Daniela deu a notícia a todos de que estava esperando um filho. Naquele instante o coração de Gustavo parecia pular em seu peito, não sabia ao certo o que pensar, mas não podia negar que foi um instante especial, mágico e de muita alegria.

Gustavo não havia feito planos de ser pai tão cedo, mas como Daniela desde o início parecia ter problemas para engravidar, resolveu não evitar mais. Por isso a chegada daquela criança seria de muita importância dentro daquela casa. Deveria trazer para aquele lar alegria e mais união, certamente, entre os dois, que já há alguns meses se sentiam incompletos por alguma coisa, que não sabiam bem explicar. Carolina e Jéferson abraçaram Daniela. Gustavo ainda tentando segurar as lágrimas que teimavam em sair de seus olhos, abraçou Carolina que se deixou levar pela felicidade de, em breve, poder ser tia mesmo antes de ser mãe.

Aquele dia foi para todos um marco de grandes mudanças. Depois disso, Gustavo firmou um pouco mais a cabeça, parecia só pensar em seu trabalho e também em sua esposa. Todas as noites, quando chegava, procurava não a deixar sozinha, queria que ela saísse do serviço, mas Daniela nem pensou em aceitar. Ela lhe disse que quando não se sentisse mais capaz para trabalhar por causa de sua gravidez, entraria de licença, mas no momento não sentia a real necessidade de tomar decisões que pudessem prejudicá-la futuramente.

Quando Daniela completou três meses de gravidez, Gustavo foi até Dracena para levar sua mãe que havia passado uma semana em sua casa. Mesmo Daniela querendo ir, Gustavo achou melhor não a levar, pois poderia ter problemas durante a viagem, em virtude de sua gravidez. Para Gustavo ficava mais fácil, já havia tirado sua carta de habilitação e sempre que precisava pegava o carro da esposa, que de certa maneira até agradecia por não necessitar ficar ao volante naquele estado.

Chegou sábado logo cedo à casa de Cláudia. Gustavo tomou o café da manhã, em seguida procurou descansar um pouco no sofá da sala. Não demorou nada para que ele adormecesse, em seguida se via próximo a mulheres que o tempo todo puxavam suas pernas, fazendo com que ele não conseguisse caminhar para chegar a um local onde ele desconhecia, eram três mulheres. Por mais que procurasse perceber os traços de cada uma delas, não conseguia, por causa de uma grande nuvem acinzentada que pairava frente aos seus rostos, fazendo com que por isso Gustavo se esforçasse mais e mais em sair de lá, mas em vão nada conseguia.

Enchendo-se de coragem perguntou o porquê de elas o impedirem de caminhar até onde deveria estar em tempo certo; qual a ligação teria com ele para que Deus permitisse tudo isso? Nesse segundo Gustavo percebeu em uma delas, quando aquelas nuvens foram aos poucos se dissipando, os traços de seu rosto.

Mesmo forçando sua mente para saber quem era, não conseguia; pela fisionomia, que não estava realmente em um bom estado de conservação, apenas sentia que aquela mulher estava tentando lhe passar algumas coisas e não estava conseguindo, talvez pelo estado em que se encontrava.

Gustavo lembrou-se nitidamente de que por meio dele, se fosse permitido por Deus, poderia auxiliá-la para que então ficasse sabendo o porquê de tudo aquilo. Nesse momento Gustavo não mais a repeliu. Ajoelhou-se naquele local tenebroso, pediu em primeiro lugar para Deus, em segundo aos seus mentores espirituais. Pedia para que fosse colocado em sua volta um círculo de sustentação energética e que, por intermédio dele, ela conseguisse passar, mesmo que por pensamento, tudo o que realmente queria do rapaz.

Quando Gustavo se fixou em uma delas, a que mais ele sentia que deveria, aos poucos, com sua fé e determinação, deixou fluir de seu coração a chama real do verdadeiro amor. A claridade tornou-se cada vez mais forte em volta dela, fazendo com que naquele instante as outras desaparecem por não estarem preparadas para suportar aquela imensa luz. Nisso a jovem mulher, com seu olhar cabisbaixo, pediu a Gustavo:

– Por favor, Daniel, me dê mais uma chance, me ajude a mostrar a mim mesma que ainda sou capaz. Afinal me deve isso de muitas outras encarnações, você é a última oportunidade que tenho nesse momento, caso contrário ainda terei de caminhar por estradas sombrias por sua causa. Lembra-se de quando viemos para cá? Por sua sorte teve auxílio e permissão para uma nova reencarnação. Nós que viemos quase juntos dependemos do auxílio de alguém que aceite nos ajudar para uma nova oportunidade.

Nesse momento, Gustavo não entendia muito bem o motivo de aquela mulher o chamar de Daniel, percebeu rapidamente nela a chama da paixão em seus olhos. Procurando adentrar ainda mais naquele espírito viu Rebeca, a quem entregara todo seu amor e sua paixão devassadora tempos atrás.

De repente tudo ficava ainda mais claro, estava em suas mãos auxiliar ou não aquela mulher, que por sua causa desviou-se dos caminhos do Pai, indo ao encontro daquilo que fez com que ela ainda estivesse, mesmo após muito tempo, em lugares de baixa energia e de frequências muito densas. Naquele momento perguntou:

– Mas o que poderia fazer por você? Por que acredita que eu possa auxiliá-la?

– Sim, Daniel, poderia ajudar e muito, mediante sua aceitação eu poderia novamente reencarnar. Poderia até por meio de outros conseguir isso, mas certamente com sua ajuda, sendo você que me colocou onde estou, de determinada forma, conseguirei muito mais.

Nesse instante Gustavo perguntou:

– Mas eu, por quê?

– Sim, você, pois é o único que tem para comigo deveres, outros poderiam até me auxiliar, mas certamente não fariam tudo da maneira que você poderia fazer. Além de que, vejo em seu peito esta cruz incandescente, vejo que nesta encarnação está conseguindo conquistar sua elevação dentro da espiritualidade. Sei que outros o auxiliam, mas sei também que se não tivesse merecimento, nada disso aconteceria, por esse motivo peço novamente que me ajude, por favor, talvez não tenhamos mais outra oportunidade para nos reencontrar.

Naquele instante Gustavo abaixou a cabeça e, com seus olhos lacrimejantes, respondeu:

– Pois bem, vou ajudá-la. Isso é uma promessa.

Erguendo o rosto para ver talvez pela última vez o rosto de Rebeca, surpreendeu-se ao enxergar que, pouco a pouco, outros Guardiões, vestindo um manto negro e também com a mesma cruz incandescente em seus peitos, levavam-na para outro local, onde Gustavo não tinha mais como acompanhar.

Aos poucos, acordava daquele pesadelo, com sua irmã o sacudindo e perguntando se estava tudo bem com ele. Levantou-se, tomou seu banho e depois do almoço resolveu caminhar um pouco para matar a saudade de muita coisa que havia ficado dentro de seu coração.

Assim que saiu lembrou-se de Tainá, pensou até em voltar para a casa de sua mãe, mas, em seguida, encheu-se de coragem e foi atrás da bela cigana. Quando entrou no acampamento, Ramires, que acompanhava Tainá, logo percebeu sua chegada e fez com que ela saísse para caminhar.

Quando Gustavo chegou aos campos que precediam o acampamento cigano, lá estava Tainá, sentada admirando algumas flores. Gustavo, chegando bem perto dela, disse:

– Olá.

Nisso Tainá ao ouvir aquela voz, voltou-se e respondeu.

– Você aqui, o que quer agora?

– Vim para vê-la.

– Mas o que mais espera de mim?

– Nada, apenas senti que não consigo viver sem você.

Nesse momento os olhos de Tainá encheram-se de lágrimas, então disse:

– Já não acha que é tarde para esse sentimento?

– Não, Tainá, nunca é tarde para o amor.

– Mas, Gustavo, se gosta tanto assim de mim, por que se casou com outra e não soube me esperar?

– Você nunca mais me deu notícias, nem para sua família. Estive várias vezes nesse acampamento atrás de alguma comunicação sua, que me fizesse crer que você ainda me amava. Mas sempre em vão, nunca obtinha por parte de ninguém nenhuma palavra que amenizasse a tristeza de sua ausência em minha vida e em meu coração.

Olhando-se mutuamente, não mais conseguiram segurar o furor da paixão que seus corações exteriorizavam. Abraçaram-se e, em pouco tempo, Gustavo já havia feito de Tainá sua mulher. Foi com muito amor que seu corpo se uniu com o da cigana, em trocas de carinhos que somente o tempo iria algum dia dizer da maturidade ou da inconsequência desse grande amor. Até que ponto estariam preparados para uma união tão profunda, em um mundo de poucas expectativas em relação aos dois amantes?

Gustavo e Tainá ficaram muito tempo na entrega de tudo o que haviam contido por muito tempo em seus corações. Somente com o entardecer é que abriram os olhos para a realidade que então entristecia Gustavo em relação ao grande carinho e respeito que sempre tivera por Tainá.

Apesar de amá-la, nunca havia negado isso, não poderia ter agido da maneira como agiu. Mais uma vez se precipitou ante os acontecimentos que não estava mais conseguindo trabalhar em sua cabeça. Sem saber o que lhe dizer ao ir embora, Tainá percebendo o que o afligia, disse:

– Vá em paz, meu amor, apenas me entreguei a você por amá-lo demais, nunca cobrarei de você nada mais em relação a isso. De hoje em diante minha vida será de tristeza e de resignação, viverei o resto dela envolta neste momento de intensa felicidade que o destino nos ofereceu.

Ramires, ao lado deles, procurava auxiliar Tainá com energias de consolo e compreensão. Sabia que ainda não era o momento e que teriam de aprender muito mais para um dia viverem esse grande amor.

Gustavo abraçou a cigana e com lágrimas nos olhos despediu-se, afirmando que em breve voltaria para vê-la novamente.

Foi então que Tainá disse:

– Não, Gustavo, não nos veremos mais. Se eu tomei essa atitude, foi porque durante o tempo em que estive distante de você temi perdê-lo para sempre em minha vida. Meu erro foi não alimentar ao menos com palavras nosso amor. Paguei caro, muito caro por tentar testar até onde iriam realmente seus sentimentos para comigo, portanto não quero mais que volte aqui nesse acampamento. Não quero jamais que saibam que estive junto de você, mesmo porque todos não nos perdoariam pelo que fizemos.

Nesse instante, Gustavo disse:

– Está querendo me dizer que nunca mais iremos nos encontrar?

– Sim, Gustavo, talvez tenha de pagar por não saber trabalhar determinadas coisas que dificultaram dia a dia nosso relacionamento. Sempre notei que, apesar de me amar, não aceitava muito bem minha gente ou meu pequeno mundo; percebi claramente isso após ter descoberto a verdade sobre meus verdadeiros pais. Não tenho culpa de ter nascido de pessoas diferentes, pelo menos para seu povo; assim, muito tenho de agradecê-los por tudo o que fizeram por mim. Por isso acho que deveríamos nos afastar e, quem sabe até, nunca mais nos encontrar.

Dizendo isso Tainá saiu apressadamente de volta ao acampamento, deixando Gustavo entregue aos seus próprios pensamentos. Ele voltou para casa já eram mais de 7 horas da noite. Cláudia temia por um possível encontro dele com a cigana. Quando chegou não quis falar com ninguém; entrou no quarto, arrumou suas malas e pegando o carro saiu ainda à noite de volta para São Paulo.

Daniela estranhou quando viu Gustavo chegar tarde da noite em casa, mas também percebeu algo diferente em seu olhar; achou melhor não questionar a respeito de nada naquela hora. Perguntou se Gustavo queria se alimentar, e como ele acenou a cabeça em sinal afirmativo, foi até a cozinha e ela mesma arrumou um bom lanche para ele.

Vendo que não tinha como ficar sem falar com o marido, perguntou:

– Tudo bem em sua casa?
– Sim, está tudo bem.
– Passou na casa de meus pais?
– Não, preferi vir logo para casa.

Daniela sabia que aquela conversa não levaria a nada, por isso mesmo preferiu ir se deitar e deixar Gustavo à vontade com seus pensamentos. Chegou a seu quarto preocupada. Gustavo demorou tanto para ir se deitar que ela adormeceu.

No dia seguinte tudo voltou à rotina. Uma semana depois, Gustavo fechou negócio e alugou uma bela casa para que sua família viesse também para São Paulo. Assim, de determinada forma, não teria por que ir muitas vezes a Dracena como fazia sempre.

Pediu para que Jéferson e Carolina cuidassem de todo o resto; alugou a casa em seu nome, Daniela e Thereza cuidaram da limpeza, só faltava a mudança chegar.

Gustavo aproveitou suas férias para cuidar de tudo, sabia que suas irmãs teriam de mudar de escola, uma delas até mesmo de faculdade. Portanto já há algum tempo Daniela cuidava da transferência delas, agora com tudo em ordem era só esperar por dias melhores.

Cláudia e suas filhas chegaram de mudança para São Paulo. A casa que Gustavo tinha alugado era mais próxima da casa de Carolina, tudo ia muito bem. Gustavo, mantendo-se ocupado o tempo todo, esqueceu-se um pouco mais dos momentos vividos entre ele a bela cigana.

O tempo passou... Daniela já estava com oito meses de gestação e faltava pouco para que seu filho nascesse. Gustavo tentava não demonstrar a ela a solidão que sentia dentro de seu casamento, mas não conseguia, pois dia a dia Daniela notava cada vez mais a tristeza do marido.

No dia em que Daniela foi para o hospital, todos estavam à espera de que tudo corresse bem. Em exames feitos anteriormente ficaram sabendo que seria uma menina, mesmo assim tinham a preocupação em saber se tudo correria bem, tanto com a mãe quanto com o bebê. Mikaela nasceu por volta das 3 horas da tarde. Gustavo não cabia em si de tamanha felicidade. Daniela, graças a Deus, teve um parto maravilhoso, tudo transcorreu da melhor forma possível. Não demorou muito para que a alegria finalmente voltasse para o seu lar. Gustavo estava muito feliz, demonstrava isso todas as vezes que pegava sua filhinha em seu colo ou a fazia ninar. Daniela ficou feliz, quem sabe assim as coisas mudariam. Como Carolina ainda não tinha arrumado nada fixo, achou melhor esperar um pouco e ficar mais ao lado de Daniela, ajudando-a a cuidar de seu bebê.

Tainá Vivencia seu Grande Amor

Enquanto isso, no acampamento cigano, Tainá chorava relembrando os momentos vividos com Gustavo. Sabia que seu futuro, agora depois de tudo o que havia acontecido, seria incerto quanto a um dia poder ter um lar e uma família.

Sem saber ao certo se por sorte ou azar, Tainá terminou engravidando de Gustavo em seu primeiro relacionamento. Procurou não deixar que ninguém percebesse o que estava acontecendo com ela; mesmo sabendo que não demoraria muito para que tudo viesse à tona, sabia que não poderia continuar escondendo a gravidez por muito tempo.

Quando Tainá estava em seu quarto mês de gestação, recebeu uma carta de Rúbio, dizendo que em muito breve iria visitá-la. Ficou feliz em contar com o amigo junto dela. Por outro lado, preocupava-se um pouco com a opinião que Rúbio teria sobre tudo o que havia acontecido, em poucos meses de separação. Mesmo não se arrependendo por nada que fez, sentia uma grande pressão pelo fato de ainda viver em um acampamento cigano. Sabia que não era na verdade uma cigana por parte de mãe, mesmo assim se preocupava em manter os costumes e as tradições de seu povo. Mas nada mais podia fazer em relação ao seu estado, ajoelhou-se e pediu que Santa Sara a iluminasse, e que mesmo não podendo ter seu amado, que não a desamparasse.

Em menos de duas semanas Rúbio chegava até o acampamento; ficou contente ao rever Tainá, pois desde que ela foi embora nunca mais o cigano voltou a ser feliz. Sentia por Tainá um carinho especial, muito amor, tanto que faria o que fosse preciso para ajudá-la. Com o passar dos dias no acampamento, mesmo com vergonha, Tainá terminou abrindo seu coração para Rúbio, que de início se entristeceu. Sabia que talvez tivesse chegado tarde demais; não escondia em seu rosto a ira em relação à atitude de Gustavo, não o perdoava pelo acontecido, mesmo Tainá dizendo que tudo havia partido dela. Foi quando Rúbio lhe perguntou:

– Agora não devo mais ter esperanças, certamente ficarão juntos.

– Não, Rúbio, Gustavo, para minha tristeza, enquanto estive fora, casou-se com outra mulher.

– Mas por que então, Tainá, entregou-se dessa maneira sabendo que não tinha futuro com ele?

– Pelo amor que sempre tive.

Rúbio não sabia ao certo se em seu interior se sentia melhor em relação a isso ou com mais raiva por Gustavo ter usado Tainá sem pensar de maneira alguma nas consequências da atitude que havia tomado. Procurando ser sensato, aos poucos se equilibrou; pegando Tainá pelas mãos foi até o campo conversar um pouco mais em relação àqueles acontecimentos. Quando chegaram lá, Tainá sentou-se ao chão enquanto Rúbio deixou-se deitar nas gramas verdes, pensando o que poderia fazer para ajudar sua doce cigana. Aos poucos um pensamento chegou a sua cabeça, mas Rúbio o afastou, achando que Tainá jamais aceitaria.

Nesse momento, Tainá disse:

– Você deve estar pensando que sou leviana.

– Não, claro que não; sei que quando nos entregamos aos nossos sentimentos quase sempre corremos o risco de nos machucar.

– Sim, mas eu poderia ter evitado, não pensei que apenas uma vez trouxesse para mim um filho como o que agora espero.

Rúbio pensou um pouco; em seguida disse:

– Ama de verdade Gustavo?

– Não sei, sinto um sentimento muito forte por ele, mas não consigo analisar ao certo se é amor ou apenas paixão.

– Se ele chegasse a lhe propor a separação de sua mulher, você aceitaria?

– Nunca, não conseguiria construir uma vida feliz em cima da desgraça de outros.

– Bem, Tainá, então que esperança ainda leva desse relacionamento?
– Nenhuma. Sei que devo seguir minha vida e não olhar para trás, esta é na verdade a única coisa mais sensata que deveria fazer.

Rúbio, perto daquela que já há muito roubara seu coração, não pensava de maneira alguma no filho que ela esperava do outro, apenas via ali uma possibilidade de tê-la para sempre ao seu lado, por isso disse:
– Tainá, quer ser minha esposa?
– Como?
– Sim, eu disse: quer ser minha mulher?
– Mas estou esperando um filho de outro homem.
– Que apenas ficarão sabendo se você falar; caso contrário, ficaremos juntos e a criança nascerá como se fosse meu filho. Eu o tratarei sempre com muito carinho e respeito, mesmo porque, se não fosse ele, talvez nunca eu tivesse conseguido ter coragem para declarar esse sentimento de amor que carrego em meu coração.

Tainá não conseguia responder nada, tamanha sua surpresa em relação à atitude tomada por Rúbio; sabia que o cigano gostava dela, mas nunca imaginava que fosse daquela maneira, a ponto de aceitar casar-se com ela esperando um filho de outro homem.

Tainá sabia que não teria problemas em relação a como criar aquela criança; sabia também que Gustavo era uma pessoa com posses e que nada faltaria a ela, mas por outro lado sentia a dificuldade em chegar até ele, pelo fato de estar casado. Temia também que aos poucos nem ela nem a outra fossem felizes. Tainá aproveitou aquele momento e pediu para que Rúbio desse pelo menos alguns dias para ela pensar melhor no que fazer.

Naquela noite Tainá não conseguia pegar no sono, não queria de forma alguma que aquele jovem cigano pagasse por um erro cometido por ela em um momento de entrega total a sua paixão. No dia seguinte, após ter pensado muito sobre o que deveria fazer, Tainá chamou Rúbio e delicadamente recusou sua proposta de casamento. O jovem cigano chegou às lágrimas, não entendia por que Tainá preferia estar só a viver ao seu lado. Tainá explicou então a Rúbio que não estaria agindo da maneira correta, fugindo de sua responsabilidade; também ainda amava Gustavo, mas o queria muito bem. Gostava muito de ficar ao seu lado, mas sabia que era apenas por amizade e nada mais.

Rúbio, mesmo triste, sabia que Tainá estava certa; talvez uma atitude mal pensada trouxesse sérias consequências para o futuro dos três. O jovem abraçou Tainá e, pela primeira vez, a viu não como uma mulher e sim como amiga; disse então:

– Tainá, não vou deixar nunca faltar nada para vocês dois. Embora esta criança não seja minha, estarei sempre ao seu lado para oferecer amor e carinho a vocês. Mesmo que não me aceite como marido, sabe onde me encontrar se um dia mudar de ideia ou precisar de mim.

Tainá agradeceu Rúbio por tudo; depois de dois dias ele retornou ao seu acampamento.

O tempo passou; em seu acampamento Tainá enfrentou problemas por causa de sua gravidez. Nunca quis falar a ninguém de quem era seu filho, já estava perto dos sete meses de gestação, nem para sua mãe disse nada. A cigana tornou-se uma pessoa infeliz, a única coisa que ainda lhe dava um pouco de alegria em sua vida era saber que seu filho nasceria e que pelo menos teria uma parte viva de Gustavo junto dela. Mas o que a jovem cigana não sabia era que não teria um final de gravidez tão feliz assim.

Quinze dias depois as coisas começaram a se complicar. Ramires a seu lado sempre tentava auxiliá-la naquilo que lhe era permitido. Seus pais conseguiram também permissão para ficar um pouco mais ao lado da filha, apenas para ajudá-la nesse momento tão difícil de sua vida.

Quando Tainá completou quase oito meses de gravidez, escreveu uma carta pedindo que Gustavo fosse até lá com a máxima urgência, procurando não atrapalhar de maneira alguma o relacionamento dele com a esposa. Pediu que a carta fosse enviada para a casa de Carolina.

Temendo que alguma coisa desse errado e que Gustavo por causa de seu serviço não conseguisse chegar a tempo para falar com ela, Tainá resolveu passar para o papel toda a verdade, mesmo antes de Gustavo ir até Dracena. Ela sentia, por meio de Ramires, que em sonho tentava prepará-la para seu retorno ao plano espiritual, que seu tempo se findava aqui na Terra. Então apenas pedia a Deus que olhasse por seu filho, pois ela já não se incomodava em partir e deixar aquele a quem muito amava.

Era uma quinta-feira; Gustavo já havia chegado ao quartel quando Jéferson entregou a carta a ele, na qual Tainá dizia:

Gustavo, grande amor de minha vida, gostaria de não estar necessitando passar a você isto desta maneira. Gostaria que soubesse que de nosso último encontro, após ter ido embora, descobri que estava grávida de um filho seu. Sabendo que já estava casado, pensando em não atrapalhar de maneira alguma sua vida com sua esposa, achei melhor assumir a criança sozinha para não prejudicar seu casamento. Mas como nem tudo acontece da forma que imaginamos, quando receber esta carta, saberá que talvez apenas seu filho sobreviverá.

Quando engravidei e fui ao médico, fui avisada de que não deveria dar continuidade a minha gravidez e a indicação médica seria de abortar a criança, pois estaria correndo risco de vida se levasse adiante minha gestação. Sabendo que era um fato, uma realidade, que eu teria ao meu lado uma parte daquele a quem eu muito amava, resolvi enfrentar e, com coragem, não aceitei tirar a criança.

Com o passar do tempo vi que realmente as coisas começaram a se complicar, adoeci muito e talvez com muita sorte consiga ter nosso filho caso ele seja de parto normal, pois não poderia de maneira alguma tomar anestesia. Então saiba que onde estiver estarei lutando para trazer nosso filho ao mundo, mesmo que isto custe minha vida.

Se puder venha para cá, gostaria de vê-lo ainda que fosse pela última vez.

Gustavo sentiu a terra sumir de seus pés ao ler a carta enviada; sentiu-se mal, ficou pálido e por mais que tentasse ficar em pé não conseguiu. Jéferson o segurou em tempo ainda de não desmaiar no chão e se machucar. Sem saber o que aconteceu, vendo que o amigo tinha aberto e lido a carta, pegou-a de volta colocando no bolso de seu fardamento. Gustavo foi levado à enfermaria e depois de algum tempo voltou a si. Seus olhos não escondiam a tristeza que sentia dentro de sua alma. Pediu para que Jéferson o substituísse e dali mesmo foi para Dracena. Ainda antes de partir, pediu para que Jéferson avisasse Daniela de que tudo estava bem e que ela não se preocupasse com ele, pois logo estaria de volta.

Quando chegou a Dracena, nem tirou seu fardamento, foi direto ao acampamento cigano. Lá chegando viu Tainá, que estava ainda mais linda. Seus olhos sorriram quando Gustavo se aproximou. Ele logo abraçou e beijou seu rosto com carinho e amor. Vendo que Tainá estava muito fraca, quase sem cor, envolveu seus braços em seu corpo e chorou por tudo que poderiam viver juntos e não viveram; chorou por não ter na verdade coragem suficiente para tê-la ao seu lado. Pela primeira vez pensou que talvez seu grande sonho, que sempre foi seguir a carreira militar, tenha afastado dos dois a oportunidade de serem felizes.

Gustavo sabia que Tainá, quando foi embora, terminou não enviando notícias, para poder testar seus sentimentos em relação a ela, e ele simplesmente se deixou levar. Sentia que a jovem não estava bem, temia pela saúde tanto dela como do filho, por isso mesmo pegou-a no colo e a levou para São Paulo, onde certamente poderia oferecer-lhe um melhor atendimento e também maior oportunidade de que a bela cigana, sua amada, sobrevivesse depois do parto.

Samira arrumou rapidamente os pertences de Tainá e em seguida saíram a caminho da capital. Quando chegaram à maternidade, Samira e Tainá subiram ao apartamento, Gustavo ficou na secretaria para cuidar da burocracia das documentações para a internação da cigana. Demorou mais ou menos uma hora acertando tudo para a internação. Enquanto isso, assim que Tainá chegou ao apartamento, foi visitada por um médico ginecologista, que pediu para que colocassem rapidamente soro em suas veias, pois a sentiu muito fraca e temia também pela criança.

Samira percebeu naquele instante a extensão do amor que unia os dois jovens. Ficava triste em saber que por causa da sociedade, que interferia cada vez mais na vida de cada um, tudo estivesse caminhando para um final infeliz. Algumas pessoas, por não terem dentro de seu coração amor e respeito pelo seu próximo, interferem sobremaneira na vida dos outros, não deixando com isso que as pessoas façam as coisas que realmente tenham vontade, ou mesmo amem, livremente sem consequências de diferenças, crenças ou de posições.

Gustavo dali mesmo telefonou para Carolina, que rapidamente veio para ajudar o irmão naquele momento de desespero; não sabia de muita coisa, mas temia também pelo pior.

Assim que Carolina chegou, Tainá sorriu para ela e de seus olhos duas lágrimas rolaram. Carolina pegou suas mãos com imenso carinho e também passou as mãos em seus cabelos.

À noite Tainá começou a piorar, sua pressão começou a aumentar e não conseguiam controlá-la nem com medicação. Os médicos então pediram para que Samira e Gustavo assinassem a autorização para que Tainá fosse levada à sala de cirurgia naquele instante. Em poucos minutos os médicos, estavam tentando ao máximo cuidar para que tanto a mãe como o filho sobrevivessem.

Naquele momento em que os cirurgiões tentavam praticamente tudo para segurar a vida de Tainá, Ramires estava a seu lado, esperando para recebê-la em seu desencarne que se daria em pouco tempo. Tainá saindo de seu corpo carnal, ainda presa pelo perispírito, flutuava no ar enquanto seu corpo espiritual tentava se desligar do físico, via seu tio ao seu lado que, em seguida, estendeu-lhe as mãos para ampará-la naquele momento tão significativo para o espírito da jovem. Assim que Tainá, ainda presa pelo perispírito, pegou nas mãos de Ramires, ao mesmo tempo em Terra os médicos traziam ao mundo um lindo bebê, filho do amor de Tainá e Gustavo, perfeito e saudável, apenas necessitando de alguns cuidados de rotina.

Outros mensageiros que trabalhavam no auxílio do desenlace do espírito da carne aproximaram-se para levar de vez o espírito da jovem para outro plano espiritual. Tainá percebeu que ao seu lado os jovens que ela havia visto em sonhos e que acreditava serem seus pais estavam lá. Notou isso rapidamente, pois em seguida tudo começou a se embaçar e não conseguiu ver ou sentir mais nada, apenas se deixou levar e nada mais. Nesse momento os médicos acusavam o falecimento de Tainá.

Samira chorava por sua filha; sim, sua filha, pois apesar de não ter saído de seu ventre, sempre a amou. Gustavo nesse instante não conseguia encontrar o rumo de coisa alguma, era como se o tempo parasse para ambos. Tanto ele como Carolina se abraçaram e choraram pela vida daquela que sempre tivera tanto amor para oferecer.

Nisso chegava Jéferson, que presenciando aquela cena logo desconfiou do que havia acontecido. Lembrou-se da carta em seu bolso; abriu e leu. Nela Tainá avisava que Gustavo teria duas opções e deveria fazer realmente o que achasse melhor. Tainá dizia na carta que se Gustavo não quisesse aceitar a criança como filho, ou seja, não quisesse registrá-lo, para não atrapalhar seu casamento com Daniela, não teria problemas, pois Samira poderia fazer isso em seu lugar. Pedia apenas que não se esquecesse pelo menos de ajudá-la no que fosse necessário e nada mais.

Gustavo se viu sem saber o que fazer, pois agora as coisas tinham se complicado ainda mais, não poderia deixar Samira voltar sozinha para Dracena, sem dizer nada para ninguém. Então saiu sem que os demais percebessem, foi até a capela do hospital, ajoelhou-se e chorou. Ele nada mais podia fazer, sua bela cigana já havia partido e junto dela também muito de sua alegria.

O mundo parecia afundar aos olhos de Gustavo quando sentiu que não estava mais sozinho naquela sala. Ergueu os olhos e percebeu, ao lado direito da imagem de Nossa Senhora Aparecida, um arco-íris de luzes incomparáveis e de dentro dele uma imagem de mulher que Gustavo pouco conseguia visualizar. O brilho que ela exteriorizava era tão intenso, que ofuscava tanto os olhos de Gustavo como de qualquer outro humano que tentasse fixar o olhar na bela Senhora.

Aos poucos uma calma e um conforto tomaram todo o seu coração, e como em um instante mágico, a bela Senhora transmitiu mentalmente a ele:

— Meu filho, procure conforto naquele que sempre o sustentará. É chegado o momento de sua escolha, não se esqueça de dar o melhor de si para que um dia, mais tarde, possa retornar até nosso plano vitorioso por cumprir com dignidade e respeito tudo que lhe foi direcionado por nosso Pai.

Dizendo isso, a senhora, como se fizesse parte daquele arco-íris, ergueu o braço direito e de sua mão ofereceu a Gustavo um cristal de uma beleza imprescindível, incomparável, perto dos que vemos aqui na Terra.

Gustavo sem hesitar se preparou para recebê-lo, já ia caminhar até ela quando a bela Senhora, sorrindo, fez com que aquele cristal planasse no ar até ele. Antes que chegasse até o rapaz se dividiu em dois: um na cor branca como se fosse metalizado, que se instalava em seu chacra frontal; a outra parte dele, um cristal rosa metálico, dirigiu-se para dentro de seu chacra cardíaco. Gustavo nem saiu do lugar onde estava, apenas sentiu naquele instante toda grandeza daquela bela Senhora da Concepção, que mais uma vez cruzava seu caminho, vindo em seu auxílio.

Ainda estava quase em transe, quando uma menina por volta de quatro anos de idade, toda vestida de rosa-claro, entrou na capela. Sorriu para ele e sentou-se do outro lado do recinto em um dos bancos que ficavam na mesma direção em que Gustavo estava.

Gustavo entendeu muito bem aquilo tudo, saiu em seguida; antes, porém, beijou as mãos da pequena garotinha.

Para ele as horas pareciam ter passado muito rapidamente, mas chegando à sala da recepção onde tinha deixado seus amigos, percebeu que apenas para ele o tempo parecia ter passado, pois na verdade todos ainda estavam lá como quando ele havia saído.

Gustavo chamou Carolina e disse:

– Vou ver meu filho que acabou de nascer.

Carolina preferiu não dizer nada naquele momento.

Gustavo foi até o berçário e pediu para que trouxessem o filho para ele ver, em seguida, depois de ter passado o nome da mãe, a enfermeira trazia o garotinho; mesmo pelo vidro Gustavo conseguia perceber que Tainá nunca o deixaria, pois sempre estaria em cada momento em que seus olhos vissem aquela criança.

Saiu de lá com os olhos lacrimejantes, desceu e pediu a Jéferson que acompanhasse Samira até a casa dele para que ela pudesse descansar um pouco. Assim poderia tomar um banho para aguardar o corpo de Tainá, pois a bela cigana havia pedido que, se algo acontecesse com ela, a levassem e enterrassem onde Ramires foi sepultado.

Gustavo não tinha decidido ainda o que fazer, resolveu ir para casa para descansar um pouco e falar com Daniela, não fugiria de maneira alguma de sua responsabilidade; desse modo, voltou para o apartamento. Assim que chegou Daniela estava à sua espera; não sabia de nada. Logo que Gustavo entrou encheu o marido de perguntas. Gustavo, sem responder nada, foi para seu quarto pegar uma roupa, tomar banho e se trocar.

Daniela, estranhando o comportamento do marido, batia na porta do banheiro preocupada; nesse momento Thereza aproximou-se dela e disse:

– Senhora, fique calma, espere, pois boa coisa não vem por aí. Sente-se que vou buscar um chá para a senhora, não se esqueça de que não deve ficar nervosa, ainda está amamentando sua filha Mikaela.

Daniela colocou os pensamentos em ordem e resolveu se sentar um pouco e esperar pelo marido.

Gustavo não demorou para chegar à sala, tinha em seu rosto uma expressão até então nunca vista. A tristeza se mostrava presente em todos os seus movimentos e também em suas palavras; criando coragem, disse:

– Daniela, precisamos conversar.

– É acho que sim mesmo; posso saber o que aconteceu que você sumiu desta maneira?

– Sim, vou lhe contar o que aconteceu.

Aos poucos Gustavo relatou à esposa todos os acontecimentos, desde o dia em que ele e Tainá se encontraram, e mesmo com seus olhos cheios de lágrimas, preferiu contar toda a verdade sem ocultar nada. Assim que terminou, esperou realmente que sua esposa brigasse, talvez até que o colocasse para fora de sua casa. Para sua surpresa, Daniela apenas perguntou para ele:

– Onde ela vai ser enterrada?

– Em sua cidade, Dracena. Estamos indo para lá. Sei que não sou merecedor de seu perdão por isso.

Daniela não deixou que Gustavo falasse mais nada, abraçou-o e então ele pôde livremente chorar de verdade nos braços daquela que nesse momento tão difícil se mostrou tão especial, sua esposa Daniela.

Daniela pediu para Thereza arrumar algumas roupas e que a esperasse, pois acompanharia Gustavo até o hospital, depois iriam todos até Dracena.

Gustavo não entendendo bem, perguntou:

– Mas onde você vai? Sei que não sou merecedor de seu perdão, espere para que possamos pensar melhor no que fazer até eu voltar.

Nisso Daniela respondeu:

– Não, Gustavo, eu não vou esperar nada. Irei com você para onde for; você é meu marido, esta é minha parte. O resto pode ser resolvido depois.

Em seguida foram para a maternidade; lá chegando, encontraram Jéferson, Carolina e Samira já à espera de Gustavo. Apresentaram-se rapidamente, mas ninguém teve coragem de tocar no assunto. Todos perceberam a grandeza de espírito de Daniela, e se ela mesma aceitava com respeito aquela situação, acharam por bem ninguém interferir.

Depois chegou o aviso de que o corpo seria liberado na próxima hora. Gustavo ainda se mostrava arrasado, por sorte Daniela não ficou longe dele em momento algum.

Enquanto todos aguardavam no local, para a saída para o interior, pediu a Carolina que levasse Daniela para ver o neném.

Foi com muito carinho que Daniela olhou aquela linda criança no colo de uma das enfermeiras; mesmo pequenina já era muito bela. Por um segundo temeu pelo futuro dela, que acabara de chegar ao mundo e já trazia em seu coração um misto de tristeza e resignação. Daniela não sabia ao certo se essa energia vinha da criança ou se dela mesma, tentando preencher um grande vazio, que de repente fez com que seus pés afundassem no chão. Sabia que não poderia vacilar, não poderia entregar-se à ira, à revolta ou mesmo à não aceitação daquilo que Deus tinha preparado para sua vida. Sentia, enfim, que não deveria magoar ainda mais nem Gustavo nem a si própria.

Naquele instante, lágrimas caíam em sua face. Carolina, percebendo a angústia de Daniela, abraçou-a dizendo:

– Você consegue superar tudo isso, você vai ver.

Daniela nada respondeu, virou-se e voltou sentando na sala de espera junto aos outros.

Algum tempo depois foi comunicado que em cinco minutos estariam saindo para Dracena. Daniela então abraçou Gustavo e se dirigiu para sua casa para pegar Thereza e sua filha para viajar.

Chegando a Dracena, Daniela foi primeiro à casa de seus pais, que se assustaram ao ver a filha chegando sem Gustavo num horário daqueles. Seus pais, percebendo alguma coisa de muito grave acontecendo, mas vendo que Daniela e a neném estavam bem, procuraram se tranquilizar e esperar que a filha mesma falasse.

Thereza, muito experiente, disse:

– Não sei exatamente o que está acontecendo, mas vamos esperar; em breve tudo se esclarecerá.

Daniela havia pedido a Jéferson, que vinha também de carro, que assim que chegasse a pegasse na casa de sua mãe, pois ela não sabia ao certo onde ficava o acampamento cigano. Não demorou nada para que Carolina chamasse Daniela para irem. Antes de sair, porém, disse a seus pais que nada falaria sobre aquele assunto e que no dia seguinte conversaria melhor sobre tudo com eles. Daniela beijou Mikaela, entregou-a a Thereza e saiu com Carolina. Não demorou para chegarem ao acampamento.

Ao chegarem, foram avisadas de que Samira já estava no local com Tainá. Foi com muita tristeza que todos naquele acampamento, principalmente Gustavo, sentiam muito forte no peito a dor da separação.

Já eram por volta das 7 horas da manhã quando Rúbio chegou. Tinha ido embora semanas atrás; para não tornar sua viagem muito longa, parou em outro acampamento que ficava no meio de seu caminho de volta, o mesmo que Tainá havia parado em sua viagem. O olhar de Rúbio para Gustavo falava muito mais que suas próprias palavras, Daniela percebia impaciente tudo aquilo, temia que algo não se saísse bem ainda entre os dois. Samira, notando também que a situação poderia ficar fora de controle, solicitou a um cigano do acampamento que o levasse para caminhar um pouco, assim melhoraria o clima que havia ficado pesado entre ambos.

Logo pela manhã Tainá foi enterrada, bem como deveria ser. A jovem cigana ficaria eternamente no pensamento e na lembrança daqueles que sempre a amaram.

Gustavo não havia conseguido ainda colocar ordem em seus pensamentos; mal se despediu. Ao sair, convidou Daniela e voltou para São Paulo.

Samira veio junto com Carolina, pois queria saber sobre o filho de Tainá. Jéferson havia convidado Samira para ficar alguns dias em sua casa para cuidar de tudo, também para poder resolver melhor toda aquela situação. Jéferson e Carolina levaram Samira para sua casa, e por mais que ela quisesse ir direto para o hospital, Jéferson não a levou.

Revelações São Dadas a Gustavo por meio de seus Sonhos

Naquela noite, Gustavo estava agitado, não conseguia dormir, preocupava-se com o filho que ficou no hospital, teria ainda de ficar lá mais dois dias para obter alta, se tudo continuasse bem. Vendo que não conseguia pegar no sono, foi até a cozinha tomar água, em seguida foi à sala ler um pouco para ver se o sono chegava. Levou ainda alguns minutos para se tranquilizar; nesse instante, Thereza entrava na sala com uma xícara de chá bem quente, ofereceu a Gustavo e sentou-se ao seu lado para conversar.

Vendo a tristeza do rapaz, disse:

– Gustavo, meu filho, não deve ficar assim.

– Sei, mas não consigo fingir que nada está acontecendo.

– Claro que sim, mas não se esqueça de que tem de ficar em paz para conseguir fazer as coisas com maior serenidade.

Thereza ainda estava falando com ele, quando viu surgir uma nuvem branca perto do local onde Gustavo estava sentado; nela aos poucos a senhora foi identificando uma figura de homem que segurava as mãos de uma bela jovem com um semblante incrivelmente triste.

Nisso, Thereza procurou descrever a Gustavo o que estava vendo, pela primeira vez se abriu em relação a sua visão, aos poucos descrevia Ramires e Tainá.

Gustavo não conseguia segurar a emoção em seu coração; secando as lágrimas, disse:

– É ela, Tainá, mas consegue vê-la?
– Sim, consigo, é muito bela e ao mesmo tempo triste.

Thereza, sem entender o que estava acontecendo, doava naquele instante seu corpo físico para a comunicação entre Ramires e Gustavo. Naquele momento Thereza mudou sua fisionomia e mesmo seu tom de voz, aos poucos Gustavo percebia que aquela voz o lembrava Ramires e, a cada segundo, ia se identificando mais e mais com o cigano.

Percebendo e entendendo o que acontecia naquele instante agraciado por Deus, Gustavo perguntou a Ramires:

– Como está Tainá?
– Está agora de volta ao plano espiritual, em pouco tempo tudo se acertará e ela poderá ter uma visão melhor do que realmente aconteceu.
– Mas ainda era muito jovem para fazer sua passagem, o que aconteceu?
– Não, Gustavo, nada acontece contra a vontade de nosso Pai.

Gustavo ia fazer outras perguntas quando Thereza voltou a si, e como se nada tivesse acontecido disse:

– Bem, vá deitar-se e descansar, Gustavo, amanhã será um novo dia.

Gustavo, aproveitando as palavras da senhora, terminou de tomar seu chá e também foi deitar-se lembrando-se de tudo o que havia ocorrido naquele dia. Aos poucos ele adormecia. Em sonho, por merecimento, teve a abertura de muitas coisas sobre seu espírito, em poucos minutos ouviu uma voz que não conseguia determinar ao certo de quem era, que passava para ele o seguinte:

– Vou explicar a você, Gustavo, dentro do possível, algumas coisas. Em encarnações passadas, seu espírito tinha muitas dificuldades de trabalhar o bem dentro de seu coração, não que assim o fosse o tempo todo. Acontece que em suas primeiras encarnações, até que tudo decorria como esperado por nosso Pai, mas em sua encarnação anterior, quando já estava em um estágio avançado dentro da espiritualidade, lhe foi concedido o poder dentro da própria dualidade da vida, estava em você a opção da escolha. Não temíamos, porque até então você se mostrava sempre apto e merecedor de tudo aquilo que o Pai lhe havia confiado.

Em sua última encarnação, porém, você conheceu Rebeca, uma linda mulher, insinuante, portadora de uma fortuna imensa. Até então sua vida transcorria perfeitamente, foi então que com 18 anos de idade se apaixonou por Rebeca, que já era casada com um jovem rapaz, um advogado, que sempre fez tudo para que seu lar fosse muito feliz. Amava muito sua mulher e também suas duas filhas pequeninas.

Daquele dia em diante tudo se transformou em sua vida e, com muita insistência, usando sua beleza e suas belas palavras, conquistou aos poucos o coração de Rebeca.

Tornou gradativamente a vida dela e do marido um inferno, tanto fez que conseguiu com que Rebeca deixasse não somente seu esposo, mas também suas filhas, para segui-lo sem segurança de poder ter algum futuro ao seu lado.

Enquanto isso, Cléber ficou em desespero, sem saber o que fazer com suas duas filhas, trabalhando e tentando não se perder em volta dos acontecimentos. Tentava trabalhar em seu coração cada dia mais o perdão àqueles que terminaram por acabar com sua vida e de sua família. Esforçava-se pedindo a Deus que o auxiliasse e não o desamparasse jamais.

Em seis meses ou mais, em virtude do fato de Rebeca ter ido embora e deixado seu lar, ela já não era mais interessante para Daniel, que hoje nesta encarnação é você, Gustavo. Enquanto as coisas para Cléber começavam a melhorar, para Rebeca ia cada dia de mal ao pior.

Depois de um ano e meio, Cléber conheceu Cristina e casou-se novamente, voltando a encontrar a segurança e a estabilidade de novo em seu casamento. Talvez não amasse Cristina o quanto amava Rebeca, mas a respeitava e sentia-se bem a seu lado. Sabia que Deus a havia enviado para ajudá-lo a criar suas filhas e também para lhe trazer um pouco mais de felicidade. Foi assim que a vida de Cléber se normalizou.

Quanto a Rebeca e Daniel, o relacionamento dos dois piorava cada dia mais. Rebeca, sem dinheiro; Daniel dia a dia foi se perdendo, a ponto de não ter mais onde morar e o que comer. Com isso Rebeca aos poucos foi adoecendo. Vendo aquilo, por mais que não a amasse mais como antes, Daniel desesperado partiu para a vida de roubo, crimes e luxúria. Tudo isso entristecia mais e mais Rebeca, levando-a por causa desses fatos, depois de algum tempo, à morte.

Desesperado, sem saber mais o que fazer, Daniel conheceu na rua uma pessoa, que a partir daquele dia seria seu braço direito, seu ombro amigo, seu tudo, sua esperança e sua tábua de salvação. Mesmo dentro do mundo em que viviam, praticando cada vez mais coisas erradas, seu amigo, ao contrário dele, apesar de viver na rua, mantinha muita dignidade em relação às suas atitudes, sempre que ia em busca de dinheiro em roubos ou assaltos nunca tirava a vida de ninguém, sempre escolhendo bem as pessoas que seriam assediadas. Nunca roubou pessoas que poderiam sentir realmente a falta do objeto do roubo, mas por outro lado o fruto dos assaltos servia para matar sua fome e seu frio de muitas noites dormidas na rua da amargura.

Daniel, por sua vez, não se preocupava com isso; importava-se apenas em localizar a presa fácil para seu roubo e nada mais. Foi então que de forma progressiva se sentia perdido dentro de seus próprios pensamentos e também em seus ideais. Não esperava que nada de bom acontecesse e, se não fosse pelo amigo, que sempre estava ao seu lado transmitindo-lhe um pouco de coragem e aconselhando Daniel para que desse outro direcionamento a sua vida, talvez já tivesse até quem sabe tentado pôr um fim a sua existência.

Todas as vezes que seu amigo falava, parecia que um pouco ao menos era assimilado por ele, mas Daniel já não mais se permitia ser feliz. Perguntava sempre então ao amigo:

— Se me diz isso, por que então não muda sua vida?

Por sua vez, seu amigo sempre lhe respondia:

— Talvez porque tenha de continuar aqui para poder auxiliar algumas pessoas, que perderam a confiança em si e não encontram nada mais a não ser carência afetiva, abandono, tristeza, lamentações. Alguns, mesmo que poucos, muitas vezes conseguem superar seus próprios ideais, outros não adiantam, pois se afundam cada vez mais.

Você, Daniel, é uma pessoa que considero como um irmão. Apesar de a gente se conhecer há pouco tempo, sinto e sei que ainda teremos de caminhar muito, até que consigamos enfim um dia, quem sabe senão aqui, mas no mundo espiritual, nos auxiliar. Sabe, Daniel, que este caminho que percorremos não nos levará à luz, nem ao menos conseguiremos evitar as trevas e as densas energias de todos aqueles que certamente esperam por nós. Não sei por que, às vezes sinto que estou aqui em trabalho, não sinto em mim sentimentos ruins; no entanto não consigo, por mais que tente, mudar de vez muitas coisas em minha vida. Sinto que aqui sou útil e também que aqui é meu lugar. Vamos fazer um pacto, se aceitar é claro: se algum de nós já em outro plano tiver a sorte de se acertar, ou seja, estar em uma posição melhor que o outro, este não deixará de ajudar o amigo, custe isso o que custar, que tal?

Daniel pensou um pouco, não tinha muita caída ao espiritualismo como o amigo, sempre viveu mais dentro do catolicismo e se assustava com aquilo; mesmo assim, depois de refletir, respondeu:

– Não tenho muito a perder. Sei que você, apesar de já estar neste caminho há muito tempo, é melhor que eu; então a chance que tenho de ser ajudado é maior, eu aceito fazer esse pacto.

Em seguida, o amigo perfurou um de seus dedos e também o de Daniel. Ali fizeram um pacto que, sem que soubessem, mexeria não apenas com suas vidas, mas também com a vida de muitos outros amigos espirituais que torciam incansavelmente pelos dois.

O resto, Gustavo, muito já lhe foi passado; seu nascimento e muitas outras coisas. Apenas devo te dizer que Jéferson, que hoje se mostra como seu amigo e cunhado, era Cléber ao qual você tanto prejudicou.

Carolina e Daniela, que hoje o apoiam e auxiliam nesta encarnação, foram as filhas de Rebeca e Cléber, as quais pela insensatez de Rebeca terminaram perdendo a mãe, o seu amor e o seu carinho. Mesmo assim, na grandeza e no amor de nosso Pai, hoje são seu ponto de apoio e de firmeza. Reuniram-se os três para poderem, por seu intermédio, dar novamente uma oportunidade a Rebeca, nesta encarnação, de trabalhar e evoluir por meio do apoio de suas filhas que hoje são, como disse, Carolina que será sua tia, e Daniela, que será sua mãe.

Bem, Gustavo, talvez não se lembre de muita coisa quando acordar. Queremos lhe passar só mais uma: mesmo não tendo ciência quando despertar, irá sentir dentro de seu coração. Rebeca foi aceita por todos vocês em acerto feito no Plano Espiritual, para ser ajudada e direcionada por aqueles que ela abandonou em outras vidas. Como não foi completado enfim o que deveria ter sido em encarnação anterior, hoje, por seu intermédio, como sua filha e de Daniela, já está iniciando mais um ciclo evolutivo dentro desta sua encarnação.

Portanto, que seja apagado de seu pensamento muito do que lhe foi passado, mas que fique dentro de seu interior os sentimentos que deverá ter e oferecer a todos aqueles que muito fizeram um dia para auxiliá-lo e também a Rebeca. Você teve uma oportunidade de suma importância pelo apadrinhamento do Guardião das Sete Cruzes, que poderá identificar agora como seu amigo, que desde aqueles tempos já trabalhava no lado negativo a serviço de nosso Pai da Luz. Portanto, você conseguiu e será por seu intermédio e de Daniela que Rebeca certamente irá evoluir nesta nova encarnação.

Nesse momento Gustavo acordou e um sentimento de tristeza, remorso e incompreensão se alojou em seu peito, fazendo com que chorasse tudo o que estava dentro de sua alma e perto de seu coração. Ao mesmo tempo que chorava por si mesmo, sua alma chorava também por seu filho que estava cada vez mais dentro de seu coração.

Daniela estava em seu quarto, pois havia acordado com o barulho feito pelo marido e aproveitou para amamentar Mikaela. Gustavo continuava em sua cama e Daniela sentou-se do outro lado dele, de costas, para amamentar a filha.

Naquele momento, Gustavo orou e pediu aos céus para saber o porquê da morte de Tainá, o que teria ele de culpa em relação a isso. Enquanto seu pensamento era levado até outras dimensões, percebeu de seu lado uma imensa claridade, um foco multicolorido, a mesma Senhora da Concepção que se mostrava não somente a ele dessa vez, mas também a Daniela. Dentro do quarto os dois conseguiram enxergar o imenso arco-íris que se fazia sobre sua filha, indo até próximo a Gustavo, e dentro dele aquela linda Senhora planava no ar e apenas Gustavo conseguia saber o que ela tinha para transmitir-lhe naquele momento.

– Filho, não se culpe por nada do que aconteceu. Tainá, sua amada, espírito que há muito o acompanha em outras encarnações, apenas se ofereceu para ajudá-lo a suprir suas deficiências, sustentá-lo e não deixar que você se desviasse por outros caminhos que não fossem aqueles que lhe foram traçados pelo Pai.

Mesmo não sendo sua esposa nesta encarnação, é o seu complemento, espírito já muito elevado que luta para que você consiga galgar com glórias o que a você foi determinado por nosso Pai.

Já não necessitava mais reencarnar, pois tinha certamente luz suficiente para poder auxiliar muitos necessitados dentro do Plano Espiritual. Mesmo assim, para dar ciência e confirmar que realmente sua encarnação não seria em vão, pediu permissão para vir também para auxiliá-lo, afastando de você muitas coisas que poderiam prejudicá-lo por meio de sua força e também do grande amor que sempre teve para lhe oferecer.

Nesse momento a bela Senhora se colocou mais perto de Daniela. Com suas mãos transferiu não somente ao chacra frontal e cardíaco de Daniela, mas também para sua filha uma energia condensada de muito amor. Em seguida se direcionou a Gustavo dizendo:

– Filho, é aqui que tudo se cumpre; estarei sempre olhando por todos vocês. Agora já posso seguir meu rumo, pois sei que você já tem um bom equilíbrio e poderá sem dúvidas seguir seus caminhos de maneira que saberá apenas amar e respeitar. Muito você perdeu nesta vida, mas também por meio desse sofrimento aprendeu a lidar melhor e aceitar o que ainda deverá ser passado para você. Não somente este amor da carne, mas o amor incondicional que já tem para oferecer de dentro de seu coração a todos que possam precisar.

Assim foi que a Senhora da Concepção, Oxum das Pedras, se transformou aos poucos em partículas brilhantes, como se fossem diamantes raros em contato com a grande luz e, aos poucos, desapareceu.

Daniela não sabia o que dizer; colocou Mikaela no berço e abraçou Gustavo sabendo, com certeza, que para eles o amanhã seria muito melhor. No dia seguinte ela foi com Gustavo até o hospital; quando chegara, Samira estava lá. A cigana, sem saber muito o que fazer, resolveu esperar pelos dois.

Gustavo chegando disse:

– Samira, se me permitir, gostaria de assumir de vez meu filho, registrando-o e trazendo esta criança que a mim foi direcionada para viver comigo e também com minha esposa.

Samira ajoelhou-se aos pés de Gustavo que, em seguida, segurou suas mãos e a colocou novamente em pé. Assim que conseguiu responder, disse:

– Gustavo, eu sei que Tainá ficaria muito feliz ao ver seu filho sendo criado e assumido pelo pai. Eu não o deixaria certamente, mas sabia que não poderia oferecer ao menino um futuro como o que ele terá estando junto a vocês. Também seria difícil para mim nesta idade cuidar de uma criancinha tão pequenina quanto essa; não me sinto mais capacitada para isso.

Nesse instante Daniela disse:

– Ele será bem-vindo em nossa casa, pode ter certeza. Terá amigos, um pai, uma mãe e uma bela irmãzinha. Apenas digo que quando ele crescer não esconderemos nada a respeito de sua mãe, pois ele certamente ficará orgulhoso ao saber que teve como mãe uma pessoa tão maravilhosa, portadora também de um caráter irrepreensível. Desse momento em diante ganhei um filho; não cuidarei do filho de Tainá, e sim de meu filho. Nossa casa estará sempre aberta para você ver o bebê quando quiser.

Samira agradeceu por tudo. Sem que percebessem, do lado de Daniela, estavam o espírito de Ramires e de Tainá acompanhando toda conversa; abraçaram Samira, que então chorava sem saber ao certo se de tristeza ou de felicidade.

Nisso a enfermeira entra com o neném no colo, já preparado para ser levado para casa. Ia colocá-lo na mão de Daniela, quando Gustavo disse:

– Daniela, querida, posso levar meu filho em meus braços para nossa casa?

A enfermeira colocou o neném nos braços do pai, e assim Ramires e Tainá afastaram-se aos poucos até desaparecerem.

Enquanto Gustavo saía do hospital e se dirigia até o lugar onde tinha deixado seu carro, em um *flash* rápido, viu o Guardião das Sete Cruzes parado à sua frente, de seu lado esquerdo. Sorria para ele e passava para seu mental as seguintes palavras:

– Filho, conseguimos, estou feliz por isso!

Gustavo via a cruz incandescente viva em seu peito. Quando voltou para olhar mais fixamente, percebeu que aos poucos a imagem de seu amado Guardião ia desaparecendo, dando lugar apenas à sua realidade.

Gustavo sabia agora que nada mais precisaria temer; que já havia completado, com ajuda da espiritualidade, uma grande parte do que tinha se proposto a fazer. Sentia que apenas a felicidade e o amor por todos que participaram e ainda iriam participar de sua vida lhe dariam sustentação, para não mais se perder em meio a tudo que ainda fosse direcionado a ele, de bom ou mesmo ruim. Percebeu que onde existe o bem, o mal não consegue se alojar, portanto, sabia que daquele instante em diante tudo seria diferente, já não via mais motivos para não ser feliz.

Pegando nas mãos de Daniela, com seu filho nos braços, voltou para seu lar. Sabia que agora só precisaria ter mais tempo para viver, ser feliz e aproveitar melhor cada minuto ainda de sua vida. Aprender a conviver com todos aqueles que participavam de maneira especial de sua existência. Irmãos de caminhada que tentaram aliviar, o mais que possível, sua difícil, mas abençoada lição de casa.

Agradeceu ao Guardião das Sete Cruzes pela oportunidade que teve, pelo aprendizado que lhe fora dado por meio daqueles que nesta encarnação se propuseram a auxiliá-lo. Mostrando uma vez mais que os problemas que temos de saber lidar e trabalhar em nossas vidas, mesmo os mais difíceis e por piores que sejam, nunca são maiores do que aquilo que podemos vivenciar a cada segundo de nosso viver.

Fim!